湖南职业教育"数字蓝领"创新素质培养研究

谭芳 著

广东旅游出版社
GUANGDONG TRAVEL & TOURISM PRESS
悦读书·悦旅行·悦享人生

中国·广州

图书在版编目（CIP）数据

湖南职业教育"数字蓝领"创新素质培养研究 / 谭芳著 . -- 广州：广东旅游出版社，2018.9
ISBN 978-7-5570-1479-7

Ⅰ．①湖… Ⅱ．①谭… Ⅲ．①高等职业教育－素质教育－研究－湖南 Ⅳ．① G718.5

中国版本图书馆 CIP 数据核字（2018）第 202772 号

湖南职业教育"数字蓝领"创新素质培养研究
HUNAN ZHIYEJIAOYU SHUZILANLING CHUANGXIN SUZHI PEIYANG YANJIU

广东旅游出版社出版发行

（广州市越秀区环市东路 338 号银政大厦西座 12 层　邮编：510180）

廊坊市国彩印刷有限公司印刷

（廊坊市广阳区曙光道 12 号）

广东旅游出版社图书网

www.tourpress.cn

联系电话：020-87347732

710 毫米 ×1000 毫米　16 开　16.5 印张　230 千字

2018 年 9 月第 1 版第 1 次印刷

定价：68.00 元

党的十八大以来，以习近平总书记为核心的党中央高度重视质量建设，习近平同志就质量问题发表了一系列重要论述。职业教育作为我国经济发展转方式、调结构、促升级的重要支撑，必须紧紧扭住质量这根弦不放松，把提高质量作为当前和今后一个时期职业教育改革发展的首要任务。国务院颁布的《关于加快发展现代职业教育的决定》明确提出到 2020 年建成现代职业教育体系。

湖南是职教大省，"数字中国""互联网 +"等国家战略促使产业转型升级，"数字湖南"等项目建设为技术技能型人才培养提供了新机遇。湖南职业教育中数字蓝领人才创新素质的高低不仅制约经济的发展，还影响着工业化发展进程及其水平。当前职业教育的发展难以满足湖南经济发展的需求，因此要尽快培养和造就一大批创新能力强、创新素质高、适应行业经济发展需要的高质量创新型数字蓝领人才，为实施人才强国战略提供强大的人力资源保障。构建结构合理、特色鲜明、优势明显的专业结构，是高职院校深化内涵发展、增强办学竞争力、打造办学品牌的根本任务。建立高职院校错位发展、特色发展的专业布局，是湖南省建设现代高职教育专业体系，更好地满足经济社会发展和产业转型升级对高素质技术技能人才需求的重大战略。

产业转型升级既给高职院校人才培养模式和素质教育的陈旧套路提出了挑战，也给高职院校学生职业素质的培育从传统向现代转型、从要素驱动向创新驱动转变提出了全新的课题。在产业转型升级的大背景下，对高职院校职业素质教育重新进行科学定位，与社会、企业对现代高素质人才的需求对接，根据经济结构转型升级和社会发展对高职教育与人才素质的要求，强化内涵建设，促进职业素质教育在转型中求变革、在创新中促升级已成为高职教育的当务之急。

本书系统地阐述了高职教育职业素质的基本内涵以及提升途径，诠释了高职教育创新素质培养的途径，与此同时，对湖南省高职教育进行了深入的分析，论述了湖南职业教育与区域经济发展的关系，湖南职业教育"数字蓝领"素质创新发展现状以及培养途径，并对"数字蓝领"创新素质培养实践进行了研究。

在本书的写作过程中，参阅了大量的书籍、报刊资料和相关的论著，从中汲取了最新的研究成果和经验，在此对这些资料的作者深表感谢。由于水平有限，书中难免有疏漏和不妥之处，恳请广大读者及专家批评指正。

本书为"2016年度湖南省社科基金省情决策咨询专项课题"项目成果，课题名称为：湖南职业教育"数字蓝领"创新素质培养研究，批准号为：2016JCC048

湖南工程职业技术学院谭芳

2018 年 1 月

C目录
ONTENTS

第一章

职业素质教育认知

第一节　职业的定义及内涵

一、职业的定义、重要性与特征

（一）职业的内涵及功能

职业是指从业人员所从事的有偿工作的种类。职业是有劳动能力的人为生活所得发挥个人能力，并为社会做贡献的持续性活动。

简单地说，职业就是指人们所从事的比较稳定的有合法收入的工作。

职业有三个功能：谋生的手段；为社会做贡献的岗位；实现人生价值的舞台。三者密不可分，其中"谋生"是基础，"贡献"是灵魂，"价值"是结果。

（二）职业的重要性

在现实生活中，人们无不与职业发生着紧密的联系，职业活动几乎贯穿于每个人的一生。在生命的早期阶段，人们接受教育与培训，以便为将来的职业做好准备。从青年时期开始职业生涯到退休离开职业岗位,职业活动长达几十年。即使退休以后,还有不少人仍然参与职业活动。因此,职业是每个人社会生活中的重要组成部分。

(三)职业的特征

现代职业具有经济性、技术性、社会性、促进性、连续性和时代性等多个特征。

职业具有经济性,即人们可以从职业中取得收入;职业具有技术性,即人们可以通过职业发挥才能和专长;职业具有社会性,即每个职业都承担一定的社会责任,人们在各自的职业中履行公民义务;职业具有促进性,即每个职业都应符合社会需要,为社会提供有用的服务;职业具有连续性,即一般职业都是相对稳定的,非中断性的;职业具有时代性,即职业会紧跟着时代的发展而不断发展。

二、我国职业的分类及其发展过程

(一)我国职业的分类

1999年,我国正式颁布了《中华人民共和国职业分类大典》,这是我国第一部对职业进行科学分类的权威性文献,采用了以从业人员工作性质的同一性作为职业划分标准的新原则,将我国职业归为8个大类,66个中类,413个小类,1838个细类(职业)。

第一大类:国家机关、党群组织、企业、事业单位负责人,其中包括5个中类,16个小类,25个细类。

第二大类:专业技术人员,其中包括14个中类,115个小类,379个细类。

第三大类:办事人员和有关人员,其中包括4个中类,12个小类,45个细类。

第四大类:商业、服务业人员,其中包括8个中类,43个小类,147个细类。

第五大类：农、林、牧、渔、水利业生产人员，其中包括6个中类，30个小类，121个细类。

第六大类：生产、运输设备操作人员及有关人员，其中包括27个中类，195个小类，1119个细类。

第七大类：军人，其中包括1个中类，1个小类，1个细类。

第八大类：不便分类的其他从业人员，其中包括1个中类，1个小类，1个细类。

其中，从职业结构看，职业的分布有三个特点：第一，技术型和技能型职业占主导。占实际职业总量的60.88%的职业分布在"生产、运输设备操作人员及有关人员"这一大类中，它们分属我国工业生产的各个主要领域。从这类职业的工作内容分析，其特点是以技术型和技能型操作为主。第二，第三产业职业比重较小，仅占实际职业总量的8%左右。三大产业中的职业分布，以第二产业的职业比重最大。第三，知识型与高新技术型职业较少。在现有职业结构中，属于知识型与高新技术型的职业数量不超过实际职业总量的3%。

（二）我国的职业分类发展过程

过去我们常常说"三百六十行"，然而有调查指出：到目前为止，我国已有近两千个职业，广泛分布于各个产业与领域。仅从2004年8月～2007年4月，国家劳动和社会保障部就发布了9批96种新职业。为了更好地管理这些名目繁多、形式各异的职业，需要采用一定的标准和方法，依据一定的分类原则，对各种专门化的社会职业进行全面、系统的划分与归类。采用不同的标准和方法可以产生不同的分类结果，例如从行业上划分，可分为第一产业、第二产业、第三产业；按就业者付出劳动的性质，可以将职业分为体力劳动和脑力劳动。

三、职业发展态势分析

跨入21世纪，社会分工和职业分化的势头进一步加快，把握新世纪职业发展趋势，对于人们选择和改变职业意义重大。那么职业的发展呈现出哪些新趋势呢？

一是专门职业化的趋势越来越明显。所谓专门职业化，是指专门职业的种类和专门职业的就业人数都不断增加的发展趋势，比如，有的职业因脑力劳动付出的比重增大，就可能从原有职业中脱离出来成为专门职业。当前，职业资格证书在许多国家受到重视，就是专门职业化的一种表现。

二是同一职业或职位的内涵愈加丰富，对从业人员的要求不断发生变化。职业的变迁不仅表现在职业的种类和结构上，而且还表现在职业的内涵上。很多传统职业因技术、科学和文化以及其他各种相关因素的变化，职业的内涵也变得更加丰富，对人的发展的要求更加综合化。比如，现在的图书馆管理员，不仅要求就业者懂得基本的图书管理知识，而且要求其会操作计算机。社会职业的这一趋势将会使文化素质较低的人失去职业竞争力，社会需要具备高等文化水平、掌握现代科学技术、熟悉时事资讯、具备创新能力的人才。

四、职业选择

（一）职业选择的内涵与意义

职业选择是指劳动者依照自己的职业期望和兴趣，凭借自身能力挑选职业，使自身素质与职业需求特征相符合的过程。

职业选择可以使人们真正进入社会生活领域，是人生的重要行为和关键环节。职业选择有利于人和劳动岗位的较好结合，促进人的全面发展，并且有利于人们取得较大的经济利益和达到多方面的社会效益。

（二）职业选择中需要把握的原则

世界上不存在两片完全相同的叶子。同样，职业千差万别，每个人也有自己不同的想法和特点，因此，每个人的选择都不尽相同，最后走的路也不一样。尽管如此，还是有一些一般性的原则，可以使人们在择业时少走一些弯路，尽可能顺利地找到适合的职业。

首先，兴趣第一。发现自己的兴趣所在，做自己喜欢做的事情，才能充分调动个人的主观能动性。诺贝尔物理学奖获得者丁肇中曾经说过："兴趣比天才重要。"兴趣会影响工作的满意度和稳定性。从事自己不感兴趣的职业很难让你感到满意，并且会由此导致工作不稳定，这对个人和组织而言都是不利的。另外，兴趣还可以增强职业的适应性。有研究表明，如果人们从事自己感兴趣的职业，则能发挥出全部才能的80%—90%，否则只能发挥出20%—30%的才能，而且很容易感到疲劳和厌倦。

其次，特长原则。要避开自己不擅长的工作，从事能突出自己能力和优势的职业。只有从事自己喜爱的并且擅长的工作，才能最大限度地发挥自己的潜能。不少人将兴趣误以为是能力、特长，比如，有的人喜欢唱歌，就认为自己的特长是唱歌，其实并非如此。喜欢唱歌仅是你的兴趣，你的嗓音、音质才是你的特长。这一点要搞清楚。否则，不辞辛苦地白天唱、晚上唱，也难以成为歌星。

第三，独立原则。做什么样的工作毕竟是自己的事，适合与否、做得好坏的后果都将由自己来承担。虽然在选择的过程中可能会得到父母、师长、朋友的指导和帮助，但是由于这些人的观点往往受到他们所处的时代、环境和主观意识的影响，具有一定的个人主观性甚至局限性，所以，他们的意见和建议不一定就符合自己的情况。这样看来，在职业选择的过程中，别人的观点可能会给予自己启发，也可能会对自己造成误导。你可以认真考虑并参考这些意见和建议，但最后的选择还是应该由自己独立自主地做出，毕竟职业选择是个人的事情。

第四，现实原则。人们在做职业选择时，应该考虑到社会现实需要以及当时的社会职业状况，制订出切实可行的求职计划，而不是一味地空想，幻想某种完美的不切实际的个人发展设计。人们在做任何事情时都不能脱离现实基础，否则就可能招致"生不逢时""怀才不遇"的挫折感和失落感。不过，也不要太在意自己并不完善的现状，因为尽管会受到现实的制约，但人们还是可以通过自己的努力去适应和改变环境。如果被现实绑住，择业时顾虑重重、束手束脚，反倒有可能错失良机，得不偿失。

第五，胜任原则。人们在做职业选择时，特别要考虑到职业对个体的要求。不同的职业有不同的要求，择业时一定要充分考虑到自己的身体素质、学识水平、个性特点、能力倾向等是否符合职业的要求，不要盲目选择自己不足以胜任的职业。如果是不能胜任的工作，不仅自己会感到力不从心、劳累压抑、产生挫折感，而且由于工作效率低下，还会使工作单位也得不到应有的效益；如果是能够胜任的工作，自己干起来通常会得心应手、心情愉悦。所以，选择的职业应该是自己能够胜任的。当然，在胜任之余，还可以考虑选择具有一定挑战性的职业，尤其是对那些成就动机较高的人来说，难度偏高、具有挑战性的工作更能激发他们的潜能。

第六，发展原则。在现代社会，职业不再仅仅是生存的手段，而是越来越多地成为人们寻求发展的道路。所以，选择职业时不仅要遵循以上的原则，还需要考虑发展方面的问题，包括职业本身的发展和个人在职业中的发展。近十年来，就业市场中冒出不少新兴行业，像人事经理、投资顾问、房屋中介经纪人、自由工作者等，职业发展前景都被看好，吸引了大批就业人员。除此之外，某一具体工作岗位所提供的深造和晋升机会以及前途、上下级关系等影响个人职业发展的因素也都应该得到重视。

（三）职业选择的实操要点

1. 职业选择"三部曲"

首先要了解自己。人们在选择职业之前，首先要了解自己的身心特点，即除了常规的身体和体质检查外，还要通过心理测量及其他手段获得有关身体状况、能力倾向、兴趣爱好、气质与性格以及家庭背景、学业成绩、工作经历等方面的个人资料，并对这些资料进行分析与评价。

其次要了解职业。了解职业，即收集并分析有关的职业信息，研究职业的用人要求以及高效完成工作的职业标准。

最后是个人职业匹配。在了解个人特质和职业因素的基础上，第三步就是通过职业咨询或个人决策来选择既适合自己的特性又有可能获得的职业。

2. 职业选择的方法

（1）经验法。找一些比较有经验的人进行咨询或指导，使其提供支持和辅助决策。

（2）比较法。通过推理、比较和数据资料的分析，综合考虑多种方案，并从中找出正面影响多、负面影响小的方案。

（3）知觉法。借助个人内在感情和感觉，运用想象力，辅之以过去的知识背景进行职业选择。此方法简单、迅速但主观、武断。

（4）测试法。用一些量表测试职业方向与兴趣，参考测量结果来进行职业选择。

3. 职业选择中的主观因素

（1）兴趣与职业选择

兴趣是指一个人力求认识、掌握某种事物，并且经常参与该种活动的心理倾向。人的兴趣在职业活动中起着十分重要的作用。我们如何根据自己的兴趣去确定择业方向并进行择业决策呢？

十个职业选择判断依据

①喜欢同具体事物打交道，而不喜欢与人打交道，可以选择诸如制图、勘测、工程技术、建筑、机器制造、出纳、会计等工作岗位。

②喜欢与人交往，对销售、采访、传递信息一类的活动感兴趣，则相应的工作岗位应该是记者、推销员、服务员、教师、行政管理人员等。

③愿干有规律的工作，特别喜欢按常规、有秩序地进行活动，习惯于在预先安排好的程序下工作，其相应的工作岗位是邮件分类、图书管理、档案整理、办公室工作和打字、统计等。

④乐于助人，喜欢从事社会福利和助人工作，则相应的工作岗位是律师、咨询员、科技推广人员、医生、护士等。

⑤喜欢掌管一些权力，希望受到众人尊敬和获得声望，希望在企业中起重要作用，则可考虑充任行政官员、企业管理干部、学校班主任、辅导员等。

⑥对人的行为举止和心理状态感兴趣，喜欢研究人的行为，谈论人的问题，那么相应的职业应该是心理学、政治学、人类学等研究工作及教育、行为管理等研究人、管理人的工作。

⑦如果喜欢从事科学技术工作，对分析、推理、测试等活动感兴趣，善于理论分析和独立解决问题，也喜欢通过试验获取新发现，那么相应的职业应该是生物、化学、工程学、物理学、地质学等工作。

⑧如果喜欢抽象的创造性的工作，对需要想象力和创造力的工作感兴趣；或者喜欢独立工作，对自己的学识和才能颇为自信，善于解决抽象的问题，而且喜欢了解周围世界，则相应的职业是社会调查、经济分析、各类科学研究和化验、新产品开发等工作。

⑨如果对运用一定的技术去操作各种机器机械、制造新产品等感兴趣，喜欢具体的东西，例如喜欢使用工具、机械等，特别是喜欢大型的、先进的机器，则相应的职业应该是驾驶员、机器制造、建筑、石油和煤炭开采等。

⑩如果喜欢从事具体的工作，希望能很快看到自己的劳动成果，愿意从事能看得见、摸得着的产品制作工作，并从完成的产品中得到满足，则相应的职业应是室内装饰、园林、美容、手工制作、机械维修等。

（2）气质与职业选择

气质是人的一种心理特征，它包括人与外界事物接触中反映出来的感受性、耐受性、反应的敏捷性、情绪的兴奋性以及心理活动的内向性与外向性等特点。它是人与生俱来的一种特性。有的人脾气很急，走路、办事总是急匆匆；有的人说话办事慢条斯理，很少发急；有的人喜形于色，大大咧咧；有的人沉默寡言，深思熟虑。这些心理特征，往往一辈子也难以改变，可谓"江山易改，本性难移"。

气质对人们所从事的职业性质和工作效率都有一定的影响。什么气质类型的人适合于从事什么职业，是古往今来许多专家研究的一门学问。

人的气质分为四种类型：多血质型、胆汁质型、黏液质型和抑郁质型。

①多血质型。多血质型属于活泼、好动、敏感的气质类型。他们的感受性低而耐受性高，举止敏捷、姿态活泼；情绪色彩鲜明，具有较大的可塑性和外向性；语言表达能力和感染能力强，善于交际，感情外露但又显得粗心浮躁；办事多凭兴趣，富于幻想，缺乏耐力和毅力。多血质的人工作能力强，容易适应新环境，适应面较广泛，适合从事政府及企事业管理工作、外事工作、公关工作，适合做驾驶员、医生、律师、运动员、新闻工作者、演员、公安侦查员、服务员等。多血质的人不适合做过细的工作，对单调的机械工作也很难胜任。

②胆汁质型。胆汁质型属于热情、直率、外露、急躁的类型。他们的感受性低而耐受性高，情绪高涨、抑制性差，日常生活中表现为积极热情、精力旺盛、坚韧不拔、语言明确、富于表现、喜欢新的活动、热闹场面，处理问题迅速而坚决；性情直率，但易急躁，热情忽高忽低，办事粗心，有时会刚愎自用、傲慢不恭。胆汁质型的人适合做导游、勘探工作者、推销员、节目主持人、外事接待人员、演员等，他们适应热闹、繁杂的工作环境，而对长期安坐的细致工作很难胜任。

③黏液质型。黏液质型属于稳重、自制、内向的类型。他们的情感不易变化和暴露，平素心平气和，不易激动，但一引起波动就变得强烈、稳固而深刻。他们说话慢且言语少，遇事谨慎，善于克制和忍让，对工作埋头苦干，有耐久力，注意力不易转移；但往往不够灵活，容易固执、拘谨。黏液质型的人适合做外科医生、法官、财会员、统计员、播音员等。

④抑郁质型。抑郁质型属于好静、情绪不易外露、办事认真的类型。他们感受性高而耐受性低，沉静、有内涵、易相处、人缘好、工作细心、稳

妥可靠，但遇事缺乏果断和信心，工作适应能力差、容易产生悲观情绪。抑郁质型的人可以较好地胜任胆汁质型的人难以胜任的工作，比如人事、机要、秘书、编辑、档案、化验、保管等工作，也适合从事研究工作和艺术造型工作等。

有关专家研究认为，俄国四位著名的文学家，就分别属于四种气质类型。普希金属于热情、奔放的胆汁质型，赫尔岑属于活泼好动的多血质型，克雷洛夫属于稳重、寡言的黏液质型，果戈理则属于深沉、孤独的抑郁质型。

气质并无好坏之分，任何一种气质都有其积极和消极的方面。气质并不能决定一个人的社会价值和成就的大小。现实生活中，纯粹属于某一气质类型的人也不多，多数人是几种气质兼而有之的混合型。每一种气质类型的人都可以在大部分职业中有所作为。所以，人们在进行职业选择时要考虑气质因素，但又不能将它的作用扩大化、绝对化。

三是性格与职业选择。性格是指一个人在先天生理素质的基础上，在社会实践活动和不同环境熏陶下逐渐形成的比较稳定的心理特征，例如热情、开朗、活泼、刚强或淡漠、沉默、懦弱、顺从等。

决定人们行为实际能力的是性格特点。人的性格不仅有个别差异而且有好坏之分。有的人娇嗔、傲慢、泼辣，有的人热情、开朗、活泼、外露，有的人深沉、内在和多思，有的人大胆自信，有的人羞怯自卑，有的人干脆果断，有的人慢条斯理等。这些差异、好坏都在不同程度上影响着个体职业选择的倾向和成功与否。而性格是后天形成的，是可以锻炼和改造的，人们在职业选择过程中应充分考虑性格因素的影响，并学会扬长避短。

四是能力与职业选择。从心理学的角度看，能力是指影响活动效率、使活动顺利完成所必须具备的个性心理特征。比如，观察的精确性、记忆的准确性和思维的敏捷性是完成许多活动所不可缺少的；节奏感和曲调感对从事音乐的人来说是必须具备的；若缺乏充分的想象力，就很难使他与作家、艺术家结缘。

当然，要想顺利、成功地完成某项活动，单靠某一种能力是不够的，它需要多种能力的有机结合。比如要当作家，单有想象力是不够的，它还需要文字表达能力、观察能力、逻辑思维能力等。在从事某种活动中，各种能力的独特结合称为才能。如果一个人的各种能力能在活动中最完美地结合，那他就能最大限度地实现自己的人生理想，从而创造出更多的社会财富。

能力由一般能力和特殊能力构成。一般能力是指在不同种类的活动中表现出来的共同能力，适用于广泛的工作范围，是有效地掌握知识和顺利地完成活动所不可缺少的心理条件。例如，观察力、思维力、记忆力、注意力、语言表达能力和操作能力、想象力都属于一般能力，也就是通常所说的智力，其核心是逻辑思维能力。特殊能力是指在某些特殊领域的活动中所表现出来的能力。例如，节奏感、色彩鉴别力、准确估计比例关系等就属于特殊能力。特殊能力总是建立在一般能力的基础上，经过对一般能力的专业性训练发展而来的。因而，一般能力必然包含在特殊能力之中。一般能力与特殊能力在发展中相互作用，构成一个有机整体，保证人们有效地完成某种活动。

无论是一般能力或特殊能力，还是现有能力或倾向能力，对能力的自我认识和评价，对我们的职业定向与职业选择往往起着筛选和定位的作用。

4.职业选择中的客观因素

客观因素主要是指社会变迁、社会观念、家庭影响、职业资讯等非个人自身所产生的或非个人主观意愿所能控制的影响因素。

一是社会因素。社会习俗和文化传统会影响到一个人对待职业的态度和观念，从而影响人们选择职业时的目标和策略。比如，"女孩子工作还是安稳些好""男孩子当幼儿园老师没出息"等社会观念都束缚着相当一部分人的职业选择。再如，如果一个人的朋友圈中大多数人都找到了较好的职业，那么他也可能出于一种无形的压力要去寻找一份与其他人地位相当的职业。

二是家庭因素。家庭因素对个人职业选择的影响也很重要。比如，一个出身于书香世家的青年想要弃文从商，就可能受到父母或长辈的重重阻挠。家庭成员有时候把社会偏见更具体化，对求职者形成了直接压力。

三是信息因素。信息是职业选择的重要依据。职业资讯向求职者提供了各种就业机会，同时也反过来告诉求职者职业的要求和限制条件，从而促进或制约了求职者选择某一职业，保证求职者和用人单位都能各得其所。因此，如果你掌握的信息量越大、越充分、越及时，那么你在职业选择中占据的主动权也就越大。

获得信息资讯的渠道有很多种：一是通过向国家及地方就业指导部门、学校就业指导机构及其信息资料中心咨询，搜集并储存用人资料；二是通过听广播、看电视、阅读报纸杂志等，搜集动态或静态的用人资料；三是通过与亲戚、朋友、邻居、师长、校友等社会关系网的联系，搜集隐藏性的用人资料；四是通过去具体单位了解、工厂参观、实地观察等实习活动，搜集第一手用人资料。五是通过去人才市场、职业指导机构与其他职业中介机构，搜集有针对性的用人资料；六是通过互联网络渠道，搜集实时更新的招聘信息。

5. 职业选择的误区

除了前面提到的职业选择的一般原则外，认清职业中存在的误区，同样也可以帮助大家少走一些弯路。在择业的道路上，看清楚以下陷阱，特别是不要掉进自己挖的陷阱中，可以让每一位求职者在职业发展的道路上走得更加顺畅。

（1）将追逐热门职业等同于职业前景

很多热门的职业往往和高收入、较高的社会认可度、诱人的发展前景联系在一起。一些人易被社会上的舆论所左右，认为只有追逐这些热门职业，才不会被时代淘汰，才有发展前景，于是盲目从众，往往忽略了这些职业是否是自己的兴趣所在，是否适合自己。这样既不考虑自身条件和职业特点，又不考虑社会整体需求的做法是盲目的，既影响了理性择业，又压抑了自己的优势。

（2）轻易抛弃了自己的专业

有时候，求职者为了追求高薪、名企、热门职业，会不考虑自己的专业方向，抱着尝试的心态选择一个自己不曾深入了解、学习过的领域。由于你的专业不在此，很可能已经违背了前面所说的兴趣第一、能力和胜任等择业原则，反而不利于未来个人的发展。况且，尽管很多企业在招聘的时候都明确表示不限专业，但在最终拍板确定人选的时候，专业对口依然是获得加分的因素。因此，不要轻易否认和放弃你的专业。当然，过犹不及，如果一味强调专业对口，认为工作不能发挥自己的专业优势就是埋没人才、浪费资源的话，那又把自己的择业面局限在很小的范围里，也不利于广泛地考察和筛选职业。

（3）用赚钱多少衡量职业价值

职业最原始的目的是赚钱，追求更高的薪酬本身也是合理的，但是，一些人在选择职业的时候，把赚钱多少放在首要位置考虑，认为只有赚钱多的职业才有价值、有发展前途，因而追逐高薪，频繁跳槽，甚至追求那些违背自己天性和志趣的工作，表现出非常浓的功利性色彩，这就成为了一种非常短视且缺乏职业理想和长远发展规划的做法。赚钱当然是必要的，但更多的人除了工作之外，对其他事物也有所追求，比如自由的时间、良好的健康状况、满意的人际关系和幸福的家庭等。因此，一份相对自由的能充分发挥个人聪明才智的工作将成为越来越多人的择业目标。

（4）用工作单位来判断择业成功

在不同的单位里，即使工作内容和性质相同，工作条件、福利待遇、人际关系、管理和发展机会也会有所不同。因而对个人来说，进入不同的工作单位就会有不同的未来。很多人考虑到这一点，把工作单位作为择业时的首要考虑因素，这无可厚非。如果择业者能够根据自己重视的方面对单位有所选择，不仅有利于增加职业满意感，而且在适合的环境里还能更好地发挥自己的个性和特长。但是，如果只是一味地追求工作单位的高薪、名气和规模等，挤破了脑袋要进名企、外企，那么，即便得到了当时认为比较满意的工作，但进入单位后一旦发现与预期不符，或者随着自己价值观的逐渐清晰及环境要求等因素的变化，逐渐发现这份职业并不是自己想要的，甚至与期望的大相径庭，则自己会感到茫然无措，产生挫折感和不适应感，严重的还会引起职业倦怠等问题。

第二节　职业道德的基本规范

一、道德与职业道德

（一）道德的内涵

人生在世，有两件事最重要：一是学做人，二是学做事，而道德是做人的根本。

在人类早期的原始社会，便有了道德的萌芽，它随着社会经济的发展而不断发展。道德是指一定社会、一定阶级向人们提出的处理人与人之间、个人与社会之间、个人与自然之间各种关系的一种特殊的行为规范。

中华民族传统美德的主要内容：

父慈子孝，尊老爱幼。

立志勤学，持之以恒。

自强不息，勇于革新。

以仁待人，以礼敬人。

诚实守信，见利思义。

公忠为国，反抗外族侵略。

修身为本，严于律己。

（二）职业道德的含义

职业道德是指从事一定职业劳动的人们，在特定的工作和劳动中以其内心信念和特殊社会手段来维系的，以善恶进行评价的心理意识、行为原则和行为规范的总和。它是人们在从事职业的过程中形成的一种内在的、非强制性的约束机制。

简单地说，职业道德就是讲人在职业活动中"应该"怎么样和"不应该"怎么样的问题。

国外一项调查显示：学历已不是公司招聘首先考虑的条件，大多数雇主认为，正确的工作态度是公司在雇用员工时最先考虑的，其次才是职业技能，接着是工作经验。毫无疑问，工作态度已被视为组织遴选人才的重要标准。

（三）职业道德与个人发展

职业道德是事业成功的重要条件，是个人事业成功的保证。

一个想成就事业的人必须经受得住诱惑及考验，所以说没有职业道德的人干不好任何工作，而世界上最伟大的人物无一不是经过严格的职业训练并历经千辛万苦才取得辉煌成就的。分析每一个成功人士的事迹，会发现他们往往都具有高度的责任感、坚强的意志力和创新精神等，这些都是良好职业道德的具体体现。

（四）职业道德与企业竞争力

1. 职业道德有利于企业提高产品和服务质量

企业要想给顾客提供优质的服务，就必须重视职工职业道德的教育和提高，这是因为：

（1）掌握扎实的职业技能和相关专业知识是提高产品和服务质量的前提。

（2）工作的认真态度和敬业精神是提高产品和服务质量的直接表现。

（3）忠于企业、维护企业形象，是提高产品和服务质量的内部精神动力。

（4）严格遵守企业的规章制度、服从企业安排，是提高产品和服务质量的纪律保证。

（5）奉献社会、真正以顾客为"上帝"、全心全意为顾客服务，是提高产品和服务质量的外部精神动力。

2. 职业道德可以降低产品成本、提高劳动生产率和经济效益

（1）职工具备良好的职业道德有利于减少厂房、机器、设备的损耗，节约原材料，降低次品率。

（2）职工具备良好的职业道德，职工与职工之间、职工与领导之间、职工与企业之间就会保持协调、融洽、默契的关系，从而降低企业整体的协调管理费。

（3）职工具备良好的职业道德，可提高产品和服务的质量，从而降低企业与政府、社会和顾客之间的谈判交易费用。

（4）职工具备良好的职业道德，有较强的时间观念，在工作中惜分珍秒，有利于提高劳动生产率。

3. 职业道德可以促进企业技术进步

（1）具有良好的职业道德是职工提高创新意识和创新能力的精神动力。

（2）具有良好的职业道德是职工努力钻研科学文化技术、革新工艺、发明创造的现实保证。

（3）具有良好的职业道德是职工保守企业科技机密的重要条件。

（4）职业道德有利于企业树立良好的形象、创造著名品牌。这是因为：

一是企业形象是企业文化的综合反映，其本质是企业信誉。商品品牌是企业形象的核心内容。职工具有良好的职业道德有利于企业树立形象和创

造著名品牌。

二是在现代媒体十分发达的今天，企业职工的表现直接影响企业形象和品牌。

二、职业道德的基本规范

职业道德规范是指从事职业活动的人们应当遵守的职业行为准则。职业道德基本规范的内容包括以下几个方面。

（一）爱岗敬业

爱岗就是热爱自己的工作岗位，热爱本职工作，也称热爱本职。敬业包含两层涵义：一为谋生敬业，二为真正认识到自己工作的意义敬业。

怎样才能做到爱岗敬业？爱岗敬业要求做到乐业、勤业、精业、干一行爱一行。"不爱岗，就下岗；不敬业，就失业！"是某企业的厂训。

爱岗敬业的基本要求有三个：

一是要乐业，热爱并热心于自己的职业和岗位。

二是要勤业，忠于职守，认真负责，刻苦勤奋，不懈努力。

三是要精业，好学进取，追求高质量，不断开拓创新。

（二）诚实守信

诚实守信是指忠诚老实、信守诺言，是为人处世的原则。

诚实，就是忠诚老实，不讲假话。守信，就是信守诺言，说话算数，讲信誉，重信用，履行自己应承担的义务。"言必信，行必果"。诚实守信不仅是做人的准则、做事的原则，还是各行各业的生存之道，更是树立行业形象的根本。

怎样才能做到诚实守信？诚实守信要求我们做到诚信无欺、讲究质量、信守合同。诚信无欺，即待人接物诚恳可信，不采用欺骗手段。讲究质量，即要树立质量第一的观念，严把质量关。信守合同，即要说到做到，言而有信，认真履行承诺或合同。

诚实守信的基本要求诚信无欺、讲求质量、信守合同。

（三）办事公道

办事公道是指从业人员在办事情、处理问题时，要站在公正的立场上，按照同一标准和同一原则办事的职业道德规范。

办事公道要求人们做到客观公正，照章办事。客观公正，即遇事从客观事实出发，并能做出客观、公正的判断和处理。照章办事，就是按照规章制度来对待所有的当事人，不徇情枉法、不徇私枉法。办事公道的核心就是克服私心，正直无私。要做到办事公道，还必须加强学习，不断提高认识能力，明确是非标准，分辨善恶美丑，并且有敏锐的洞察力。

（四）服务客户

服务客户就是为客户服务。

怎样才能做到服务客户？服务客户要求人们做到热情周到、满足需要。

热情周到，即从业人员对服务客户抱以主动、热情、耐心的态度，把客户当作亲人，服务细致周到，勤勤恳恳。

满足需要，即从业人员努力为客户提供方便，想客户之所想，急客户之所急，关心他人疾苦，主动为他人排忧解难，做每件事都要以方便客户为主。

（五）奉献社会

奉献，就是不期望等价的回报和酬劳，而愿意为他人、社会或为真理、正义献出自己的力量，包括宝贵的生命。

奉献社会，就是全心全意为社会做贡献，是为人民服务精神的最高表现。

三、行业对职业道德规范的要求

各行业的工作性质、社会责任、服务对象和服务手段不同，因而每一行都各有各的职业道德规范，这就是行业职业道德规范。它是职业道德基本规范在某一行业的具体化。几种不同行业职业道德的具体要求：

（一）机械工人职业道德规范

质量第一，信誉第一。

遵规守纪，安全生产。

爱护设备，钻研技术。

热心为用户服务，不谋取私利。

（二）维修电工职业道德规范

维修及时，认真负责。

遵守纪律，服务热情。

安全作业，文明施工。

按章办事，不谋私利。

（三）营业员职业道德规范

主动热情，周到服务。

一视同仁，顾客至上。

诚实守信，买卖公平。

文明经商，礼貌待客。

钻研业务，提高技能。

第三节　职业观念的认知研究

一、忠诚

来自非洲的马拉松运动员阿克沃里在1968年的奥运会上，刚跑出没多久就摔了一跤，导致膝盖受伤，血在一滴一滴地流出来，但他没有放弃，坚持走完了全程。当到达终点时夜幕已经降临，拖着伤腿的他整整走了一天，迎接他的没有鲜花，也没有奖牌，只有一个空荡荡的体育场。记者问他，为什么受伤了还要坚持到比赛结束？他的回答是："我的国家派我来这里不是让我来听发令枪响的，而是要让我冲过终点……"

忠诚就是指对国家、人民、事业、企业、朋友、亲人等真心诚意、尽心尽力、没有二心。忠诚代表着诚信、守信和服从。这是一种发自内心的情感，自然而又朴实。阿克沃里用自己的行动诠释了忠诚的本质。其实，运动员受伤退场，本是司空见惯的事，阿克沃里受了伤，如果他退出比赛，没有人会因此而责备他，但他却拖着受伤的腿走完了全程，虽然迎接他的没有鲜花，也没有奖牌，但他却因对祖国无比的忠诚而载入了奥运会的史册。

忠诚是我们这个民族的传统美德，早在两千多年前我国就有了对忠诚的定义和推崇，忠诚的意识也深深地扎根于中华民族的文化之中，成为我国人民核心的道德规范。《荀子·尧问》："忠诚盛於内，贲於外，形於四海。"荀悦《汉纪·文帝纪下》："周勃质朴忠诚，高祖以为安刘氏者必勃。"柳宗元《吊屈原文》："忠诚之既内激兮，抑衔忍而不长。"朱德《悼罗荣桓同志》："起义鄂南即治军，忠诚革命贯平生。"可见，忠诚于我们这个民族的重要性。它不仅是历经两千多年的儒家思想的核心，也成为我们现在为人处世之本。尤其在职业场所，忠诚已经是企业员工发展所必需的一种精神、一种策略。一方面，企业的生存和发展需要员工的敬业和忠诚；另一方面，作为一名员工来说，丰厚的物质报酬和精神上的成就感离不开公司的存在。

在国内著名企业中，青岛海尔集团的发展模式值得关注。曾经有人这么评价："不用哲学就看不清海尔。"海尔文化最大的特色是员工普遍认同和主动参与的创新观念，海尔也独创了许多富有哲理的管理模式。比如"人人是人才，赛马不相马"的"赛马"理论，就为每个员工提供了发展个人才干的环境和条件，所以海尔集团的员工都达成了一种共识——创新、合作，每个员工都能找到最适合自己的位置，从而获得个人事业的成就，这就使得每个海尔人都以海尔为荣，把自己的身心彻底融入海尔。

（一）职业忠诚

所谓对职业的忠诚，就是对所从事的职业有深厚的兴趣，能够积极钻研技术技能，努力使自己成为所在职业领域里的行家里手。职业忠诚不是一般的道德宣教，它必须落实到具体的职业活动中，落实到对所从事的职业和技术的钻研和精通中。只有在业务上精益求精，始终做到学而不厌、习而不倦、勤学钻研的人才能在职业上有所建树。

是否忠诚于自己的职业，取决于从业者对职业所持的基本态度。

全球人力资源管理服务和咨询公司翰威特经研究指出，职业忠诚可以分为三个层次：

（1）乐于宣传。就是员工经常会对同事、可能加入企业的人、目前与潜在的客户说组织的好话。

（2）乐于留下。就是员工具有留在组织内的强烈欲望。

（3）全力付出。就是员工不但全心全意地投入工作，并且愿意付出额外的努力促使企业成功。

显然，我们更加提倡第三层次的职业态度。

微软公司董事长比尔·盖茨说："如果只把工作当作一件差事，或者只将目光停留在工作本身，那么即使是从事你最喜欢的工作，你依然无法持久地保持对工作的激情。但如果把工作当作一项事业来看，情况就会完全不同。"

在当今这样一个竞争激烈的年代，谋求个人利益和实现自我价值是无可厚非的事，实际上，个性解放、自我价值的实现与忠诚和敬业并不是对立的，而是相辅相成的，缺一不可的。职业工作者热爱自己所从事的工作和所献身的事业，竭诚为之奋斗并将自己的一生与其所从事的事业联系起来，所获得的就不仅是物质、货币、名誉这些外在的报酬，更重要的是内心获得满足,同时又实现了自己的人生价值。所以,具有职业忠诚品德的人始终视事业为神圣,视职业为生命的一部分,他们忠于职守,有强烈的职业责任感,对工作极端负责,愿意为其付出一切,并感受到幸福和满足。

(二)企业忠诚

所谓对企业的忠诚,就是认同企业的文化和企业的管理,将个人的命运与企业的兴衰紧紧地联系在一起,自愿与企业同甘苦、共荣辱。现代管理学认为:忠诚是职场中最值得重视的美德,只有所有的员工对企业忠诚,才能发挥出团队的力量,才能拧成一股绳,劲往一处使,力往同处用,推动企业走向成功。公司的生存离不开少数员工的能力和智慧,更需要大多数员工的忠诚和勤奋。

现代企业在用人时,对个人品质的关注度已超越了个人能力,很多管理者认为:能力是可以通过后天培训得以提高的,但个人的许多优秀品质早已根植于他的行为习惯中。在这个世界上,并不缺乏有能力的人,那种既有能力又忠诚的人才是每一个企业渴求的理想人才,企业宁愿信任一个能力一般却忠诚度高、敬业精神强的人,也不愿重用一个朝三暮四、视忠诚无用的人,哪怕他能力非凡。

每个企业都要求所属员工对企业忠诚,并把这种忠诚看作员工最优秀的职业品质。这种优秀的职业品质主要表现在:

(1)关心企业发展。绝大多数人都必须在一个组织中奠定自己的事业基石。如果你选择了为某一个企业工作,你就要将自己个人的利益甚至命运与企业联系在一起,将自己融入所属企业,积极参与企业的经营管理,并时刻关注企业的生存与发展,积极为企业献计献策。

(2)维护企业信誉。忠诚原则要求员工要维护企业信誉。一个企业一旦在社会上确立了良好的信誉,就会给企业带来巨大的效益。

(3)保守企业秘密。员工自觉不泄露企业秘密,正是诚实守信精神的最好体现。

（4）维护企业利益。不论何种情况下，员工都必须以企业利益为重，否则，再有能力的员工，仍然不能算是一名合格的员工。

（三）认同企业文化，实现自我价值

优秀的企业必定有优秀的企业文化，这种文化是指一个组织由其价值观、信念、仪式、符号、处事方式等组成的特有的文化现象。企业文化强调以人为本，尊重人的感情，从而在企业中创造一种团结友爱、相互信任的和睦气氛，强化了团队意识，促使企业员工之间形成强大的凝聚力和向心力，共同的价值观形成了共同的目标和理想。员工把职业看成一个命运共同体，把本职工作看成实现共同目标的重要组成部分，整个企业步调一致，形成统一的整体，这时"厂兴我荣，厂衰我耻"就成为员工发自内心的真挚感情，"爱厂如家"就会变成他们的实际行动。

企业文化的内容十分广泛，主要包括：

经营哲学：也称企业哲学，是一个企业特有的从事生产经营和管理活动的方法论原则。

价值观念：是指企业职工对企业存在的意义、经营目的、经营宗旨的价值评价和为之追求的整体化、个异化的群体意识，是企业全体职工共同的价值准则。

企业精神：是指企业基于自身特定的性质、任务、宗旨、时代要求和发展方向，并经过精心的培养而形成的企业成员群体的精神风貌。

企业道德：是指调整本企业与其他企业之间、企业与顾客之间、企业内部职工之间关系的行为规范的总和。

团体意识：团体即组织。团体意识是指组织成员的集体观念，是企业内部凝聚力形成的重要心理因素。

企业形象：是企业通过外部特征和经营实力表现出来的，被消费者和公众所认同的企业总体印象。

企业制度：是在生产经营实践活动中所形成的，对人的行为带有强制

性，并能保障一定权利的各种规定。

企业文化结构：是企业文化的构成、形式、层次、内容、类型等的比例关系和位置关系。它表明各个要素如何连接，形成企业文化的整体模式。

企业使命：是指企业在经济发展中所应担当的角色和责任。

员工在加入一个企业后，首先应该了解的就是这个企业的文化，并尽快融入到企业氛围中去，服从企业制度，履行自己的职责。但忠诚不是口头上的，而是要用实际行动来体现的，不管有没有奖惩，不管是否有人监督，员工的行为都是发自内心深处的自觉行为，这时候，企业文化就被"内化"成了员工自己的观念，也就转化成了一种职业素质，忠诚于企业也就有了稳固的思想基础。

如果你忠诚于企业，企业也会真诚地对待你；你的敬业精神增加一分，别人对你的尊重会增加两分。一个忠诚的员工可以成为企业长期发展的基础，较高的忠诚度可以让员工成为企业的核心员工，成为企业高度重视的一类人，即使你的能力一般，企业也乐意在你身上投资，给你培训的机会，提高你的技能，因为它认为你是值得信赖和培养的。从这个意义上看，忠诚于企业的员工拥有更好的发展前景。对这样的员工而言，服务于企业已不是简单的工作，而是为自己的事业尽力，自我价值也比较容易实现。因此，职业忠诚与企业忠诚相互依存，共同发展。对职业忠诚的员工更容易对企业忠诚，而对企业忠诚，实际上就是对自己职业的忠诚。

二、主动

（一）主动的界定

主动就是不待外力促进而自动去做。当多数人还在家里耐心等待时，小王、小张、小刘已经积极行动起来，主动去寻找公司的住处，进而获得了自己心仪的工作。

主动是相对于被动而言的。在现代社会，就业难是众所周知的问题，为什么难？答案很简单，供大于求。其实在许多人找不到工作的同时，企业也正为找不到合适的人才而苦恼，这就需要你主动去推销自己，让"买马的"相中你，而不是等伯乐来相中你。即使工作以后也是如此，积极主动的人更容易获得赏识并得到重用，因为作为一名没有社会经验的毕业生，唯一具备的竞争条件就是肯干和肯学，只要踏踏实实地做好每一份工作，一定能很好地立足于社会。

"主动"的观念有两个层次：一是在隐性外力的作用下工作，另一个是在自我激励的状态下工作。

在"隐形外力"作用下的主动工作，是指将自己置于一个"经济人"（即以获取经济利益为工作的主要内在动力）的层面上，一旦这种"隐性外力"发生改变，员工的主动性也会随之改变。但另一层次上的主动工作则完全出于自我激励的需要，当员工认识到自己工作的特别意义之后，报酬就不再是重要的动力，而是从这种工作的本身获得的一种精神上的回报（自我激励）。

NBA的传奇人物迈克尔·乔丹曾经说过："从'不错'迈入'杰出'的境界，关键在于自己的心态。"其实这位"篮球飞人"想表达的意思就是：工作状态其实是由自己选择的，你可以让工作说得过去，领取你的一份薪水，你也可以选择卓越的工作态度，把工作作为事业去追求。

一位成功者说："有两种人绝不会成大器，一种是除非别人要他做，否则绝不主动做事的人；另一种人则是即使别人要他做，也做不好事情的人。而那些不需要别人催促就会主动去做事，而且不会半途而废的人必将成功。"

所以，我们更加推崇的是第二层次意义上的主动工作，拥有这种工作态度，才能对工作产生巨大的热忱，进而激发工作的积极性和主动性。

（二）主动就要拥有强烈的进取心

美国夏威夷岛上的学生们在上课时，总是先背诵一段祈祷词："一个人的一生中只有三天，昨天、今天和明天。昨天已经过去永不复返；今天已经和你在一起，但很快也会过去；明天就要到来，也会消逝。抓紧时间吧，一生只有三天。"这一段祈祷词提示我们，人要有进取心，要不断磨炼自己和提升自己。人的一生只有三天，昨天活着的是过去的"旧我"，今天努力的是改变的"新我"，明天奋斗的是一个更新的"自我"，让我们每个人每天都成长一点，因为任何人的成功都不是偶然的，积小流才能成大海，积跬步才能至千里，积微尘才能成高山。在这个过程中，拥有强烈的进取心是你实现目标不可缺少的要素，它会使你进步，使你受到注意，甚至会带给你比别人更多的机会。

进取心是指永不满足于现状，坚持不懈地向目标追求的蓬勃向上的心理状态。具有进取心的人，渴望有所建树，争取更好的发展，为自己设定较高的工作目标，勇于迎接挑战，要求自己工作成绩出色。拥有进取心的人有强烈的好胜心，能主动学习，向着目标努力奋斗。

1. 进取心创造工作

人才市场永远有这么一句话："很多人找不到工作，很多单位又招不到人。"在计划经济时代，工作靠国家分配，作为一个公民，你只需要服从就可以了，但现在不一样，用人单位和劳动者是双向选择的关系，如果你缺乏足够的进取心，你在工作中就不可能付出100%的努力，当然，你也就不可能有更好的发展机会，甚至还可能失业。只有不断努力、追求完美、精益求精的人，才会成为工作中的赢家。

2. 进取心创造机会

相比过去的时代，今天的年轻一代在求学与择业等方面，可以有更多的选择，也可以有更多让人羡慕的成功机会，只有那些积极开动脑筋、主动出击寻找机会和创造机会的人才最有可能成为职场胜利者。无论何时，不要局限于只完成分内工作，多从事一些对其他人有价值的服务，你的积极主动和勤奋努力就会不断培养你产生强烈的进取心，促使你拥有更多的发展机会。

3. 进取心创造进步

有这样一句俗语："比上不足，比下有余。"这句话的本义是赶不上前面的，却超过了后面的。现在，这句话常常被一些满足现状、不思进取的人作为自己无所建树的托词，进而使他们心安理得地维持现有状态。当有些人连现有状态也无法满足，生活不如意，人生不得志，甚至连工作也找不到时，他们中也许有人会猛然醒悟，开始奋斗，而还有些人也许整天怨天尤人，牢骚满腹。所以，满足现状意味着退步，一个人如果从来不为更高的目标做准备的话，那么他永远都不会超越自己，永远只停留在自己原来的水平上，甚至会倒退。只有拥有强烈的进取心，不断为自己设定更高的目标，并为这个目标去持续努力，面对前进中的困难百折不挠，成功才会属于你。

（三）积极主动习惯的培养

成功与失败只是一线之隔，不经意间就可能跨过界线，而你可能常常站在这条界线上却浑然不知。你如果再主动一点，再多付出一点努力，再多一点耐心，便会取得成功，从这点上看，成功源于主动。在现代社会，个人的主动进取精神非常受公司管理者的重视，许多公司也都努力把自己的员工培养成主动工作的人。

作为一种职业观念，主动工作的员工知道自己工作的意义和责任，并随时准备把握机会以创造超乎寻常的工作表现。要想培养这种积极主动的工作习惯，就应从现在做起，从小事做起，练习控制自己的心态，并且利用积极的心态来疏导自己的言行。

成功学的始祖拿破仑·希尔说："一个人能否成功，关键在于他的心态。成功人士与失败人士的差别在于成功人士有积极的心态，即PMA（Positive Mental Attitude，积极心态）。成功人士运用PMA黄金定律支配自己的人生，他们始终用积极的思考、乐观的精神和辉煌的经验支配和控制自己的人生。"

拿破仑·希尔认为，培养和加强积极的心态，必须从以下几方面做起：

1. 言行举止像你希望成为的人。

心态是紧跟行动的，积极行动会导致积极思维，而积极思维会导致积极的人生心态。

2. 要心怀必胜、积极的想法

美国亿万富翁、工业家卡耐基说过："一个对自己的内心有完全支配能力的人对他自己有权获得的任何其他东西也会有支配能力。"当我们开始拥有积极的心态并把自己看成成功者时，我们就开始成功了。

3. 用美好的感觉、信心与目标去影响别人

随着你的行动与心态日渐积极，你就会慢慢获得一种美满人生的感觉，信心与日俱增，人生中的目标感也越强烈。紧跟着会有人被你吸引，因为人们总是喜欢跟积极乐观者在一起，运用别人的这种积极响应来发展积极的关系，同时帮助别人获得这种积极态度。

4. 使你遇到的每一个人都感到自己重要、被需要

每个人都有一种欲望，即感觉到自己的重要性，以及别人对他的需要与感激，这是我们普通人的自我意识的核心。如果你能满足别人心中的这一欲望，他们就会对自己、也对你抱积极的态度。

5. 心存感激

对人生和大自然的一切美好的东西，我们要心存感激，如此，我们的人生就会显得美好许多。

6. 学会称赞别人

莎士比亚曾说过："赞美是照在人心灵上的阳光。没有阳光，我们就不能生长。"因此，在生活和工作中，我们应该以鼓励代替批评，以赞美来启迪人们内在的动力，自觉地克服缺点，弥补不足。

7. 学会微笑

微笑是一种令人愉悦的表情。面对一个微笑的人，你会感到他的自信、友好，同时这种自信和友好也会感染你。如果我们想要发展良好的人际关

系，建立积极的心态，那么我们非要学会微笑不可。

8. 到处寻找最佳的新观念

有积极心态的人时刻在寻找最佳的新观念，这些新观念能增加其成功的潜力。正如法国作家维克多·雨果说的："没有任何东西的威力比得上一个适时的主意。"

9. 放弃鸡毛蒜皮的小事

有积极心态的人不把时间和精力花在小事情上，因为小事可使他们偏离主要目标和重要事项。

10. 培养一种奉献精神

有人曾说过："人生的目的是服务别人，是表现出助人的激情与意愿。"他意识到，一个积极心态者所能做的最大贡献是给予别人。

11. 永远也不要消极地认为某些事是不可能的

首先你要认为你能，然后再去尝试，最后你就发现你确实能。

12. 培养乐观精神

心态决定成败，无论情况好坏，我们都要抱着乐观的精神，热情面对生活，尤其是遇到挫折时，更要积极应对。

13. 经常使用自我激励语

如果我们经常使用一些自我激发性的语句，并融入自己的身心，就可以保持积极的心态，抑制消极的心态，形成强大的动力。

一个人能否成功，关键在于他的心态，成功人士与失败人士的差别就在于成功人士有积极的心态，并且把这种积极的心态内化为一种习惯。

习惯，就是长时间形成的一种风尚、一种行为倾向。任何事就怕养成习惯，坏事是这样，好事更是如此。而这种积极心态放到工作中，就是一种主动工作的习惯，你会不断用行动证明自己是一个勇于承担责任和值得信赖的人，是一个极可能取得成功的人。

三、合作

（一）合作的内涵

春去秋来，大雁又开始了长途迁徙。很久以前，人们就发现大雁总是结伴编队，成"V"字形飞行，并定期更换领导者，因为为首的大雁在前面开路，能帮助它左右两边的大雁造成局部真空，产生一种空气动力学作用，编队飞行的大雁要比具有同样能量而单独飞行的大雁多飞70%的路程，这就是著名的"雁行理论"。这个理论强调的是团队合作的力量。什么是合作？合作就是个人与个人、群体与群体之间为达到共同目的，彼此相互配合的一种联合行动方式。试想：如果有的大雁消极怠工不奋力飞行的话，那么"V"字形队恐怕就难以形成，整个团队也不会产生协同效应。因此，只有每只大雁在自己的位置上认真飞行、恪尽职守，整个团队才能飞得更高、飞得更远。大雁是如此，人类也是一样，企业不是一个人能成就的，企业发展的支柱是团队，团队的核心是协作，只要你能跟同伴合作而不是彼此争斗，你就能飞得更高、更远、更快。

合作一词源于拉丁文，其原意是指成员之间的共同行动或协作行动。自有人类活动起，就存在着人们相互合作的行为。在原始社会，极端恶劣的生存条件使同一部落内部的人合作生存，形成了朴素的原始主义思想。随着人类社会的发展，尤其是近代工业革命的兴起和当代经济和科学技术的发展，合作已经成为整个社会协调发展的一种必然选择。

首先，经济全球化的趋势不断推动国际间的合作日益加强。其次，社会分工的细化和市场竞争的加剧，都不断强化着企业间的合作行为。对一家企业而言，其经营与发展更是一系列合作行为的结果。人也是这样的。当今社会是知识经济的时代，各种知识和技术都不断推陈出新，竞争日趋紧张激烈，社会需求越来越多样化，这使人们在工作学习中所面临的情况和环境极其复杂。在很多情况下，单靠个人能力已很难完全处理各种错综复杂的问题并采取切实高效的行动。所有这些都需要人们组成团体，并要求组织成员之间进一步相互依赖、相互关联、相互合作，共同建立团队来解决错综复杂的问题并进行必要的行动协调，开发团队应变能力和持续创新能力，依靠团队合作的力量来创造奇迹。

许多企业选人越来越注重员工职业道德的高低，其中"合作"意识成为重要的一环。在招聘过程中，许多企业都会考虑应聘者是否能够认可和适应本企业的价值观和企业文化，这将决定应聘者能否很好地为企业服务，他们并不强求员工个人能力非常出色，但必须有团队精神，服从大局。例如麦当劳在招聘员工时，选择的往往是相貌普通、教育程度一般但有合作意识的普通人，经过企业全方位的培训，使他们很快融入麦当劳的企业文化，成为出色的员工。

只有通过人与人之间的互相合作才能完成更多的工作。一个人学会了与别人合作，也就获得了打开成功之门的钥匙，因为每个人的能力都是有限的，超过这个限度就是人所不及的，也就是你的短处了。此时，用他人之长补己之短，以团结协作的姿态与人合作共处，才会更好地完善自己、发展自己。所以，人们常说，小合作有小成就，大合作有大成就，不合作就很难有什么成就，这是非常宝贵的人生道理。

（二）合作是团队精神的具体表现

团队精神是指团队的成员为了团队的利益和目标而相互协作、尽心尽力的意愿和作风。也就是说，一群有能力和有共同信念的人在特定的团队中，为了一个共同的目标相互支持、合作、奋斗，依靠集体的力量并调动团队成员的所有资源和才智，产生一股强大且持久的力量，从而实现组织的目标。

善于团结协作的人分为两种：一种是主动型，另一种是被动型。主动型的人多为领袖人物，这样的人，善于将不同能力的人团结在自己周围，完成一项共同的工作。他们善于鼓舞他人，使周围的人变得活跃，在他的带领下，整个团队上下同心，心往一处想，劲往一处使，全身心地投入到工作中去，组织目标得以迅速实现，个人价值也能得到体现，真正达到"双赢"的结果。

现在社会，科学技术正以前所未有的速度向前发展，社会分工日益细化，技术及管理日益复杂，个人的力量和智慧越来越显得微不足道，即使是天才，也需要他人的帮衬。对于一个团队来说，团队精神的形成并非一日之功，而是日积月累的过程，唯有团队成员都具备团队合作的能力，团队精神才能得以形成，所以每个人都必须以团结协作的姿态与其他人合作共处。一个具备团队合作能力的员工，无论处于什么样的环境中都能为了共同的团队目标而与团队成员通力合作，同时他能以大局为重，在个人利益与团队利益发生碰撞时，顾全团队利益；在小团队利益与大团队利益发生不可调和的冲突时，以大团队利益为重。所以，优秀的员工除了应具备过硬的专业知识外，还应具备优秀的团队合作能力。

那么，我们应怎样培养团队精神，以适应现代化企业的要求呢？

人是群体动物，置身于群体中，则难免会产生矛盾和冲突。纵观整个人类历史，因小矛盾而诱发大的冲突，甚至爆发战争的例子不在少数，所以，要想正确处理冲突和解决矛盾，就要学会使用和平的、对话的、协商的、非暴力的方法，这样才能创造一个健康的、积极向上的集体。集体有大有小、无处不在，小到班级，大到社会，我们每个人都生活在集体当中。作为集体成员，我们必须诚信、负责，时刻牢记自己是集体的一员，学会在共同合作中找到自己的闪光点，发挥自己的独特作用，用他人之长补己之短，以己之长补他人之短，与他人和谐相处，不怕吃亏。如果千千万万的人在不同领域发挥他们独特的作用，那么整个社会就会不断地向前发展，向前进步。

在团队中，我们更要学会以开阔包容的心胸去面对所有的人和事，学会宽容。哲学家康德说："生气，是拿别人的错误惩罚自己。"戴尔·卡内基也不主张以牙还牙，他说："要真正憎恶别人的简单方法只有一个，即发挥对方的长处。"憎恶对方，恨不得食肉寝皮，结果只能使自己焦头烂额，心力尽瘁。卡内基说的"憎恶"，是另一种形式的"宽容"，憎恶别人其实就是吸取对方的长处并化为自己强身壮体的"钙质"。一个时代有一个时代的特点，但不同时代共有的特点就是兼容，不论是科技文化还是政治体制，不论是身居显要的大人物，还是微不足道的草民，谁不能把握时代的主流，谁就不能把握创造和发展的机遇。宽容是一种积极的人生态度，面对激烈的市场竞争和风云突变的世界，一个人必须要有宽阔的胸襟，这样才能在团队中越走越宽，并且赢得团队成员的尊重。如果团队中每个人都能这样，这样的团队就是一个具有凝聚力的团队。实际上，机制不良、总是争论不休的团队，甚至彼此拆台、相互倾轧的团队会更快走向解体。

人和万事兴。人与人相处是一件很平常的事，但又是一件很不容易的事。人各有异，唯有和谐相处，生活才会美好。世上没有完全相同的两片树叶，同样，世上也没有完全相同的两个人，但至少总有一点是相同的，那就是我们都希望生活得更美好。所以，在团队中，建立一种共同的目标，坚定不移地去实现它，是把人团结起来的最好的手段。团队目标就像人的一生，而人的一生就好像是在爬山，你必须有到达山顶的雄心壮志，否则永远无法爬到顶端，这个目标就是一种挑战，催促你向着自己的目标不断前行。一个高效运作、有极强凝聚力的团队，更需要一种坚定不移的精神，带领团队成员去共同实现目标。所以，在工作过程中，与他人和谐相处、密切合作是一个优秀员工应具备的必不可少的素质之一，越来越多的公司也把是否具有团队协作精神作为甄选员工的重要标准。作为新时代的青年，努力培养自己的团队协作意识，懂得与人协作，直至善于与人协作，才能使自己适应现代化企业的要求，也才能推动自己成为职场中的成功者。

（三）培养集体荣誉感是树立合作意识的重要内容

相传，释迦牟尼曾问他的弟子："一滴水怎样才能不干涸？"面对各种答案，释迦牟尼笑了："一滴水只有在大海中，才能不干涸。"人也是，一个人只有融入集体，才能有所作为。要想获得更大的成功，借助别人的力量是最有效的方式。所以，在竞争激烈的现代社会中，人们越来越注重人与人之间的交流合作，有目的地去培养自己的集体荣誉感，以增强自己的团结合作能力。

所谓集体荣誉感，是一种热爱集体、关心集体，自觉为集体尽义务、做贡献、争荣誉的道德情感。当集体受到赞扬和奖励的时候，就会产生欣慰、光荣、自豪的感情；当集体受到批评或惩罚的时候，就会产生不安、羞愧、自责的感情，这是一种积极健康的心理品质，是激励大家奋发向上的精神力量。

当一个人来到世界的时候，除了智商和外貌与他人有一些差别外，其他的东西基本上差不多，但人发展所需要的能力却是后天形成的，所以，集体荣誉感也应从小就开始培养。虽然一个人在成长过程中会受到家庭环境的影响、学校教育的引导和社会环境的潜移默化，但是每个人都有意识且坚持不懈地努力培养自己良好的习惯，而这种习惯一旦养成，就会影响人的一生。

家庭是人成长的重要地方，许多成功者所拥有的助长其成功的优秀素养实际上很多都是在家庭环境中培养起来的。要想成为一个适合现代企业发展需要的、具有合作意识的人，青年学生也应有意识地在家庭中培养自己的集体荣誉感。首先，要培养自己对家庭负责的习惯，主动参与家务劳动，有意识地帮助父母减轻负担，在做家务的过程中，培养起自己对家庭的责任心，同时，学会合理分配时间。其次，要有意识地把自己在集体活动中的心得体会与父母分享，让父母也成为你所在集体的活动的积极支持者，帮助你不断提升集体荣誉感。除了家庭，学校是人成长的又一重要场所。学校不仅是增长知识的场所，更是人行为习惯形成的关键地方，学校教育的优劣也是政府十分关注的工作重点。作为个人来说，我们要学会在这个场合有意识地培养自己的集体荣誉感。首先，要快速融入集体环境中。环境是一个大的方面，改变环境太困难，所以，我们必须适应环境。学校作为我们生活和学习的重要场所，它有自己的文化氛围，也有自己的规章制度，所以，只有适应学校方方面面的人和事，才能不断增强自己的能力。其次，要积极参加学校组织的各种各样的活动，以乐观的态度快乐地生活。文体比赛、联欢会、班级工作，都是非常锻炼人的，积极参加这些活动，不但可以增强上进心和自我克制能力，同时在齐心协力为集体争光的过程中，你的集体荣誉感也在不断增强。

　　人是社会中的一员，走向社会并融入社会是人成长的重要过程，所以，社会环境也在潜移默化地影响着人的行为和态度。社会的包容性极强，不仅存在大量的美好事物，同时也存在许许多多丑恶的东西，如何在这个环境中培养集体荣誉感，是作为社会人必须面对的课题。首先，学会感恩。感恩自然、感恩社会、感恩身边的人和物，拥有一颗感恩的心，生活将变得非常美好。感恩会使你快乐，会使你宽容，会使你赢得更多的朋友和支持，从而促使你事业的成功。其次，自觉抵制不良行为的诱惑，增强自制能力。所谓自制力，就是指个体能够完全自觉、灵活地控制自己的情绪，约束自己的行为和语言的品质，形成自强不息的良好人生态度，为社会做出应有的贡献，同时自身也得以发展。

第二章

职业素质提升途径研究

第一节　提升职业素质的重要性

随着科学技术的飞速发展，职业结构发生了升级换代的变化，一些传统的职业已经逐渐从历史的舞台淡去，同时一些新兴职业也应运而生，这致使社会对高技能人才的要求越来越高，高职学校学生的职业素质已成为企业选人和用人的重要标准。

一、从企业层面上看职业素质的重要性

企业需要踏实肯干、有敬业精神和高度的责任心，质量、服务意识强，具备良好的人际沟通能力、团队合作能力，身体和心理健康，乐意从基层做起，热爱、忠诚、效力于企业，能与同事同甘共苦，有头脑、善思考、勇于创新等职业素质高、专业技能强、能胜任职位的优秀毕业生。

二、从学校层面上看职业素质的重要性

高职院校担负着为国家培养高技能人才的重任，学校在强调学生专业知

识和技能培养的同时，更应注重职业素质的培养，旨在提高学生的岗位适应性，促进学生的终身可持续发展。

三、从学生层面上看职业素质的重要性

企业对高职院校学生岗位能力评价的反馈信息中，反映出制约学生发展的不是专业技能，而是职业素质，具体表现在：自卑、消极、理想化情结过浓，不安心本职工作，对待遇、工作环境过于看重，好高骛远、眼高手低、心理承受能力差、不善沟通、缺乏责任心和吃苦精神、自我修养不够、团队合作意识不强、思想不稳定、无主动学习欲望等方面，这些都导致了学生自我定位不准确、对岗位不适应、就业稳定性差，直接影响了学生的职业发展。

案例一：

某大型企业的人力资源部保存着两份求职材料，一份是一位本科毕业生的求职材料，做得很华美、精致，每一页都贴着自己的照片，有职业套装照、生活照片，甚至还有泳装照片，其求职材料中介绍了自己如何多才多艺，尽显在学校的种种活动中取得的辉煌成绩；另一份是一位专科毕业生的求职材料，做得很朴实，连照片都是黑白的，材料中除了介绍自己的专业和在学校取得的成绩外，还把每个假期自己的打工心得、感受及对打工单位的工作改进建议、设想全部附上。该企业的人力资源部部长说，后一份求职材料让他耳目一新，虽然对打工单位的建议及一些设想显得很幼稚，有些地方甚至有些可笑，但面对这样一位主动锤炼自己，有丰富的实践经验和良好的工作心态，主动观察和思考问题，有独立见解，敢于梦想的年轻人来说，他没有哪怕一丁点拒绝的理由。他当即拍板录用了他。不到两年，这位只有大专学历的求职者成为了该企业一个分公司的经理助理，并且在进公司三年半之后，又升职为公司最年轻的分公司经理，年薪20万元。

该企业的人力资源部部长说：企业在招聘时更看重一个人的综合职业素质、实践经验和参与实践的意识和态度。建议大学生在求职时一定要突出自己在学校参加社团、社会实践、做学生干部所取得的具体的成绩，尤其要突出自己实训、实习、打工的经历、收获及成绩。

案例二：

有一位员工，初到该公司时虽然落落大方，但并不算太出色，没人对她太在意。但后来，大家发现她工作主动性很强，常常自觉自愿地做些"分外之事"：看到文秘工作忙不过来，就主动帮忙整理文件；看见公司有两个网站常常处于无人管理的状态，还担负起了网管的工作；平常看到公司办公室较乱，便会自觉地整理。她总是不断主动地帮助同事，为公司的发展默默无闻地做事。不久，她就被提拔为办公室副主任，后来升为主任。

第二节　个人能力评估研究

一、能力与技能的定位

（一）能力的内涵与分层体系

能力是直接影响人们活动效率，保证人们顺利完成某种活动所必需的个性心理特征。它有两种含义：一种是指实际能力，即人们已经具备并表现出来的能力；另一种是指潜在能力，即个人尚未发展但将来可能发挥的能力。

能力与人们的活动密切相关：一方面，人们的能力在活动中形成、发展并且在活动中表现出来，比如学习能力、认识能力、组织能力等；另一方面，人们具有某些能力后就能够顺利完成某些活动，能力的强弱决定活动效率的高低，见图2-1。所以，人们要想从事某种活动，就必须以一定的能力为前提条件。如果我们观察人在职业活动中的能力表现，那就涉及职业的能力问题了。

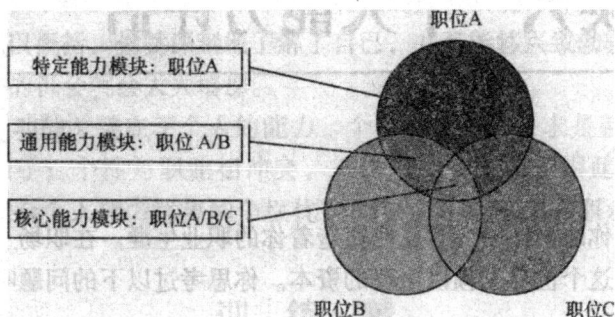

图2-1　能力分层体系示意图

（二）技能的内涵表现

技能是顺利完成某项任务的一种活动方式，它是通过训练而获得的。技能就是用动词表示你做的事情，比如做、说、读、写等，是你工作时所做的，并且可以用在不同的岗位上。技能可分为动作技能和心智技能。前者是指主要由外部动作构成的运算，例如驾驶、射击、打字、游泳等；后者主要由内部的心理活动构成，是一种在头脑中进行的动作方式和智力活动方式，例如谈判技能、信息处理技能、社会技能等。根据作用的对象，技能还可以分为与数据打交道的技能、与人打交道的技能、与物打交道的技能等。

无论从事什么职业，人们总要有一定的技能作保证，比如教师要完成教学活动，除了具有鲜明的立场、观点和专业知识外，还要具备对教材的组织能力、记忆能力、口头表达能力等。同样，一个公司经理，除了具备本公司所需要的业务能力以外，还要具备管理能力、组织能力、预测能力和交往能力。大量的研究和实践都证明，无论从事何种活动，仅仅具备一种技能是不够的，而是需要多种技能的结合。

在我国，农村的孩子在接受义务教育后，有60％的人会回乡务农，无一技之长，难找工作，难谋生活，难以脱贫。如果能够接受技能培训，这种状况就能改变。对高职学生而言，最需要的是掌握操作技能。所谓操作技能就是将设计、规划、决策转化为产品的能力。这也正是职业技术学校的培养目标——培养技术应用型人才最需要具备的技能。在学习中应运用所学专业知识进行严格训练，形成熟练而准确地完成特定任务的能力。判断操作技能是否形成的依据是了解自己在学习操作技能前学会了什么，在学习后又掌握了什么。

如果你拥有很简单的技能，你只能委曲求全，听从上司的指令。如果你有高级技能，就有选择工作方式的自由，工作才会真正适合你。我们通过与他人交流及完成日常事务，不知不觉地发展了技能。了解自己的技能可以获得自尊，因为它们都是你身上被人肯定的地方，在你使用它们的时候，自我感觉就会很好。看到它们属于自己，你就会信心大增，就会对自己谋生的能力更有信心，还可以运用自己的技能做出更大的贡献。

（三）能力与技能的关系

能力是比较稳定的个性心理特征，技能是一种经过练习巩固下来的自动化动作系统。技能以外的行为形式被人们所掌握、利用，比如骑车、游泳、打球、跳舞等。如果人们掌握了从事这些活动所需的相应技能，那么其动作组织体系往往就达到了自动化的程度。显然技能与能力不同，能力是内隐的，而技能则是外显的。

技能可以在较短的时间内完成，比如织毛衣，练习三五天后可能能学会了。但要形成某种能力，则需要较长的时间，比如，你现在已经具有的记忆能力，是在出生后与环境打交道的过程中逐渐形成的。能力与技能的发展趋势不同。随着年龄的增长，技能水平越来越高，但一个人的能力却有一个从形成到发展再到高峰，然后逐渐衰退的过程，比如少年时耳聪目明，老年后则眼花耳聋、记忆力衰退。

一定的能力是掌握技能的必要条件，而掌握技能的过程又是能力得以形成和发展的过程，不通过对具体技能的掌握，就难以提高能力。

二、自我能力的认定

（一）可迁移能力

任何职业或行业工作都需要从业人员具备一些最基本的能力，这种能力叫作可迁移能力。可迁移能力是那些能够从一份工作转移到另一份工作中的、可以用来完成许多类型工作的能力。这些能力通常表现为阅读、写作、数学、口头表达和倾听；创造性思维、决策、解决问题，理智地看待事物，知道如何学习和说理；责任心、自我管理；合理地安排时间、金钱和人员；团队合作、与人交往、谈判；获取和处理信息等。例如，一个办公室行政助理和保险理赔员所掌握的文字处理技能，会对你将来从事新闻工作或律师等职业具有同样的价值。在工厂，进行生产的人可以改做业务，做业务的人可以去做保管员，负责生产的厂长也可以调去做公共关系处处长，虽说隔行如隔山，但部分专业能力是可以在短时间内学习养成的，而沟通协调、领导能力、与人合作的能力，却需要长期培养。

现在很多同学从学校毕业后，发现自己所学的技能不符合社会的要求，找不到工作，有的同学甚至重新回到学校学习。其实很多人从学校毕业后，从事的职业往往不是自己所学的专业，但仍然做得很成功。这就是因为他们具有较强的可迁移能力。如果一名商贸英语专业的同学在学习和实践中已经具有了沟通能力、人际关系能力、组织能力、处理信息能力等，那么很明显他具备了很多从一份工作转移到另一份工作的能力。当你在求职时，就可以把自己的可迁移能力反映在求职简历和面试中，用以证明你尽管从来没有从事过这个职业，但实际上你具备这个职位所要求的能力。

对一般人来说，从进公司开始，如果只单纯积累局部工作的单一经验，却未积极培养自己被公司倚重、依赖的可迁移能力,那么一旦遇到大裁员的风潮,随时就要面临卷铺盖走人的命运。可迁移能力越强,工作自由度越大,求职竞争越小。可迁移能力的关键在于能独立思考、独立工作、勇于承担社会责任、善于进行交流合作,从而能积极应对变化多端的世界,不断或重新获得新的职业知识和技能,这对从业人员未来的发展具有特别重要的意义。在职场中你掌握的可迁移能力越多,你的价值就越大。我们必须清楚地了解自己拥有的技能,想清楚哪些技能我们能够掌握、运用、改进、拓展和保持。

一位美国高科技公司员工被裁员后强烈不满:"我比别人工作认真,不迟到、不早退,但为什么先裁掉我?"对方回答:"就是因为你只做好我们交代的工作,开会时很少看到你发表意见,没有发挥领导力。将来我们一个人当作三个人用,只能留下拥有更多能力的人。"哈佛大学心理学博士高曼曾经说过:"一个人的成功,EQ(情绪智商)占80%,IQ(智商)只占20%"。

(二)核心能力

核心能力又称专业能力,是指具体的、专业化的、针对某一特定工作的基本能力,是职业活动得以进行的基本任务。任何一种职业都要求从业人员具备一定的专业能力,例如会计记账、教师判分、医疗专业人员解释心电图等。一个人如果缺乏与其所从事的工作相适应的专业能力,就难以胜任工作。专业程度越高,被取代的概率越小,例如会计师、律师、医师等。因此,了解各种职业活动所需要的专业能力,对职业生涯的设计是非常必要的。

三、聚焦你的优势领域

(一)能力优势诠释

每个人都具有一个由多种能力组成的能力系统,在这个能力系统中,各方面能力的发展是不平衡的，常常是某方面的能力占优势，而另一些能力则不太突出。对职业选择和职业生涯设计而言，应主要考虑其最佳能力，选择最能运用优势能力的职业。一个好工作一定是在你的能力和潜力范围内可以胜任的工作。有些同学是能做的工作不想做，想做的工作又不能做，这实际上反映的就是他们不知道自己的能力优势在哪里，不知道自己的能力潜力在哪里。

能力优势是指个体在身心发展过程中，通过学习逐渐获得的运用知识解决问题的能力倾向。能力优势的形成与环境、教育、社会和遗传因素均有一定的关系。一个人的能力优势对其心理特点、行为方式和解决问题的效率等有着重要的影响。例如，一个具有数学能力优势的人会表现出较强的语言表达能力、学习和运用语言的能力以及交际能力等；一个空间能力强的人会表现出较强的空间知觉和判断能力以及对空间物体的形状、大小、位置和关系等的知觉能力；一个运动协调能力强的人会表现出较好的运动协调能力、运动知觉能力和躯体平衡能力等。不同的人表现出的能力优势也可能各不相同。

一个人表现出来的能力优势与其专业学习和职业生涯有着密切的关系。不同能力优势的人适合学习的专业和未来从事的职业也是有所区别的。例如，空间能力强的人适合选择机械制造、工程设计、建筑等理工科或艺术方面的专业，从事与这些专业相对应的职业；语言能力强的人适合选择语言文学、文字编辑、翻译、文艺创作等方面的专业，从事相应的职业。此外，在能力优势对专业学习和职业发展有影响时，我们不仅要考虑某一特定方面的能力优势，还要全面地考虑各个方面的优势，并对各方面的能力优势进行综合考虑，这样才能选择出适合于自己能力优势发展的专业和未来从事的职业。

能力的水平与质量对专业的成功是非常重要的。能力水平高的人在现实社会中有以下优势：一是有更多更好的机会；二是在职业教育与训练上容易获得成功；三是能够掌握特殊的技能；四是有机会从事高级职业。在专业性的职业中，社会、经济地位越高，所需从业人员具有的能力越强。

（二）不同职业需要不同的职业能力

人的个性特点不同，人的能力表现也不一样，在职业活动中，个人对职业的适应也会有很大的差异。因此，单位在招聘员工时，就要考虑应聘者相应的能力。社会上的任何一种职业对从业者的能力都有一定的要求。各种职业的工作性质、社会责任、工作内容、工作方式、服务对象和服务手段不同，决定了它对从业者能力有不同的要求。例如，从事销售工作，就需要具备忍耐力、自控力、沟通力、观察力、分析力、执行力、学习力等；会计、出纳、统计等职业，其从业者必须有较强的计算能力；工程、建筑及服装设计等职业，其工作者需具备空间判断能力；飞行员、外科医生、运动员、舞蹈演员等职业，其工作者则需具备眼与手的协调能力。如同盖房用的木料，粗者为梁，细者椽，直者为柱，曲者为拱，各有所用，各得其所。见下表2-1。

表2-1　职业能力及对应的职业

职业能力	对应的职业
一般学习能力	要当好医生，必须具有较高的水平；当一名护士，则只需要中等的水平；而当一名护理员，水平稍低的人也能胜任
语言能力	教师、营业员、服务员、护士等，需具有较强的能力；机床工、机械师、良种培育者、农民、纺织工等，则不一定需要有较强的语言能力
计算能力	会计、出纳、统计、建筑师、工业药剂师等，需具有较强的计算能力；法官、律师、历史学研究者、护士、x光技师等，需具有中等水平；演员、话务员、厨师、理发师、导游、矿工、石匠、渔民等，对其要求更低
空间判断能力	与图纸、工程、建筑等打交道的工作及牙科医生、内科和外科医生等，对空间判断能力的要求很高；裁缝、电工、木工、无线电修理工、机床工等，具有一般水平即可；律师、公证人、政治学研究者、哲学研究者、经济学研究者、会计、出纳、营业员、服务员、秘书、翻译员等，对其要求就较低
形态知觉能力	生物学家、建筑师、测量员、制图员、农业技术员、动植物技术员、医生、兽医、药剂师、配镜师、画家、理发员、电器修理工等，需要较强的形态知觉能力；法官、哲学学者、教师、护理员、护士、营养学家、演员、x光技师，需要中等的形态知觉能力；对于历史学家、政治学家、社会服务工作人员、招待员、售货员、办公室职员，形态知觉能力就显得不是很重要了

符号知觉能力	统计员、经济学家、记账员、出纳员、办公室职员、计算机操作员等，必须具备一定的符号知觉能力；机床操作工、电工、木工、裁缝、演员、运动员等，则不一定需要这种能力
眼手协调能力	对于驾驶员、飞行员、牙科医生、外科医生、雕刻家、运动员、舞蹈家等，这种能力显得尤其重要；社会科学研究者和社会工作者，对这种能力的要求较低
手指灵活度	对于纺织工、计算机操作员、裁缝、外科医生、五官科医生、护士、雕刻家、画家等，手指必须较一般人灵活；政治学家、哲学家、法官、律师、作家、农民、保安等，则不一定需要手指的灵活度很高
手的灵巧度	对于体育运动员、舞蹈家、画家、兽医等，手必须能灵巧地活动；对于教师、电台播音员、翻译人员、心理学家、教育家来说，这种能力则不太重要

我们在选择职业时不能好高骛远，要实事求是地检测一下自己的学识水平和职业能力，这样才能找到有"用武之地"的合适工作。

（三）发挥能力优势，适应职业需求

最适合你潜能发展的职业就是最好的职业。具体地说，选择最有兴趣、有助于能力最佳发挥及与个性最相适应的职业，最有利于潜能发展。计算机专业对他人是"最好"的专业，对你却不一定合适。因此，不要盲目从众和攀比。每个人的发展目标都不一定一致，但都能成才。

我们要正确认识能力差异，充分挖掘潜在能力。人在职业能力的类型、发展的水平和速度上的表现都会不同。人的职业能力有差别，人在职业上所能取得的成就也有高有低，这很正常。比如在学校里，你难免会遇到各种各样的困难，可很多人在遇到困难时，首先想到的是求助于别人，却忘记了自己，其实每个人都有巨大的潜力，我们的潜力足以解决我们所遇到的困难。遗憾的是，很多人并没有去开发自己的潜力，更没有意识到问题是可以依靠自己的力量解决的。若能充分发掘潜在能力，我们就能不断提高自己的职业能力。世界著名乒乓球运动员邓亚萍，小时候由于个子不高，在行家们看来不是打球的"料"，但她就是不服气，始终奋力拼搏，用超乎常人的顽强意志和毅力投入训练，终于，她在各项世界大赛中过关斩将，成为世界乒坛一颗璀璨的明珠。

发挥你的能力优势，选择合适的职业，是你未来取得成功的重要因素。

你的能力优势存在于哪方面呢？职业技术学校学生入学后，应该思考以下问题：

（1）我能做什么工作呢？我可以做什么工作？

（2）我最擅长做什么工作？别人如何评价？

（3）我喜欢做的事情涉及哪些技能？

（4）我主要具有与人交往的技能，还是与物打交道的技能，还是处理信息的技能？

（5）我最擅长的技能是什么？其次擅长的技能又是什么？

在明确了自己的优势后，我们就需要准确定位，扬长避短，将自己已经具备的各类技能进行综合，找出优势最高点，以准确定位职业目标；发挥强项，做自己最擅长的事情，充分施展才智，一步一步扩展成功之路。在求职过程中应该尽量突出和展示自己的优势，并说明这些优势足以弥补你的不足，用人单位就会考虑给你机会。

一旦你了解和确认了你所拥有的各种与工作有关的具体技能，并且能够把你的经验和技能紧密地联系起来加以概括，你就深刻地了解了自己，并且能够兴致勃勃、充满热情和友善地表达自我，你成功的机会就会大大增加。

职业发展能否成功的关键在于个人的能力、个性与职业的要求是否匹配。能力与职业不符，工作起来不顺手；个性与职业相冲突，工作起来不顺心。因此，全面了解自己的能力和个性，选择适合个人能力优势和个性优势的职业，将使你在职业发展中得心应手、如鱼得水。

第三节　工作责任素养提升研究

一、工作责任概述

对责任的理解通常可以分为：一是指分内应做的事，比如职责、岗位责任等，即应尽的义务。二是指因没有做好自己工作或推卸责任，而应承担的不利后果或强制性义务，即应承担的过失，比如法律责任、违约责任。

从实践层面看，责任是一个包含五个方面的系统：责任意识，即"想干事"；责任能力，即"能干事"；责任行为，即"真干事"；责任制度，即"可干事"；责任成果，即"干成事"。在责任的系统里，责任意识是首要因素。

责任意识即责任心，是指个人对自己和他人、家庭和集体、国家和社会所负责任的认识、情感和信念，以及与之相应的遵守规范、承担责任和履行义务的自觉态度。它是一个人应该具备的基本素养，是健全人格的基础，是家庭和睦和社会安定的保障。

通俗地讲，责任心即一个人对待问题的态度，可划分为：视而不见，非我责任；以无能做借口，拖延到事过境迁；面对问题没有采取行动；采取行动但没解决问题；采取行动且能解决问题；采取行动且采取预防措施。采取行动且采取预防措施是责任心的最高境界。生活中我们常可以听到这样的话："这个产品不是我生产的""这个问题不归我们部门管，找其他部门吧"等，这些都是没有责任心的具体表现。

责任心在工作中的落实即工作责任心，是从事职业活动的人必须承担的职责和义务。一般来讲，责任就是义务，工作责任心就是职业义务，工作责任心和职业义务是靠外在的行为规范力量来推动的。具有责任心的领导与员工，会认识到自己的工作在组织中的重要性，把组织的目标当成自己的目标。

二、工作责任心的表现

工作责任心的表现形式是多种多样的，比如遵规守纪、保质保量、尽职尽责。梁启超曾说过："凡属我应该做的事，而且力量能够做到的，我对于这件事便有了责任。凡属我自己打主意要做的一件事，便是现在的自己和将来的自己立了一种契约，便是自己对于自己加一层责任。"我们首先是要对自己负责，其次要对自己所在的组织负责，最后再成就理想、成就事业。

（一）对自己负责

我们首先要对自己负责，即懂得尊重自己的感情和理想，珍惜自己的宝贵年华和生命活力，从自己的理想出发来安排现实生活。责任感的形成是一个人成熟的标志，无论你做什么事，都要对自己负责。如果一个人什么也没有做好，便不会得到大家的认可，那么，就是对自己不负责任。最终，影响最大的还是自己，绝对不会是别人。

很多单位每周甚至每天都要强调安全和操作规章制度，很多员工却不重视，觉得是浪费时间，不如多睡一会儿，视自己眼前的一己之私为目标，得过且过，心存侥幸。结果，轻者失去领导重视，丢掉发展机会，重者失去工作，更有甚者付出生命的代价。

（二）对自己所在的组织负责

工作责任心就是对自己所在的组织负责。一个人的责任心如何，决定着他在工作中的态度如何，决定着其工作的好坏和成败。如果一个人没有责任心，即使他有再大的能耐，也不一定能做出好的成绩来。有了责任心，才会认真地思考，勤奋地工作；才能细致踏实，实事求是；才会按时、保质、保量地完成任务，圆满解决问题；才能主动处理好分内与分外的相关工作，从大局出发，以工作为重，有人监督与无人监督都能主动承担责任而不推卸责任。就一家企业的职员来说，不论你是一名默默无闻的一般员工，还是大权在握的领导者，都应有责任心，凡事尽心尽力而为，以主人翁的身份和积极的态度投身到企业建设中去，在企业发展中寻找自己的永恒。

（三）成就事业的可靠途径

对于企业来讲，"责任心是企业的不老精神"。有了责任心，经济危机中也能减少风险；没有工作责任心，再好的经济形势下也会出现险情。工作责任心是个人成就理想的必备武器。责任心强，再大的困难也可以克服；责任心差，很小的问题也可能造成缺憾。

三、工作责任心的养成

（一）端正工作态度，激发工作热情

端正工作态度、激发工作热情是具备工作责任心的前提。工作态度越积极，决心越大，工作热情越高，对工作投入的心血越多，从工作中所获得的回报也就相应地更多。一个人在某个工作岗位上工作一段时间后，新鲜感就会慢慢减退，这时需要对工作有一个正确的态度。任何工作都不可能每天是新鲜的，而是需要反复多次完成同一项任务。因此一个人要想成功就必须对此有正确的认识，激发自己内心的激情，全身心地投入到工作中去。美国作家爱默生说过："有史以来，没有任何一项伟大的事业不是因为热忱而成功的。"特殊情况下还需要模糊上班时间与下班时间之间的清晰界限。如果一个人在工作中把意识全部集中在"上班不迟到"和"下班准时回家"上，那么他对工作的态度很可能会慢慢消极起来。模糊上下班的时间可以让人更专注地完成任务，工作的热情可以激发潜能，使人真正

成为工作的主人。

（二）认清岗位职责，内外兼顾

认清自己的岗位职责，明白自己应该做什么、不应该做什么：做到什么程度。只有当你知道了自己应该做什么和做到什么程度时，你才能将事情做得更好，并能更好地承担起自己应负的责任。正如卡耐基所说："认清自己能做什么，就已经完成一半的责任。""岗位就是责任"，这是一句响亮的口号。我们应认清岗位职责，以自身工作的高质量为自豪，不会为速度而牺牲质量，做事主动积极，不需要监督就完成分配的工作。

在认清自己的岗位职责后，对自己工作责任内的任何事情都要主动去做，不能等着领导来安排。同时，认清自己的岗位职责还有一点好处，就是能够减少对责任的推诿，因为人们往往在责任界限模糊的时候会互相推脱责任。

需要补充说明的是，这并不是要求我们不去过问分外之事。有益于人、有益于单位、有益于社会的事情还是需要做些的。每个想要成功的人都不应该只是局限于做自己分内的事情，还应该比自己分内的工作多做一点，比别人期待得更多一点，如此才能够取得更好的成绩，也更会得到大家的尊重和敬仰，更会得到领导的器重与组织的重用。

（三）工作无小事，小事做到位

"天下难事，必做于易；天下大事，必做于细"。"小事中看责任，责任中无小事。"一个人在工作时如果专心致志地投入其中，就是高度负责的表现。成功与失败、高贵与卑贱、贫穷与富有，其实只有一步之差，而这一步就是执著的信念、高度的责任心。没有哪一件工作是没有意义的，整个工作是一个完整的体系。只有形成整体才是最完善的体系。成功者往往从小事做起，认真对待每一件事，并且他们从不认为自己所做的事是简单的小事。打扫卫生这事简单也平凡，但有人仍然会打扫不干净。海尔集团总裁张瑞敏说过："什么是不容易，就是把容易的事情反反复复地做到位，就是不容易！什么是不简单，就是把简单的事情日复一日、月复一月地做到位，就是不简单！什么是不平凡，把每一件平凡的事情做好就是不平凡。"

（四）勇于承担责任，没有借口

"只是责任，没有借口"。一流人才的核心素质是：当遇到问题和困难的时候，他们总是能够主动去找方法解决，而不是找借口回避责任，找理由为失败或者不愿履行责任辩护。一个人开始为自己的种种失误找借口时，或是一味依托别人的帮助时，那么就可以怀疑他是否是一个尽职尽责的人。我们应该抛弃找借口和一味依赖别人的习惯，勇于承认错误，善于分析问题，寻找解决问题的办法，并为此承担责任，更重要的是从错误中学习和成长。在工作中，借口和责任成反比关系，即当一个人以高度负责的精神投入到某项工作中去时，他就不会浪费时间去寻找借口；相反，一个人如果总是在找借口上下功夫，推脱自己的责任，他就会离目标越来越远，工作自然做不好。

（五）忠于单位、忠于事业，对社会、顾客负责

"人无忠信，不可立于世。""责任体现忠诚，责任源于忠诚。"这是中华民族的传统美德，是一种精神，体现在工作中就是高度的职业责任感。在现实生活中，不少人往往只考虑自己的利益，而漠视单位的利益，如员工抱怨领导不关心自己，领导抱怨员工不对自己负责，甚至某些人轻视社会与顾客的利益。事实上，个人的利益与公司的利益及社会、顾客的利益是紧紧联系在一起的，"大河有水小河满"，只有对单位忠诚，对事业忠诚，对社会、顾客负责，才能维护单位的利益，个人的利益才能得到有效的保障。我们要从个人的实际行动着手，遵守具体的行为规范，时刻注意社会、顾客的利益及单位的发展与前途，时刻遵守职业道德与单位规章制度，及时改正自己的坏习惯和不良的做事方式，适应社会与单位整体前进的步伐。

（六）有效沟通，执行到位

有效沟通和执行到位决定责任落实的成败。拿破仑说："想得好是聪明，计划得好更聪明，做得好是最聪明又最好。"无论是在工作中还是在生活中，倘若不能有效沟通，你就无法明白和体会对方的思想，双方之间就会产生误解，更不用说把事情做得顺利、到位、圆满。诺基亚董事长兼首席执政官约玛·奥里拉这样认为："我觉得有两个技能很重要，一是沟通的能力，二是人才管理的能力。但没有好的沟通能力，一切都无从谈起。"所以说，再好的想法、再好的创意、再好的计划，甚至是再急的事情，离开了有效的沟通都是无法实现的。工作责任心就是指对单位与自己负责，保证沟通顺畅，确保信息有效传递，并保质保量地贯彻落实。崇尚行动、注重结果、执行到位，是工作责任之本。工作责任心就是要说到做到。

第四节　规范与质量素养提升研究

一、规范的内涵

古人云："不以规矩，不成方圆。"国有国法，家有家规。我们生活中有各种规则，学校有学校的规章制度，道路有道路的交通规则，连玩都有游戏规则，各种各样的规则约束着我们，让我们在各种环境中有序地生活。

规，尺规；范，模具。这两者分别是对物、料的约束器具，合用为"规范"，拓展成为对思维和行为的约束力量。规范是指因为无法精准定量而形成的对某一工程作业或者行为进行定性的明文规定或约定俗成的信息规定标准，是人类为了满足需要而建立或自然形成的价值观念的具体化。

规范一般可分为社会规范和技术规范两大类。社会规范是调整人与人、人与社会关系的。规范规定了人们活动的方向、方法和式样，规定了语言和符号使用的对象和方法，它可以由组织正式规定，也可以是非正式的。常见的规范主要有法律条文、规章制度、纪律、习（风）俗、伦理等。技术规范是指规定人们支配和使用自然力、劳动工具、劳动对象的行为规则，调整的是人与自然的关系，主要有学说、理论、数学模式、与活动有关的文件（比如程序文件、过程规范和试验规范）或与产品有关的文件（比如产品规范、性能规范和图样）等。

（一）社会规范常识

社会规范是指人们社会行为的规矩及社会活动的准则。它是人类为了在社会中共同生活的需要，在社会互动过程中衍生出来，相习成风、约定俗成或者由人们共同制定并明确施行的。其本质是对社会关系的反映，也是社会关系的具体化。社会规范是人们在改造社会的长期实践中形成的适应性行为模式，一方面，它是对人们社会行为和社会关系普遍规律的反映，是一定社会行为和相互关系基本要求的概括；另一方面，它是通过某种习俗、传统方式固定下来的或由国家及社会组织认可的，被一定社会成员普遍遵循的行为准则。

社会规范系统具有多要素、多层次的内部结构。为了分析复杂的社会现象，根据社会规范的控制手段和产生的历史顺序，社会规范可划分为习俗规范、道德规范、宗教规范、纪律规范和法律规范。

1. 习俗规范

习俗规范是社会规范系统中最原始和最悠久的部分，其并不来源于个人习性，而是反映着人类社会发展初期由血缘群体和地缘群体形成的社会关系。它的产生和发展经历了一个漫长的历史过程。在人类发展的最初阶段，人们在共同生活和劳动中的行为总要引起各种后果，这些行为经过无数次重复后，人们开始认识到一些行为的合理性，希望在现实生活中再现它、巩固它，同时人们也认识到另一些行为的危害性，希望防止它、纠正它。人们的这些要求和愿望逐渐在世世代代的社会历史经验中凝结、积淀、巩固下来，形成了一些原始群体内相互关系应当如何、不应当如何的习俗规范。村落和民族在一定的地理环境和社会条件下，在长期适应和改造环境过程中，历代延续形成了习俗规范，这与人们衣食住行方面的行为联系密切，并主要协调婚丧嫁娶、节日盛典、往来礼节等方面的行为。习俗规范在不同的国家、民族、区域的表现各不相同。人们常说的"入乡随俗"就是这个意思。习俗规范往往以心理、习惯等稳定的内控形式起作用，没有明显的外部强制力。

2. 道德规范

道德规范是对人们在社会实践中所形成的道德关系的概括和反映，是判断善和恶、正当和不正当、正义和非正义、荣和辱、诚实和虚伪、权利和义务等的道德准则。遵守道德规范的行为，就是善行；违反道德规范的行为，就是恶行。道德规范从一部分习俗规范演化而来，以信念、习惯和内心情感等内在因素为基础，以善与恶、诚实与虚伪、荣誉与耻辱等观念作为评价尺度，在舆论和教育等强制力下发挥作用。人们遵行道德规范往往基于基本价值观的认同，从而表现出自觉的行为。道德规范是由一定的社会物质条件和社会关系所决定的，同时又是一定社会或一定阶级的人们自觉行为的产物。道德规范随着社会的发展而不断发展，具有历史性和继承性。在阶级社会和有阶级存在的社会，道德规范的形成、发展及其在实践中的贯彻，同现实社会的阶级关系和阶级斗争有密切的关系。不同社会的不同阶级有不同的道德规范。

3. 宗教规范

宗教规范是一种与神圣象征相联系的信仰和规范体系。宗教规范以特定教仪和教规调整相应宗教团体中的人际关系。在传统社会，宗教相信并崇拜超自然的神灵，是自然力量和社会力量在人们意识中的歪曲、虚幻的反映，但同时也承担着在人类社会尚没有完全认识自然现象和社会现象时，为整合社会行动和价值观提供意识形态基础的正功能。在科技高度发展的现代社会，宗教在神圣仪式下承担着对日益分化的现代社会进行教化和整合的功能。宗教规范往往是对民族的道德规范和习俗规范提炼的象征，其对教会成员既有拜物或信仰神灵等较强的内在控制力，又有舆论、体罚、除名等较强的外在压力。宗教规范只对宗教团体中的教徒和信仰它的人起作用，调节以内在信仰和服从神明为特征的宗教关系。

4. 纪律规范

纪律规范是现代化社会为适应社会组织分化和职业分工的精细化而出现的行业规范。纪律规范是指由一定的团体和部门制定的，要求其成员遵守职业已确立的秩序、执行命令和执行职责的一种社会规范。与社会分工的精细化和社会关系的复杂化同步，人类社会演化出了各种调节不同类社会关系的规范，它们为稳定社会秩序服务，并且逐步发展和完善，形成了复杂的社会规范体系。在日常生活中主要起作用的就是纪律。各社会团体、企业和单位都有其独特的纪律规范，并且这种纪律规范是以与团体成员利益相关的精神上或物质上的奖罚来维持和实施的，对人的行为有较强的外在控制力。

5. 法律规范

法律规范是行为规范的最高等级，是由国家行使立法权的机关依照立法程序制定、体现统治阶级意志、通过国家强制力保证实施的社会规范。自从私有制产生以后，人类社会关系中就产生了阶级关系，原有的氏族社会规范在这时已不能有效地维持社会秩序，在国家产生的同时，体现统治阶级意志的法律规范出现了。法律规范体系的出现和发展是人类文明发达程度的标志。

在各类社会规范中，法律规范具有权威性。权威性是指法律的不可违抗性，任何人均应遵守执行。法律规范还具有统一性，即各个法律规范之间在根本原则上是一致的，除极特殊的情况外，一个国家只能有一个总的法律体系，且该法律体系内部各规范之间不能相互矛盾，在本国主权范围内具有普遍的约束力。同时，法律规范还具有强制性，即由国家强制力保证实施的最强的外在控制力。法律规范条理清楚、逻辑性强、适用范围广，以成文法形式表现。我国法律体系包括宪法、民商法、行政法、经济法、社会法、刑法、诉讼法七个主要的法律部门。

（二）社会规范的特征

1. 标准性

社会规范规定了在一定的条件下，哪些行为是可取的、必不可少的和应予以鼓励的，哪些行为是不可取的、有害的和应予以禁止的，它为人们的社会行为提供了模式和标准。

2. 普适性

社会规范概括了能使社会秩序保持相对稳定的人类行为的共同特征，因此，社会规范的对象是抽象的，具有普适性，即指一般的人，而非特定人。它的内容并没规定人们在特定环境下行为产生的具体程序，只规定人们行为的界限和模式，其效力不是偶然适用的，而是在同样条件下反复适用的。

3. 导向性

人们在从自然人向社会人转化的过程中，都会以他人遵守或违反社会规范的行为后果作为自己行动的参照，从与他人行为的比较中，估计自己行为与社会要求行为的偏离程度，并预见社会和团体对自己行为的评价和态度及个人对自己行为所承担的责任。由于人们总是不断地将与自己有关的社会规范内化，所以人们常常根据积累的关于规范的奖惩标准指导和约束自己的行为。

4. 强制性

社会规范实施机制是社会压力机制，具有强迫人们遵守的约束力。在社会化过程中，社会或团体会把既定的社会规范传授给每一位社会成员，并且根据他们履行这些规范的表现来执行奖励和制裁。社会规范的性质不同，其强迫的性质、范围、程度也会不同。各种规范都相应地实行各种裁判，以期使人们对自己的行为后果负责或付出代价。

5. 权变性

社会是发展的，人的主观因素和社会背景不同，社会规范被不同人内化的程度各异，不同群体和个人的行动能力和选择空间存在差异，因此由规范规定的一致的奖惩标准对不同的群体和成员的约束效果是不一样的。而且人们的目标往往是根据社会进程和自己的能力而动态修正的，受个体劳动和团体的偏爱、价值认识、习惯、思想与知识背景等因素的影响，使人们的行动在规范约束下有权变的可能。

（三）技术规范常识

技术规范是在人类与自然的长期互动中形成的、从人与自然的关系方面调控人类行为的具有稳定性、普适性的指示或指示系统。技术规范主要是有关设备使用工序、工艺执行过程及产品、劳动、服务质量要求等方面的准则和标准。当这些技术规范在法律上被确认后，就成为技术法规。技术规范是标准文件的一种形式，是规定产品、过程或服务应满足技术要求的文件。它可以是一项标准（即技术标准），也可以是一项标准的一部分或一项标准的独立部分。

我国的许多法规，如《中华人民共和国环境保护法》《中华人民共和国矿产资源法》《中华人民共和国固体废物环境污染防治法》《中华人民共和国放射性污染防治法》等，都包含着大量的技术规范。比如，《中华人民共和国环境保护法》规定："开发利用自然资源，必须采取措施保护生态环境。"《中华人民共和国放射性污染防治法》规定："放射性物质和射线装置应当设置明显的放射性标识和中文警示说明。""禁止利用渗井、渗坑、天然裂隙、溶洞或者国家禁止的其他方式排放放射性废液。"《中华人民共和国海洋环境保护法》规定："海洋工程建设项目需要爆破作业时，应当采取有效措施，保护海洋资源。""海洋石油钻井船、钻井平台和采油平台及其有关海上设施，不得向海域处置含油的工业垃圾。处置其他工业垃圾，不得造成海洋环境污染。"《中华人民共和国矿产资源法》规定："开采矿产资源，必须采取合理的开采顺序、开采方法和选矿工艺。矿山企业的开采回采率、采矿贫化率和选矿回收率应当达到设计要求。"

当今社会食品安全、药物安全、生产安全、出行安全、环境安全等存在许多隐患。为什么安全隐患逐年渐多、各种事故频发？为什么各种腐败现象屡禁不止？一个很大原因就是不遵守规则：明明有严格的操作规程，却只是写在纸上、贴在墙上；明明知道有安全隐患，却硬要下井开采；明明有各种规章制度，却偏偏要钻空子、顶风作案；明明学术论文有严格标准，但却有很多人弄虚作假，编造和篡改数据，抄袭、剽窃他人成果；明明有"红灯停、绿灯行"和"不许醉酒驾车"等交通规则，但还有人置若罔闻闯红灯、酒后驾车。不难想象，如此会出现什么后果，轻者声名狼藉、银铛入狱，重者粉身碎骨、牵连他人，更有甚者引起社会混乱与灾难。为使社会生活和生产有序和有效，人们在实践中必须有共同认可和遵循的规则。制定规则、遵守规则是文明进步的一种表现。具备规范意识是现代文明人的必备品质。

二、规范意识

社会价值观是行为的内在依据。价值规范隐含于社会系统中，是决定显性规范的本质性规范。社会规范的有效执行需要外部约束和内在约束。即使是外在控制力很强的纪律和法律规范，也需要通过教育和养成的途径转化为人们的价值观，这样才能起到调节和约束人的行为的应有作用。没有内在价值的认同，只是迫于外部压力，则监督成本很高；得到内在认同，规范的执行源于人们的自觉认识，且规范容易被执行，社会评价也会形成生活圈的压力，则监督成本很低。没有价值规范，行为规范的内部控制力就不可能存在。价值规范虽不易被觉察，但它的作用是显而易见的，它既反映了人们对一定价值关系的认识，又为人们处理这种关系进行协调和指导。因此，作为社会价值观的规范意识，是关系到社会和谐稳定、组织有序运行、人民安定祥和的重要因素。

（一）规范意识的含义及其三个层次

规范意识是指发自内心的、以规则为自己行动准绳的社会价值观，如遵守法律、遵守社会公德、遵守校规校纪、遵守技术操作章程等。

规范意识有三个层次：

第一个层次掌握关于规则的基本知识，如不偷不盗、不违规作业、不违规超载、爱国守法、明礼诚信、团结友善、勤俭自强、敬业奉献、爱护环境、讲究卫生、遵守学校企业纪律、尊老爱幼、文明礼貌等。

第二个层次有遵守规则的愿望和习惯。知道规则很重要，但更重要的是愿意和习惯于遵守规则，尤其表现在没有强制性力量约束的时候，也自觉予以遵守。古人说得好：君子慎独。君子在独自一人的时候是很慎重的，因为没有人监督你，人性中不好的一面就会跳出来并千方百计地诱惑你，而在这一念之间，你可能就铸成大错，后悔莫及。

第三个层次遵守规则成为人的内在需要。在这种境界中，遵守规则已成为人的第二天性，外在规则成为人的内在素质。对于个人来说，从规范向素质的转变，意味着规则不再仅仅是一种外在强制，其在某种意义上使人获得了真正的自由。按孔子的话来说，这就是"从心所欲不逾矩"。

（二）规范意识的养成

第一，从"要我知道"到"我要知道"作为社会人、职场人，我们要懂得个人的命运与社会、企业的前途是紧密相连的，个人利益系于社会稳定、企业发展，因此，我们应自觉地学习和认同社会各项规范，自觉自愿地严格遵守规范与规则，包括政策、经济、行政管理、业务技术、道德和法纪等各方面的规范。比如工艺规程，其是企业的生产大法，若违背了，轻则产品报废，重则机毁人亡。虽然认识水平提高了，但我们还需把外在的约束力化为个体自主自愿的需要，即"要我知道"变成"我要知道"，养成遵纪守法的良好道德品质。

第二，严格要求自己，养成良好习惯。习惯造就人，即有什么样的习惯，就能成为什么样的人。我们应严格要求自己，养成良好的守法守规习惯。无论有无他人监管，我们都要保质保量完成工作；无论有无他人看到，我们都要做到严于律己、遵守规章制度。正像遵守规矩的驾驶员在深夜开车时，不管街上有人没人，都能像白天一样坚持"绿灯行、红灯停"一样。

第三，从"要我做起"到"从我做起"。任何一个社会都有自己的规范。对于中国来说，21世纪是一个建立规范，由无序走向有序、由人治走向法治的时代。在这样一个时代里，所有的社会成员都必须具有规范意识。人生需要意识，需要一种理想的召唤。我们应建立规范的神圣价值，并在实践中履行。担负起保护生存环境、保护人民安全、履行工作职责等的社会责任，是社会对每一个公民的基本要求。我们每一个人的努力躬行，都将为社会和社会结构完善做出实质贡献。因此，请不要忘记这句："从我做起。"

三、质量意识

（一）质量的含义及其三个层次

质量是一种客观事物具有某种能力的属性。由于客观事物具备了某种能力，才可能满足人们的需要。需要由两个层次构成：

第一层次是产品或服务的"适用性"，即产品或服务必须满足规定或潜在的需要，这种"需要"可以是技术规范中规定的要求，也可能是在技术规范中未注明但用户在使用过程中实际存在的需要。它是动态的、变化的、发展的和相对的，"需要"随时间、地点、使用对象和社会环境的变化而变化。

第二层次是产品质量的"符合性"，即需要加以表征，也就是转化成可以衡量的有指标的特征和特性。全部符合特征和特性要求的产品，就是满足用户需要的产品。

总之，企业生产出的产品既要让用户实用，即质量的"适用性"，又要符合质量特征和特性指标，即"符合性"。

在ISO9000：2000质量管理体系中，质量是一组固有特性满足要求的程度。

（1）质量既可以指零件、计算机软件或服务等产品的质量，也可以指某项活动的工作质量或某个过程的工作质量，还可以指企业的信誉、体系的有效性。

（2）满足要求就是满足明示的（如明确规定的）、通常隐含的（如组织的惯例、一般习惯）或必须履行的（如法律法规、行业规则）需要和期望。只有全面满足这些要求，才能评定为好的质量或优秀的质量。

（3）顾客和其他相关方对产品、体系或过程的质量要求是动态的、发展的和相对的。它将随着时间、地点、环境的变化而变化。

质量深刻影响着人们的衣食住行、生命健康及财产安全。无论质量的载体是实体产品，还是无形的工作、服务，质量都为消费者与劳动者所关心，也被政府、企业、社会所关注，但生活中还是产生了许多的质量问题，如食品质量问题、工程质量问题、零部件质量问题、服务质量问题，也发生了很多匪夷所思的事件，如瘦肉精事件、地沟油事件、工业盐事件、三聚氰胺事件、上海"楼倒倒"事件、南京"楼脆脆"事件、汽车刹车失灵事件、春运宰客事件、香港导游逼内地游客购物事件等，给人们的生活质量带来了严重影响，甚至给人们的生命及财产带来了严重损失。

质量是企业的生命。产品质量关系到企业的生存与发展，只有那些质量优异的企业才能在竞争大潮中站稳脚跟。以产品质量为中心，产品价格为基础是市场竞争的关键。产品质量的高低是企业核心竞争力的体现之一，提高产品质量是保证企业占有市场，从而能够持续经营的重要手段。质量改进是当今关系企业生存的重要问题，企业产品质量的重要性愈加突出。产品质量是品牌价值的基石，能体现企业的技术含量和文化，没有质量就没有名牌。要想真正提高企业争夺市场、获得盈利的能力，就必须加强质量意识，强化质量管理，提升产品档次。

（二）质量意识

质量意识是一种自觉地去保证企业所生产的交付给顾客的产品质量、工作质量和服务质量的意志力，是品质控制人员对品质的一种感知度，即企业从领导决策层到每一个员工对质量和质量工作的认识和理解。一般人都有质量意识，而且人的质量意识是不断进步的。比如，工人在操作过程中发现不合格产品并将其挑选出来；消费者挑选商品的时候，选择质量好的商品购买等，都是质量意识。

质量意识是企业生存和发展的思想基础，对企业长远发展起着极其重要的作用。质量意识反映企业员工对质量的认识与对质量问题的观点，决定着员工的质量态度与行为取向。落后的质量意识必然产生消极的质量态度和不适宜的质量行为，从深层次上制约着企业产品质量的提高和质量工作的开展。有质量意识的员工，不仅仅局限于被动地接受有关产品质量的要求，更会不断地关注产品质量，提出改善意见，促进质量提高，使企业在日益激烈的竞争中立于不败之地。现实中，很多项目的失败、事故的发生都是由于质量意识薄弱引起产品缺陷而导致的。

因此，我们要保证产品合格，符合产品的规格要求，比如不生产不合格产品，不让不合格的产品流入下个工序，如有产品问题及时汇报等。其次，我们要保证整个生产流程严格遵照企业生产流程的管理规定，即生产过程合理，与企业设定的管理基准一致，比如遵守6S管理制度，严格按操作规范作业，落实ISO质量管理体系等。

在岗位工作中，质量意识是通过宏观（企业）质量意识管理、微观（领导、员工）质量意识提高和质量责任制度等来建立和施加影响的，并且企业往往还采用各种质量激励机制，促进质量意识一步步地发展和强化。

四、宏观质量意识管理

宏观质量意识管理是从企业的角度提高产品质量的管理方法。员工要想融入一个集体，并在集体中快速成长和有所成就，首先就要了解企业管理制度与组织文化。这是职场新人步入职场的首堂功课。

不同的行业有不同的质量标准，如汽车行业质量管理体系（QS9000）、食品行业危害分析与关键控制管理体系（HACCP）、职业健康与安全管理体系标准（OHSAS）、质量管理体系标准（ISO9001）等。不同的国际组织、企业单位采用的质量管理方法不同，甚至有些国际组织、企业单位采用多种质量管理方法。目前，质量管理方法主要有ISO质量管理体系、6S管理体系、全面质量管理体系（TQM）、零缺陷质量管理体系（ZDM）等。

世界各国政府、国际组织和工业协会研究发现：企业的生存、发展和不断进步都要依靠质量保证体系的有效实施。

（一）ISO质量管理体系

ISO9000是国际标准化组织（ISO）于1987年制定的系列国际质量标准，该标准被欧盟采用，并要求在欧洲销售产品的公司必须符合该系列标准。ISO9000认证确保公司符合质量生产和质量保证标准。国际标准化组织还颁布了其他具体的实施指南和过程质量保证模式标准，如ISO9001～ISO9004。如果想在全球市场上竞争或服务于某个顾客，那么公司通过ISO9000认证就可以获得竞争优势。目前，ISO9000系列质量体系已被世界上110多个国家的提供产品和服务的各行各业所接纳、认可并采用。

ISO是一个组织的英语简称，全称为International Organization for Standardization，中文是"国际标准化组织"，成立于1947年2月23日，现

有163个成员，包括110个团体成员和43个通信成员及10个subscriber成员。中国于1978年加入，并于2008年10月第31届国际标准组化织大会上，正式成为ISO的常任理事国，代表我国参加ISO的国家机构是国家质量监督检验检疫总局。ISO最高权力机构每年举行一次全体大会，其日常办事机构是中央秘书处，设在瑞士日内瓦。ISO的宗旨是"在世界上促进标准化及其相关活动的发展，以便于商品和服务的国际交换，在智力、科学、技术和经济领域开展合作"。ISO有约1000个专业技术委员会和分委员会，各会员国以国家为单位参加这些技术委员会和分委员会。ISO约有3000个工作组，负责除电工、电子领域和军工、石油、船舶制造之外的很多重要领域的标准化活动，每年制定和修订1000个国际标准。ISO并非联合国机构，也并非政府机构，它制订的标准实质上是自愿性的，这就意味着ISO通过的这些标准必须是优秀的标准，会给工业和服务业带来收益，这样人们才会自觉使用这些标准。

ISO9000系列质量管理体系标准基础的八项质量管理原则：以顾客为中心、领导作用、全员参与、过程方法、系统的管理方法、持续改进、以事实为决策依据、互利的供方关系。

ISO9000质量管理体系成为企业质量管理最重要的预防性措施。一个结构完善的ISO9000质量管理体系，有利于强化企业内部管理，稳定经营运作；有利于减少因员工辞职造成的技术或质量波动；有利于降低次品产生，以及顾客申诉和维修的开支；更有利于企业在国际市场中畅通无阻，参与国际竞争。

（二）6S管理

6S管理由日本企业的5S管理扩展而来，是现代工厂行之有效的现场管理理念和方法，

其作用是：提高效率，保证质量，使工作环境整洁有序，预防为主，保证安全。6S的本质是一种强调执行力、纪律的企业文化，如不怕困难、

想到做到、做到做好。具有基础性的6S管理的落实，能为企业其他管理活动提供优质的管理平台。5S是整理（Seiri）、整顿（Seiton）、清扫（Seiso）、清洁（Seiketsu）和素养（Shitsuke）这五个词的缩写。因为这五个日语单词中罗马拼音的第一个字母都是"S"，所以简称为"5S"。6S在5S的基础上加入了安全（Security），即整理、整顿、清扫、清洁、素养和安全。

1. 整理（Seiri）

把要与不要的人、事、物分开，再将不需要的人、事、物加以处理，达到现场无不用之物，这是改善生产现场的第一步。

2. 整顿（Seiton）

把需要的人、事、物加以定量、定位。通过前一步整理后，对生产现场需要留下的物品进行科学合理的布置和摆放，以便用最快的速度取得所需之物，在最有效的规章、制度和最简捷的流程下完成作业。这项工作已发展成一项专门的现场管理方法——定置管理。

3. 清扫（Seiso）

把工作场所打扫干净；在设备出现异常时马上修理，使之及时恢复正常。生产现场在生产过程中会产生灰尘、油污、铁屑、垃圾等，从而使现场变脏。脏的现场会使设备精度降低，故障多发，影响产品质量，使安全事故防不胜防；脏的现场更会影响人们的工作情绪，使人不愿久留。因此，必须通过清扫活动来清除那些脏物，创建一个明快、舒畅的工作环境。

4. 清洁（Seiketsu）

整理、整顿、清扫之后要认真维护，使现场保持完美和最佳状态。清洁，是对前三项活动的坚持与深入，从而消除发生安全事故的根源，创造一个良好的工作环境，使职工能愉快地工作。

5. 素养（Shitsuke）

素养即努力提高企业成员的修养，使成员养成严格遵守规章制度的习惯和作风，这是"6S"活动的核心。每位成员都应养成良好的习惯，遵守规则做事，培养积极主动的精神，营造团队精神。

6. 安全（Security）

安全即按章操作，确保人身和公司财产安全，一切主旨均遵循安全第一和预防为主的原则。重视成员安全教育，使成员每时每刻都有安全第一观念，防患于未然。强调安全的目的是建立起安全生产的环境，即所有的工作应建立在安全的前提下。

（三）"朱兰三部曲"质量管理

约瑟夫·朱兰（Joseph M. Juran）博士是世界著名的质量管理专家，他所倡导的质量管理理念和方法——"朱兰三部曲"始终深刻影响着世界企业及世界质量管理的发展。"朱兰三部曲"即：质量计划（Quality Planning）、质量控制（Quality Control）和质量改进（Quality Improvement）。这三步各有目标，又相互联系。但是，需要说明的是，"朱兰三部曲"作为一个实现质量管理目标的成功阶梯，还需要一些其他条件才能有效地施行，例如要有积极向上的领导力和环境及对质量的有力支持等。

1. 质量计划（Quality Planning）

这一步骤的主要内容：设定质量目标；开发具有满足顾客需求特征的产品；识别顾客；开发能够生产具有这种特征产品的过程；明确顾客要求；设定过程控制，并把由此得出的计划转换成操作计划。此步骤的目的是为了建立有能力满足质量标准化的工作程序。

2. 质量控制（Quality Control）

这一步骤的主要内容：评价实际的绩效；将实际绩效同质量目标对比；对差异采取措施。这一步骤可以为掌握何时采取必要措施来纠正质量问题提供参考和依据，是重要环节。

3. 质量改进（Quality Improvement）

这一步骤的主要内容：建立确保每年质量改进所需要的基础；识别改进项目；为每一个项目建立一个项目小组，小组需承担使每一个项目取得成功的明确职责；提供所需要的资源、激励和培训，以便诊断原因；促进纠正措施的实施；设定措施，巩固成绩。这一步骤使更合理和有效的管理方式在质量改进中被挖掘出来。

4. 全面质量管理（Total Quality Management）

全面质量管理简称TQM，最先于20世纪60年代初由美国的著名专家菲根堡姆提出，主要内容为全员的质量管理、全过程的质量管理、全企业的质量管理和多方法的质量管理。全面质量管理是在传统的质量管理基础上，随着科学技术的发展和经营管理的需要发展起来的现代化质量管理，现已成为一门系统性很强的科学。我国推行全面质量管理已有20多年。从这20多年的深入、持久、健康地推行全面质量管理的效果来看，它有利于提高企业素质，增强国有企业的市场竞争力。

（1）全过程的质量管理

全过程的质量管理，体现了以预防为主、不断改进的思想和为顾客服务的思想。它把满足消费者或用户需要放在第一位，运用以数理统计方法为主的现代综合管理手段和方法，对商品开发、设计、生产、流通、使用、售后服务及用后处置的全过程进行全面的管理。全过程的质量管理要求防检结合，但以防为主，重在分析各种因素对商品质量的影响。

（2）全员的质量管理

全员的质量管理，包括做好全员的教育、培训；制定各部门、各类人员的质量责任制，落实责、权、利；开展多种形式的群众性质量管理活动。它强调依靠与商品使用价值形成和实现有关的所有部门和人员来参与质量管理，实行严格标准化。全员的质量管理不仅贯彻成套的技术标准，而且要求管理业务、管理技术、管理方法标准化。

（3）全企业的质量管理

全企业的质量管理，即保证和提高产品质量必须使企业的研制、维持和质量改进的所有活动构成一个有效的整体。企业全面的质量管理主要包括：生产上商品自身的特有属性，也包括商品形成过程中起关键作用的工序质量和保证产品质量。企业不仅要保证产品质量，还要做到成本低廉，供货及时，服务周到等。它要求追求价值和使用价值的统一，质量和效益的统一，用经济手段生产用户满意的商品。

（4）多种方法的质量管理

多种方法的质量管理，即要将世界上多数国家的各行各业所接纳、认可并采用的质量管理方法，如ISO质量管理体系、6S管理体系、零缺陷质量管理体系（ZDM）等，与本组织实际情况相结合，恰当运用于产品生产和管理过程中。

5. 零缺陷质量管理（ZDM）

零缺陷质量管理简称ZDM，亦称"缺点预防"，由质量管理权威之一的可劳斯比提出，它的前提是系统可以处于没有缺陷的状态。零缺陷管理的思想主张企业发挥人的主观能动性来进行经营管理，生产者、工作者要努力使自己的产品、业务没有缺点，并向着高质量标准的目标奋斗。零缺陷特别强调预防系统控制和过程控制，要求第一次就把事情做正确，使产品符合对顾客的承诺要求。在美国，许多公司常将相当于总营业额的15%—20%的费用用在测试、检验、变更设计、整修、售后保证、售后服务、退货处理及其他与质量有关的成本上，所以真正浪费的原因是质量低劣。如果我们第一次就把事情做对，则那些浪费在补救工作上的时间、金钱和精力就可以大大降低。

6. 3N质量管理原则

3N质量管理原则：不接受（No accepting）不合格产品、不制造（No manufacturing）不合格产品、不移交（No transferring）不合格产品。其目的是控制生产全过程的质量，确保经过每位员工之手加工的零部件达到100%的合格率，达到零缺陷的质量目标。"即使是万分之一的次品，对顾客来说也是百分之百的次品。"质量问题关系企业生命，更关系消费者的利益，甚至是生命。

五、微观质量意识养成

微观质量意识是指从公司管理人员到员工每一个个体的质量意识。产品是人通过社会劳动而得的产物，产品质量体现人的品质。

（一）端正工作态度，转变观念，与时俱进

工作态度是保证工作质量的前提。"我爱自己的工作，感谢公司给我的工作机会。"假如这是发自内心的，那么，自己监督自己，尽自己所能把每一件事情做到尽善尽美。由每一个员工延伸到每一个部门，我们的产品质量就会令顾客或者下道工序更满意。

质量意识的提升离不开观念的转变。质量在今天之所以变得比过去更加重要，是因为现在的市场环境同商品紧缺时代相比，已经发生了根本性的变化，只要能生产出来就能卖出去的年代已经一去不复返了。只有源源不断的技术创新，企业才能不断向市场推出新产品；只有不断提高产品的知识含量和科技含量，改进生产技术，企业才能降低产品的成本，提高产品的市场竞争力和市场占有率，并适时开拓新的市场领域。

端正工作态度，改变观念，与时俱进要做到：

（1）在主观上要求产品质量更好或工作质量更好。

（2）严守工作程序，时刻关注工作结果。

（3）下道工序是上道工序的客户，我们要使客户满意。

（4）生产自己和顾客都满意的产品。

（5）谁生产不合格的产品，谁就是不合格的员工。

（6）质量改进是个没有终点的连续性活动，停止意味着开始倒退。

（7）要有对顾客和公司负责的工作态度。

（二）完善质量知识，树立学习榜样，强化维权意识

质量知识包括产品质量知识、质量管理知识、质量法制知识等，如《中

华人民共和国产品质量法》《产品质量仲裁检验和产品质量鉴定管理办法》、ISO9000质量管理体系、6S管理等。一般说来，质量知识越丰富，对质量的认知就越容易，对质量的信念也越坚定。质量知识越丰富，员工的质量行为能力也越强，进而越容易产生成就感，增强对质量的感情。可以说，质量知识是员工质量意识形成的基础和条件。

列宁说："榜样的力量是无穷的。"树立榜样有助于树立正确的人生理想，从而指引人生方向，探索奋斗轨迹。生活中不乏各种光辉的形象，时刻鞭策着人们要努力奋斗、追求理想，与不良思想作斗争。每年，从单位到政府都会评选质量标兵、质量先进工作者、维权英雄等。通过了解、学习质量楷模的先进事迹，引导员工自觉遵守质量管理制度，执行工作章程，规范生产工作行为，克服不正确的价值观念的影响。同时企业领导要身体力行，自觉强化质量意识，时时处处都给员工以榜样示范，言行一致，以身作则，做员工身边的质量榜样，引导并鼓励员工养成良好的工作行为习惯。此外，企业要帮助员工强化维权意识，并完善本企业的质量举报或汇报制度。

（三）以人的质量标准严格要求自己，做高质量的人

企业确定质量标准是现代质量管理的基本出发点，要提高人的质量，首先要明白人的质量标准。世界各国、各行业都有各种各样的"执照"与"证书"，如汽车驾驶员要有执照，电焊工要有"上岗证书"，工程师要有技术职务资格证书，仅我国目前就已有109种"执照"与"证书"。这些"执照"和"证书"在某种程度上来说，就是有关人员的质量标准。这说明，人的质量标准已进入一个科学化、定量化和规范化阶段。美国学者在20世纪80年代后期首先设计出定量评价人的质量标准。其次要努力做一个高质量的人，做出高质量的产品。

（四）要养成出现问题问五个"为什么"的习惯

"细节决定成败"，那么怎样把握细节？五个"为什么"由此而来。五

个"为什么"即针对某一现象或结果，连续问五个"为什么"，通过查找"原因的原因"发现问题的根源所在。五个"为什么"的思维方式应该成为日常工作的思维习惯。

可见，五个"为什么"分析是循序渐进发现问题根源的一种有效方法，无论是企业领导，还是员工都应该具有问五个"为什么"的思维方式。

（五）克服短期利益，着眼全局，放眼长远

提高质量意识要清楚短期利益与长远发展，个人得失与全局利益的关系。日本企业的传统思想认为，提高质量必然导致成本的上升和利润的下降。但随着质量管理的发展，这种思想发生了变化。H本企业经营者开始认识到，产品质量提高，就会减少废品，降低废料、返修、调整、检查的成本，成本会大幅度降低。同时，产品质量提高，能得到消费者的信赖，扩大产品销路，稳定和占领市场。所以，尽管在短期内造成成本上升、利润减少，员工工作速度减慢，但从长远来看，会提高企业素质与效益，带来更多、更大利润，员工因此更能有稳定的工作和日益上调的工资收益、甚至是职业生涯的长远发展。日本企业在贯彻质量第一的经营思想过程中，特别强调克服短期行为，重视企业长期发展，正确对待个人与企业的关系。这点在日本、德国等汽车和彩电等行业表现突出。目前很多企业为了获得短期的经济利益不惜牺牲企业的形象与顾客的利益，如三鹿集团三聚氰胺事件、南京冠生园月饼事件，最终结果是企业破产倒闭和员工下岗失业。

（六）诚信，勇于道歉，勇于承担过失

俗话说："智者千虑，必有一失。"因此，我们要讲诚信，勇于道歉，勇于承担过失，从而取得对方谅解。美国田纳西银行前总经理特里曾说过一句管理名言："承认错误是一个人最大的力量源泉，因为正视错误的人将得到错误以外的东西。"美国创建国际管理集团的迈克·科迈克，在谈到这个问题时说："首先，主动承认自己的过失是争取信任的一种巧妙的

捷径，有勇气对自己的过失承认、道歉的人必定对自己有坚定的信心，相信自己在其他方面的成就。其次，这里也有个行动问题，能够勇敢承认错误的人实际上在要求自己拿出修正错误的办法。再次，这个方法能为双方省下许多时间。不知有多少次我希望别人有勇气、有风度、痛痛快快地承认自己的过失，而不是磨磨蹭蹭地先一件件地抖落自己的长处来为过失辩解。"俗话说："知错能改，善莫大焉。"小到个人，大到企业，概莫能外。

（七）人人都有顾客、人人都是顾客

所有依靠你和你的工作来完成他们自己工作的人都是你的顾客，比如你的下一道工序。下道工序希望你提供高质量的产品或工作，以减少他们麻烦。而你也是你所依靠的人的顾客，比如你的上一道工序。你也希望上一道工序、工作不给你增添麻烦。环环相套，从而达到总体的高质量水平。企业生存与发展的基础是产品的购买者——顾客，因此，我们要常常为顾客想一想。我的工作成果去哪儿了？我的工作对谁重要？我的工作被谁看重？顾客需要什么？什么时候需要？如何需要？作为顾客，你希望为你服务的人怎样更好地满足你的需要？让你高兴的事是什么？他们做了什么让你惊喜的事？围绕顾客，要千方百计地满足顾客需要，绝不对顾客说"不"。"你的要求，我（们）知道；你的追求，我（们）创造。"这就是现代质量意识的一个组成部分。

第五节　服务与沟通能力提升研究

一、服务的内涵

《现代汉语词典》中，对服务有这样的解释："服"，担任（职务），承担（义务或刑法）；承认、服从、信服。"务"，事情、事物、从事、致力。"服务"就是为集体（或别人的）利益或为某种事业而工作。

根据《现代汉语词典》的解释，我们这样来定义服务：服务就是为他人利益或为某种事业而工作，以满足他人需求的价值双赢的活动。

服务是一种人与人之间的沟通与互动，这样的沟通和互动来源于所有人，来源于每一个行业。从这个角度理解，我们每一个人都在从事服务，各行各业都是服务行业。

我们在服务时，不要把思维停留在为什么上，而应该集中在去做些什么、还能做什么和怎样做客人才能够更满意上。

一是乐于为别人服务，并给他们带来欢乐。

二是把握服务的黄金法则。服务的黄金法则就是想要别人怎么对待你，你就怎么去对待别人。

在一个又冷又黑的夜晚，一位老妇人的汽车在马路上抛锚了。她等了半个多小时，总算有一辆车经过，开车的男子见此情况便下车帮忙。几分钟后，车修好了，老妇人问他要多少钱，他回答说，他这么做，只是为了助人为乐。但老妇人坚持要付些钱作为报酬。中年男子谢绝了她的好意，并建议把那些钱给比他更需要的人。最后，他们各自上路了。老妇人到了一家咖啡馆，一位身怀六甲的女招待即刻为她送上了一杯热咖啡，并问她为什么这么晚还在赶路。于是老妇人就讲述了刚才遇到的事情，女招待听后感慨这样的好心人现在真难得。老妇人问她怎么工作到这么晚，女招待说是为了迎接孩子出世而需要第二份工作的薪水。老妇人听后执意要女招待收下200美元小费。女招待惊呼她不能收下这么一大笔小费。老妇人回答说："您比我更需要它。"女招待回到家，把这件事告诉了她的丈夫。您知道吗，原来她的丈夫就是那个好心的修车人。

这个故事讲出了这样一个道理：种瓜得瓜，种豆得豆。我们在服务的同时，也种下了自己的将来。我们做的一切都会在将来的某一天、某一时间、某一地点，以某一方式，在我们最需要它的时候回报给自己。

三是用心为客人服务是服务的高级层面。服务通常有下列几个层面：

（1）用利服务。有些企业或个人十分浮躁、急功近利、目光短浅，甚至见利忘义，搞"一锤子买卖"。利润至上、急功近利，是个人发展受阻、企业做不大或做不长、行业做不强的原因。这种服务叫作"低劣的服务"。

（2）用力服务。相当多的服务仍停留在"用力服务"层面。把服务当成一种简单的工作，不动脑筋，只管制度面前人人平等，哪管客人的感同身受。面对客人的正当要求，"对不起，这是我们的规定"成了最好的挡箭牌。制度是必要的，但任何制度都是相对滞后的，让客人感到腻烦的制度、把客人气跑的制度应该修改。员工认为这种服务省事省心且不担责任，这是一种"消极的服务"。

（3）用心服务。确实把服务当成心爱的事业，把客人当成心爱的"人"，投入真情，感恩戴德，细心、精心、留心服务，让客人舒心，最后达到价值双赢。这种服务叫"卓越的服务"。

服务的具体表现为"用心为客人服务"。用心为客人服务要求用你的真心爱客人、用你的细心观察客人和用你的诚心打动客人。

二、深化服务意识

一个人的服务意识有多少，就会得到多少回报。如果一点服务意识都没有，或是一点也不肯付出，并且工作散漫，以自我为中心，甚至孤傲自大，那么，任何一个企业都不会把这样一个"毫无服务意识"的员工留在企业里。什么是服务意识呢？

服务意识是指企业全体员工在与一切同企业利益相关的人或企业的交往中所体现的为其提供热情、周到、主动的服务欲望和意识，即自觉主动做好服务工作的一种观念和愿望。它发自服务人员的内心，是服务人员的一种本能和习惯。这样的愿望的表现形式是：领导在与不在一个样，客人表扬与不表扬一个样，制度约束与不约束一个样。

有些人认为这是我们与生俱来的本性；有些人认为是后天训练的结果，那么服务意识究竟是与生俱来的还是后天训练的结果呢？

在中国一些地方的餐厅里经常看到这样的场景，桌上杯盘狼藉、地面污水遍地，服务员一脸冷漠地站在那里，爱搭不理地进行着机械的服务，这种"冷、硬"的服务态度让就餐客人毫无食欲。"冷、硬"是中国人的本能吗？在中国大江南北的街头，麦当劳比比皆是，其生意红红火火，而麦当劳的员工基本上也是地地道道的中国人，他们的服务让人感觉到的却是热情和满意。同样是中国人的服务，一边是冷漠和不满，一边是热情和满意；一边是关门大吉，一边是红红火火。因此可以看出，麦当劳进入中国不仅仅带来了"洋快餐"，更带来了世界上先进的经营模式和培养、教育员工的模式，以及新的经营理念和服务理念。

无独有偶，在日本也有类似的事情发生。有一天，日本的三菱汽车销售店迎来了一位衣着寒酸的老人，他对热情迎客的职员解释，他是因为外面酷热难当，想享受一下空调才走进来的。虽不是想象中的客人，服务人员依然热情不减，她为老人送上一杯冰水，并扶老人到豪华的沙发上休息。当老人起身观看展示的汽车时，服务小姐又走过来热情地详细介绍不同款式的汽车及其性能,对老人"我并不想买,也买不起"的答谢,她的回答是:"没有关系!"故事的结局是,老人出乎意料地买了十几台货车。

这就是完美服务意识的体现,具有强烈服务意识的服务才可能构成完美的服务,它是通向完美之路重要的一步。

(一)完美的服务意识之———真诚

真诚就是真实诚恳,没有一点虚假。真诚是做人之本、立业之道。

真诚的第一原则是真诚地去关心别人。真诚地去关心别人就是要让他人感到被重视,这一原则要求我们时刻记住"我们的主角是他人",无论何时何地永远不要抢了他人的风采。"垫高他人,放低自己"是让他人感到被重视的最佳方法。

把别人垫高,把自己放低,让别人有"安全感",让别人有"自信",别人才会喜欢你。这就是完美的服务意识。

真诚的具体表现是时刻为客人的利益着想。为客人的利益着想要求我们在服务中尽力为客人省钱,为客人节省时间,为客人的生命、财产安全考虑:假如你是饭店服务员,客人已经住在饭店里并支付了费用,但是,饭店最近的折扣计划客人并不知道,你是告诉客人还是假装不知呢?告诉客人,饭店会损失一点金钱,可不告诉,这样的秘密能够隐藏多久呢?客人如果有一天知道了这种情况,他就将被其他的饭店吸引走,饭店损失的将是长久的利益。

真诚的对立面是对客人的欺骗。任何一次对客人的小小欺骗都会伤害个人和公司形象。最近几年,各大商场的促销风起云涌,你方唱罢我登场,今天你"零点利",明天我大甩卖,后天他买一赠三等,这些促销有多少水分,又有多少是真真切切为客人的利益考虑,只有商家知道。看看他们吆喝的成果,我们不知道他们的销售额真正增长了多少,我们只是看不到商场里拥挤的热潮,大多数消费者似乎很难领情,也许一次一次的欺骗已经让热情耗尽。

（二）完美的服务意识之二——感恩

"谁言寸草心，报得三春晖。""谁知盘中餐，粒粒皆辛苦。"这两句是我们小时候背诵的诗句，讲的就是要感恩。

感恩就是对别人所给的帮助表示感激。因为活着，所以我们应该感恩；如果没有感恩，活着等于死去。要在感恩中活着，感恩于赋予我们生命的父母，感恩于给我们知识的老师，感恩于提供实现自我价值机会的企业，感恩于帮助、关心和爱护我们的祖国，感恩于大自然……

感恩是成功之道。成功学家安东尼指出：成功的第一步就要先存有一颗感激之心。时时对自己的现状心存感激，同时也要对别人为你所做的一切怀有敬意和感激之情。如果你接受了别人的恩惠，不管是礼物、忠告或帮忙，而你也够聪明的话，就应该抽出时间，向对方表达谢意。

用感恩的心态为客人服务。"不管你是一名修理工，还是一名会计，我们能有这份工作，那是因为客人愿意为我们付费，这就是我们的'秘密'。"

（三）完美服务意识之三——标准化服务

1. 语言美

俗话说："良言一句三冬暖，恶语伤人六月寒。"何谓语言美？鲁迅先生曾对语言美有过很简洁的归纳："语言有三美，意美在感心，音美在感观，形美在感目。"语言美是心灵美在言语上的表现，也是心灵美的直接体现。服务行业需要营造一个和谐的服务环境和良好的社会环境，所以服务者的语言可以温暖人心。

第一，礼貌用语多多益善。"请"字开路，"谢谢"压阵，"对不起"不离口。有一个人在日本骑自行车时撞上了一个老太太，结果，老太太倒在了地上，他心想，这回完了，非被人家赖上不可。没想到，老太太麻利地爬起来，连连给他鞠躬："对不起，我耽误您行路了。"可见，日本人是多么地爱说"对不起"。其实，对不起就是要求我们站在对方的角度去想问题。它会使很多复杂的问题一下子变得简单和温暖。

第二，亲切的问候常挂嘴边。要为客人服务，就必须用语言来同客人沟通、交际，语言在服务之中乃举足轻重。我们需要经常用"您好""下午好""欢迎"等迎宾用语向客人表示欢迎。

第三，用客人熟悉的语言与之交流。我们在服务的过程中经常遇到语言的适度和有效的问题。有的人话太少，显得对客人冷漠不热情；有的人言语过多，客人也嫌啰唆。有的人用了很标准的服务用语，可客人不明白；而用非规范用语，客人又感觉服务不到位。应该怎样来使用语言，才能让我们的服务用语恰当呢？

与不同风格的人沟通，最好的语言方法就是相似性原理和同理心。相似性原理和同理心的关键是我们的语言与对方语言相似，我们要充分表达出对他们的理解，要让对方明白，我们与他相似，我们与他有同样的心情和想法，或者至少我们了解他的心情和想法。所以，我们的最佳和最美的服务语言应该是客人最熟悉和最亲切的语言！

第四，赞美之词不绝于口。欣赏客人、赞美客人会让客人获得极大的快乐。

第五，称呼客人要得体妥当。得体妥当是指我们对客人的称呼不仅要到位，更不能引起客人的误会和歧义。带人格侮辱性的称谓是绝对禁止的。

比如在过去的中国，不能直呼祖先的名字和长辈的名字，即使同辈人之间，也一般不直呼其名。在必须问到对方名字时，还得客气地说："请问尊姓大名"或"请问尊称"等。在公共场所，忌用"小姐"来称呼女性，如果对方已婚，可以称呼"某某的太太""某某的老婆""某夫人"等；如果不明确对方的婚姻状况，可以用"女士"来称呼她。

2. 形象美

形象美是指服务者的形象必须符合职业人士的形象要求，与年龄无关，更与漂亮无关。它可以用六个字来形容，那就是：美丽、端庄、大方。

通常，女士应该妆容淡雅、清新、自然。男士应该每天剃须、修面，头发干净、清爽。不论男女有一个最基本的要求，那就是：身上不能有异味。

形象美的另一个重要方面就是微笑。

3. 姿势美

在服务过程中，要想给对方留下美好而深刻的印象，优雅的举止也非常重要，这就要求我们平时在举手投足之间有意识地锻炼自己，养成良好的站、坐、行姿势，做到举止端庄、优雅得体、风度翩翩。

三、提供满意的服务

（一）提供人性化服务

提供满意服务的前提是我们的服务流程不仅要规范、合理、科学，更要让客人感觉方便和舒适，也就是要体现人性化的服务。

（二）缩短客人等待时间

有时候，客人对服务的不满仅仅在于服务的速度太慢，让他们等待的时间太长而已。

客人等待的时间有两种维度：实际等待时间和心理感受的时间。实际等待时间是客观的，而心理感受的时间则是主观的。

通常下列几种情况会让客人感觉等待时间漫长。

首先，空虚的等待时间更长。静止中的等待是空洞无聊的，这种空虚的感觉会增加客人主观感受的等待时间长度，令客人觉得"度日如年"。

其次，焦虑使等待时间更显长久。等待会使客人的焦虑心情滋生。随着等待时间的延长，焦虑心情会加剧。

再次，言而无信使等待时间更长。预见中的等待可以接受，客人在服务企业没有承诺时可以接受等待，但是如果服务企业做出了不可兑现的承诺，言而无信会使客人感觉等待的时间更长。

最后，没有解释使等待时间更长。在说清楚原因的情况下，客人会认为等待是有意义的，如果服务提供者对服务的等待或延误不提供解释，则客人会觉得等待的时间很长。

所以，在让客人等待时，一定要特别留心怎样减轻客人"精神上的等待时间"。为此，应向客人传送"让您久等，很抱歉""让您久等，我们心里很过意不去""您能等待，我们从心里感谢"等信息。

在客人不得不等待时，我们如果能够将"请稍等，马上为您服务""对不起！让您久等了""你能等待我们，我们从心里感谢"等语言作为此时的服务语言，客人的等待也就没有那么痛苦了。

（三）提供无缝隙和无差错服务

无差错服务的基础是，第一次做事情的时候就要把事情做好。为了防止错误发生，一般要采取下列措施：

（1）员工要进行上岗前或岗位变动前的培训，知道如何做好工作。

（2）每一位老员工用示范方式指导新员工如何做好工作。

（3）每一位员工需要对自己的工作进行自查，每一位主管对员工进行全面检查。

（4）建立和完善预测客户需求制度。

（四）关注服务中的细节——细心、细致、细微

阻碍企业和个人进步的事往往是容易被忽略的小事。越是专业的人、越是有成就的人，越懂得关注细节。令人满意的服务就是细心、细致、细微的服务。

（五）关注服务的最终结果——解决客人的问题

"无所谓文化"在现实中的表现就是：努力了就行了，结果并不重要。

任何企业中都有可能存在"无所谓文化"，员工对什么都无所谓，既不找领导也不消除心中的愤恨；管理者也对什么都无所谓，不去主动地发现问题和解决问题，因此大家共同造就了企业内部的"无所谓文化"。在

"无所谓文化"中，员工更注重行动而不是结果，管理者更注重布置任务而不是发现问题和解决问题。员工无所事事，却认为企业"欠"着他们的，因为管理层创造了一种"应得权利"的文化。要打破这种"无所谓文化"，或调动那些唯恐失去工作的人们的积极性，就得在风险与稳定之间建立适当的平衡点。

经常听到这样的抱怨："我们已经尽了最大努力了，但有些事情不是我们能够解决的，只能这样了。您要怎么着，不满就不满吧，我们尽力了。"真的尽力了吗？尽力了就应该能够解决客人的问题，退一步说，尽力了却不能解决客人的问题，那就是根本没有解决这一问题的能力。

（六）关注服务的社会效益

社会效益好就是指提供的服务让被服务者感觉更愉悦和美好，喜爱我们的服务，依恋我们的服务。

四、服务技巧

（一）服务的本质

对客人的服从是服务的本质。服从，是服务业员工的天职。所谓"有理是训练，无理是磨炼"，无理当前都能接受，有理当前怎么会不服从呢？

服从，是一种社会秩序的建立，是一种伦理道德的展现。

准确的角色定位为了提高服务水平，我们的员工应提高自己的角色认知能力。实际上，在为客人服务的时候，服务的提供者永远不可能与客人"平等"，这样的不平等被服务大师定义为"合理的"不平等。因为客人是付钱的消费者，而我们是收钱的服务者。客人支付费用购买我们的产品，而这产品包括两个方面的内容：一方面是指实物产品；另一方面是指无形的产品——服务。客人购买服务的目的是要开心。

正确的服从理念为：客人永远是对的！"客人永远是对的"具体体现在要充分理解客人的需求。对于客人提出的超越服务范围但又正当的需求，我们应该尽量作为特殊服务予以满足，因为这并不是客人的过分，而是我们服务产品的不足。如果确实难以满足，必须向客人表示歉意，取得客人的谅解。并且，我们要充分理解客人的过错。由于种种原因，有些客人有意找碴儿或强词夺理，我们必须秉承"客人是对的"的原则，把理让给客人，给客人以面子。

（二）服务热情不过度

在提供热情服务的时候，一定要把握好度。既要表现出热情、周到、体贴，更要表现出善解人意，为客人提供一定的自由度。

"服务热情无干扰"，主要要求我们做到：

一是言语热情无干扰：一般情况下，服务人员在工作岗位上除了说"您好！""欢迎光临！""下午（上午）好！""请走好！""再见！"等礼貌用语外，不宜再说过多的语言，以免让客人感到厌烦。

二是表情热情无干扰：一般情况下，服务人员在提供服务的时候要面带微笑，双目注视对方，切不可死盯着对方或对客人大笑不止。

三是行为热情无干扰：在服务过程中，我们要掌握好服务的时机，不要因服务而干扰了客人的心情。很多客人抱怨，他们需要休息的时候，我们的服务项目却没有结束，甚至刚刚开始。有时，会有部分客人在公共场合大声喧哗，此时需要我们及时地劝说和制止。

（三）投其所好

"投其所好"是服务的白金法则。白金法则的精髓就在于"别人希望你怎样对待他们，你就怎样对待他们"，其本质是以客人为中心，满足客人消费需求，为客人创造价值，使客人价值最大化、成本最小化，即：服务满意度=提供的服务≥客人对服务的期望值。

五、沟通的含义与沟通方式

人际沟通，简称沟通，指社会中人与人的联系过程，即人与人之间、人与群体之间的思想与感情的传递和反馈的过程，以求思想达成一致和感情通畅。

沟通的目的就是交流思想，表达意念，寻求共识，解决问题。因此，"沟"是手段，"通"是目的，这是沟通的本质。

沟通的方式主要有三种：语言沟通、书面沟通、非语言沟通。

（1）语言沟通。语言沟通是指通过面对面的交谈或利用电话、收音机、录音机和电视机等传递信息。语言沟通方便、直接，是一种常用的沟通方式。一般人与人之间的沟通，约有35%是语言性的沟通。

（2）书面沟通。书面沟通是指信息发出者通过书面形式将自己所表达的信息呈现在信息接收者面前，信息接收者在通过视觉接收信息后作出反馈的过程。书面沟通的方式包括信件、记录、报纸、书籍等。较之语言沟通，书面沟通具有传递信息更复杂，信息传播不受时间、地点限制等优点。

（3）非语言沟通。非语言沟通是指信息发出者通过身体动作、体态、语气语调等方式将信息传递给信息接收者，信息接收者通过视觉、听觉、嗅觉、触觉等感觉系统接收信息并作出反馈的过程。与前两种沟通方式相比，在这种沟通方式中，信息发出者在发出信息时很可能是无意识的。非语言沟通包括个体头部动作、面部表情、眼神交流、手势动作、身体姿势、声音、形象、态度、人与人的位置、距离等。

六、沟通的影响因素

在学习、工作或生活中，你需要与不同的人沟通，如果你与他人沟通不畅，不可避免地会导致误传或误解。要想获得有效的沟通，首先要了解沟通出错的根源。

（1）沟通标记不当信息。发出者与信息接收者对沟通标记的理解无疑是影响沟通的一个重要因素。

（2）语言表述不正确。如果你的信息没有得到清晰的表达，它便不能被听者正确理解和加工，有效的沟通也无从谈起，如下面这个案例。

（3）聆听不畅。人们如果没有用心聆听信息，那么他们很难记住讲话内容；如果没有适当地听取说话的内容，错误理解的余地就大了。

（4）行为语言不当。行为科学家经过60年来的研究发现，人们在面对面沟通时应有的三大要素包括文字、声音、肢体语言，它们的影响力分别是7%、38%、55%。行为语言（声音、肢体语言）占影响力的90%以上。行为语言主要是体态、手势、视线、仪态、行为举止、语调、音高和语速。

（5）错误的印象。外表、措辞与拖沓是错误印象的主要来源。比如：外表着装不拘礼节，穿着不合身份，不讲卫生；措辞时不假思索地使用乡言俚语、污言秽语或扭曲信息；表述时候拖沓，翻来覆去，沟通费劲等。

七、人际沟通能力的养成

（一）正确选择沟通方式

沟通在生活与工作中无处不在。人与人交往，为了进行有效的沟通，需要采取恰当的方式。因此要想提高沟通能力，首先就要正确选择沟通方式。

（二）提高表达能力

1. 表达思路清晰

表达就是向别人传递信息，而要想确定所传递的信息是否完整、准确、易懂，就应当事先理清表达思路，认真思考一下本次沟通的目的是什么。

2. 有效地直接告诉对方

有效地直接告诉对方我们的要求与感受，将会有效帮助我们建立良好的人际网络。不过，要切记"三不谈"：时间不恰当不谈；气氛不恰当不谈；对象不恰当不谈。

3. 积极地询问

询问可以帮助信息接收者减少不必要的误解，提高沟通与办事的效率，赢得信任与肯定。

4. 有效地倾听

我们只有在把嘴闭上的时候，才能专注地听别人讲话，才能把精力集中到和对方的相互沟通上。

（三）善用辅助语言

要使自己的话语有魅力、受欢迎，进而更好地与他人交流，达到沟通的目的，还需要善于利用辅助语言。

1. 注视别人的眼睛

成功沟通的一条秘诀：保持微笑并注视别人的眼睛。当你注视对方的眼睛时，对方也会配合你的视线。他人岔开视线时也跟着岔开视线，他人眨眼睛时也要跟着眨眼睛。做这些动作时，不要过分专注，要显得自然，尽量让对方相信你只是朝着他说话或是倾听。

2. 使用你的面部表情——微笑

人们面带微笑会使你觉得他们和蔼可亲。真心的微笑能从本质上改变大脑的运作，使自己身心舒畅，同时能立即交流和传递信息。没有什么会比诚挚的微笑能带来更好的影响。

3. 使你声音充满魅力

声音是沟通过程中一种威力强大的媒介，可以帮助人们赢得别人的注意，还能创造有益的氛围，并且鼓励他们聆听。

改变你的嗓音，使你的声音悦耳动听。当然，如果你的嗓音优美动听，那是一件好事，但也要注意它的副作用，比如催眠。因此，你在说话时，声音要不时变化，抑扬顿挫，这样听起来就不会枯燥无味了。

控制音高与语调：低沉的声音庄重严肃，一般会让听众更加严肃认真地对待；尖利或粗暴刺耳的声音给人的印象是反应过火、行为失控。使用一种经过调控的语调表明你知道自己在做什么，使人对你信心百倍。

调整说话语速：急缓适度的语速、适当的停顿能吸引听者的注意力，并给人时间思考，易于听者吸收信息。如果语速过快，他们就会无暇吸收说话的内容；如果过慢，声音听起来就非常阴郁悲哀，令人生厌；如果说话吞吞吐吐、犹豫不决，听者就会不由自主地变得十分担忧、坐立不安。

适时重音"强调"：适时改变重音来强调某些词语。如果没有足够的强调重音，人们就判断不准哪些内容很重要；如果强调太多，听者转瞬就会变得晕头转向、不知所云，而且非常倦怠。

4. 适时运用肢体语言

采用适当的身体语言，能够达到"无声胜有声"的效果。最著名的数我国《三国演义》中脍炙人口的"空城计"。

手势信息："能说会道"的双手能抓住听众，使他们朝着理解欲表达的意思这一目标更进一步。比如在谈话激动时，攥紧拳头；谈到高兴处，双手舞动；还有最常见的手势鼓掌，可表现你的豁达。

身体姿势：坐或站立时，挺直腰板会给人以威严之感。耷拉着双肩或跷着二郎腿会使正式场合的庄严气氛荡然无存。不由自主地抖动或移动双腿，会泄露出从漠不关心到焦虑担忧等一系列的情绪。叉着双臂或抖动着双膝，会显露出内心的不安。

身体距离：保持自己与他人的适当距离：如果站得离人太近，则给人以入侵或威胁之感；如果太远，则给人一种不在乎他或与世隔绝的感觉。若与人的距离不足5尺（约1.7米），听者会本能地往后移，这就是当对方过分靠近时产生的那种局促不安的感觉。反之，如果距离达6尺（2米）或更远，听者就会本能地想离开。

（四）人际沟通技巧

一是自信友善。人际沟通的黄金法则：你希望别人怎么对待你，你就怎么对待他。自信友善的人常常是最善于沟通的人。他们在沟通交往中有自己的想法与作风，不随波逐流，也不唯唯诺诺，更很少对别人吼叫、谩骂，甚至争辩。

二是宽容大度。与人相处时，应当严于律己，宽以待人。俗话说："金无足赤，人无完人。"所以在交往中，我们对别人要有宽容之心。如果一个人眼睛里容不得一粒沙子，遇事斤斤计较，得理不让，那么他最终将会成为孤家寡人。

三是体谅他人的行为。人际沟通的白金法则：别人希望你怎么对待他，你就怎么对待他，同时他也就怎么对待你。体谅他人的行为就是设身处地为别人着想，并且体会对方的感受与需要。由于我们的了解与尊重，对方也会体谅你的立场与好意，从而做出积极而合适的回应。

四是积极主动。在任何一个环境中，无论接触的是熟人还是陌生人，我们都要积极主动地与之交流，这样不仅能够提高自己的沟通能力，也能增进我们与他人之间的友谊。

五是学会赞美。渴望赞扬是每一个人内心中的一种基本愿望。富兰克林说过："我不会说任何人的缺点……我只讲我认识每个人的优点。"赞扬往往对人产生深远影响。不失时机地给人赞美会给人以鼓励与精神，同时也有利于沟通目的的实现。

六是要遵循人际交往的原则

（1）求同存异，寻找共同点。

（2）自信而不自我，自强而不自傲。

（3）多赞美少要求，永远不争吵。

（4）充分尊重对方及其内心的秘密或隐私。

（5）在听到对方的内心秘密后不把内容泄露给他人。

（6）不在背后批评别人，保住对方的面子。

第六节　团队合作素质提升研究

一、团队合作意识

（一）团队的概念与意义

所谓团队，是指为了一个共同的目标而在一起工作的一些单体组成的单位。团队合作指的是一群有能力、有信念的人在特定的团队中，为了一个共同的目标相互支持、奋斗的过程。团队可以调动成员的所有资源和才智，并且会自动地驱除一些不和谐和不公正的现象，同时会给予那些诚心、无私的奉献者适当的回报。如果团队是出于成员的自觉自愿而组建的，那么它必将会产生一股强大而且持久的力量。

（二）一个团队形成的必备条件

一个完整的团队，首先要有共同的目标，所谓"道不同，不相为谋"，也只有志同道合的人才能走到一起；其次是团队领导者的绝对领导地位，而作为一个领导者，则必须要做到沉着、冷静，并且需要具备敏锐的观察力和快人一等的反应；再次是团队成员坚定的执行力，作为这个团队的成员，要对团队领导者的指令无条件地执行，并配合指挥者尽到其应尽的义务；最后还要有默契的配合，这也是对团队成员之间相互了解程度及信任程度的反应。

有这么句话："不怕'神'一般的对手，就怕'猪'一样的队友。"在游戏里，你最怕碰到什么？是不是经常有那么一两个我行我素不听指挥却又总是给队友添乱的家伙让你感到头疼？那么拥有一队神一般的队友，绝对会让你的游戏快感暴增。这么说来，团队合作在游戏里也是同样重要的。

说起游戏中的团队配合，第一个要说的必然是《魔兽世界》。这个游戏从一个不同的角度诠释了团队配合的含义和重要性。

在团队中，首先是服从，其次是配合，再次才是分配。一盘散沙的团队，没有指望能够完成什么。而一盘散沙的内在原因，就是不能够真正认识其他职业存在的价值及个人的表现欲。每个职业有他自己的优势，同时也存在着不足，而这种不足，正需要其他职业来弥补。一个优良的团队，关键不在于每个成员是否一身极品装备，而在于团队意识和奉献精神。正是因为这一点，骑士才被人尊敬，战士才令人肃然起敬。

（三）打造团队精神

所谓团队精神，简单来说就是大局意识、协作精神和服务精神的集中体现。团队精神的基础是尊重个人的兴趣和成就，核心是协同合作，最高境界是全体成员的向心力、凝聚力，反映的是个体利益和整体利益的统一，进而保证组织的高效率运转。团队精神的形成并不要求团队成员牺牲自我，相反，挥洒个性、表现特长可保证成员共同完成任务和目标，而明确的协作意愿和协作方式则产生了真正的内心动力。团队精神是组织文化的一部分，良好的管理可以通过合理的组织形态将每个人安排至合适的岗位，充分发挥集体的潜能。如果没有正确的组织文化及良好的从业心态和奉献精神，就不会有团队精神。

打造团队精神，需要营造相互信任的组织氛围、在组织内慎用惩罚、建立有效的沟通机制。

1. 营造相互信任的组织氛围

相互信任对组织中每个成员的影响，它尤其会增加雇员对组织的情感认可。而从情感上相互信任，是一个组织最坚实的合作基础，能给雇员一种安全感，这样雇员才可能真正认同公司，把公司当成自己的，并以之作为个人发展的舞台。

2. 在组织内慎用惩罚

从心理学的角度看，如果要想改变一个人的行为，有两种手段：惩罚和激励。惩罚导致行为退缩，是消极的、被动的。法律的内在机制就是惩罚。激励是积极的、主动的，能持续提高效率。适度的惩罚有积极意义，过度的惩罚是无效的，滥用惩罚的团队肯定不能长久。惩罚是对成员的否定，一个经常被否定的成员，就是有再高的工作热情也会荡然无存。领导者的激励和肯定有利于增加成员对团队的正面认同，而领导者对成员的频繁否定会让成员觉得自己对团队没有用，进而成员也会否定这个团队。

3. 建立有效的沟通机制

理解与信任不是一句空话，往往一个小误会反而给管理带来无尽的麻烦。一个想重用人才，一个想为企业发挥自己的才能，仅仅因为沟通方式不畅，彼此都受到伤害。

二、团队协作

21世纪是一个技术进步和国际竞争剧烈的知识经济时代。随着市场竞争的日趋激烈，组织中各项工作的复杂性和综合程度越来越高，解决问题的难度不断加大，我们必须不断寻求适合的结构，采用更为灵活、面向问题和任务的组织形式，以更好地适应组织战略环境的改变，团队的运作方式则是解决这个问题行之有效的方法。目前，世界各地的企业越来越关心产品、顾客和地理环境，在管理中越来越多地运用团队，更多的决策和行动都由团队来完成。在经济全球化的今天，西方发达国家的先进管理方法和经验逐渐被引入我国企业的管理实践当中。近年来，许多国内的企业也尝试实施团队管理运作方式，追求"高效团队"成了许多企业组织的口号和理想。然而，在现实中，低绩效团队或者团队运作失败的例子不在少数。团队变成了"集体不负责"的借口，"搭便车"的现象普遍存在，而成员之问也缺少合作，这些现象使团队的优点难于充分发挥。

（一）团队协作的意义

团队强调的是协同工作，所以团队的工作气氛很重要，它直接影响团队的合作能力。没有完美的个人，只有无敌的团队。团队成员的个人能力取长补短，大家相互协作，即能造就出一个好的团队，所以才有"三个臭皮匠赛过诸葛亮"之说。在一个团队中，每个成员都有自己的优点和缺点，作为团队的一员应该主动去寻找其他团队成员的优点和积极品质，学习它，并克服自己的缺点和消极品质，让它在团队合作中被弱化甚至被消灭。如果团队的每位成员都主动去寻找其他成员的积极品质，那么团队的协作就会变得很顺畅，工作效率就会提高。

（二）协作能力的培养

团队协作能力的培养重点在于个性与共性的相互融合，即如何融入团队。而要真正融入一个团队，则需要做到以下几点：

1. 尊重

尊重没有高低之分、地位之差和资历之别，尊重只是团队成员在交往时的一种平等的态度。平等待人，有礼有节，既尊重他人又尽量保持自我个性，是团队合作能力之一，也是尊重的最高境界。团队是由不同的人组成的，每一个团队成员首先是一个追求自我发展的个体，然后才是一个从事工作、有着职业分工的职业人。虽然团队中的每一个人都有着在一定的生长环境、教育环境、工作环境中逐渐形成的与他人不同的自身价值观，但他们也同样都有渴望尊重的要求，都有一种被尊重的需要，而不论其资历深浅、能力强弱。

2. 欣赏

我们要学会欣赏、懂得欣赏。很多时候，同处于一个团队中的工作伙伴常常会乱设"敌人"，尤其是大家因某事而分出了高低时，落在后面的人的心里很容易就会酸溜溜的。所以，每个人都要先把心态摆正，用客观的目光去看看"假想敌"到底有没有长处，哪怕是一点点比自己好的地方都是值得学习的。欣赏同一个团队的每一个成员，就是在为团队增加助力；改掉自身的缺点，就是在消灭团队的弱点。

3. 宽容

宽容是一种合作基础。雨果曾经说过："世界上最宽阔的是海洋，比海洋更宽阔的是天空，而比天空更宽阔的则是人的心灵。"这句话无论何时何地都是适用的，即使是在角逐竞技的职场上，宽容仍是能让你尽快融入团队的捷径。宽容是团队合作最好的润滑剂，它能消除分歧和战争，使团队成员能够互敬互重、彼此包容、和谐相处，从而安心工作，体会到合作的快乐。试想一下，如果你冲别人大发雷霆，即使过错在于对方，谁也不能保证他不以同样的态度来回敬你。这样一来，矛盾自然也就不可避免了。

宽容，并不代表软弱。在团队合作中，它体现出的是一种坚强的精神，它是一种以退为进的团队战术，为的是整个团队的大发展，以及为个人奠定有利的提升基础。首先，团队成员要有较强的相容度，即要求其能够宽厚容忍、心胸宽广、忍耐力强。其次，团队成员要注意将心比心，即应尽量站在别人的立场上，衡量别人的意见、建议和感受，反思自己的态度和方法。

4. 平等

当每一个团队成员都处于相同的起跑线上时，他们之间就不会产生距离感，他们在合作时就会形成更加默契、紧密的关系，从而使团队效益达到最大化。

5. 信任

如果连起码的信任都做不到，那么，团队协作就是一句空话，绝没有落实到位的可能。人们在遇到问题时会首先相信物，其次是相信自己和自己的经验，最后万不得已才相信他人。而这一点，在团队合作中则是大忌。团队是一个相互协作的群体，它需要团队成员之间建立相互信任的关系。

信任是合作的基石，没有信任，就没有合作。信任是一种激励，但更是一种力量。团队成员在承受压力和困惑时，要相互信赖，就像荡离了秋千的空中飞人一样，他必须知道在绳的另一端有人在抓着他；团队成员在面临危机与挑战时，也要相互信任，就像合作猎捕猛兽的猎人一样，必须不存私心，共同行动。否则，到最后，这个团队以及这个团队的成员只会一事无成、毫无建树。

6. 沟通

敢于沟通、勤于沟通、善于沟通，让所有人都了解你、欣赏你、喜欢你。从古至今，中国人一直将"少说话，多做事"和"沉默是金"奉为瑰宝，固执地认为埋头苦干才是事业走向辉煌的制胜法宝，可却忽略了一个人身在团队之中，良好的沟通是一种必备的能力。作为团队，成员间的沟通能力是保持团队有效沟通和旺盛生命力的必要条件；作为个体，要想在团队中获得成功，沟通是最基本的要求。很多人都不能容忍另类思维的存在。于是，在追寻真理的过程中，我们不断重复着"盲人摸象"的游戏，也许你摸到了"墙"，我摸到了"绳子"，他摸到了"柱子"……而每个人都抱着固有的思维不放，顽固地坚持着自己的意见，不管这个意见是否全面、具体。沟通能力在团队工作中是非常重要的，现代社会是个开放的社会，当你有了好想法、好建议时，要尽快让别人了解、让上级采纳，为团队做贡献。否则，不论你有多么新奇的观点和重要的想法，如果不能让更多的人去理解和分享，那就几乎等于没有。

7. 责任

责任即敢于担当，对自己负责，更意味着对团队负责、对团队成员负责，并将这种负责精神落实到每一个工作细节之中。团队在运作过程中难免会出现失误，若团队成员在每次出现错误时都互相推卸责任，那么这个团队就没有存在的价值。并且一个对团队工作不负责任的人，往往是一个缺乏自信的人，也是一个无法体会快乐真谛的人。要知道，在你将责任推给他人时，实际上也是将自己的快乐和信息转移给了他人。

8. 节俭

节约是整个团队的事，而每一个细微之处的浪费都可能会被认为是一种品德上的缺陷。越是优秀的员工，越要懂得事事从小处着眼，因为很多细小的环节都是与公司的前途休戚相关的。正所谓细节决定命运。所以，为了团队的整体利益，所有的团队成员都应该养成节约成本的好习惯。

9. 诚信

古人云："人无信则不立。"说的是为人处世若不诚实，不讲信用，就不能在社会上立足和建功立业。一个个体，如果不讲诚信，那么他在团队之中也将无法立足，最终会被淘汰出局。诚信，是做人的基本准则，也是作为一名团队成员所应具备的基本价值理念——它是高于一切的。团队精神应该建立在团队成员之间相互信任的基础上。而只有当你做到了"言必信，信必果"时，你才能真正赢得同事的广泛信赖，同时也为自己事业的兴盛发达注入了活力。

10. 个性，坚持自己的特质

团队精神不是集体主义，不是泯灭个性、扼杀独立思考。一个好的团队，应该鼓励和正确引导员工个人能力最大限度地发挥。团队若能给团队成员提供一个充分施展、表现自己才能的机会，那么，这将会为团队带来永不枯竭的创新能力！团队不仅仅是人的集合，更是能量的结合与爆发。团队成员不要因为身处团队之中就抹杀了自己的个性特质。记住，团队制度的建立是为了更好地发挥成员的才能，只要你不逾矩，那你就完全可以随心所欲，"八仙过海，各显神通"地开展自己的工作。

11. 团队利益，至高无上

"皮之不存，毛将焉附。"团队精神不反对个性张扬，但个性必须与团队的行动一致，团队成员要有整体意识、全局观念，要考虑整个团队的需要，并不遗余力地为整个团队的目标而共同努力。只有当团队成员自觉地想到整个团队的利益时，他才会在遇到让人不知所措的难题时，以团队利益最大化为根本，义无反顾地去做，不会因为在工作中跟相关部门的摩擦而耿耿于怀，也不会为同事之间意见的分歧而斤斤计较，更不会因为公司对自己的一时错待而怨恨于心。在团队之中，一个人与整个团队相比是渺小的，太过计较个人得失的人，永远不会真正融入团队之中！而拥有极强全局意识的人，最终会是一个最大的受益者！

12. 超越自我的团队意识

强调团队合作，并不意味着否认个人智慧、个人价值，个人的聪明才智只有与团队的共同目标一致时，其价值才能得到最大化的体现。成功的团队提供给我们的是尝试积极开展合作的机会，而我们所要做的是在其中找到我们生活中真正重要的东西——乐趣，即工作的乐趣，合作的乐趣。团队成员只有对团队拥有强烈的归属感，强烈地感觉到自己是团队的一员，才会真正快乐地投身于团队的工作之中，体会到工作对于人生价值的重要性。

13. 永远不要抛开你的队友

杰克·韦尔奇（通用电气公司总裁）有句关于团队的名言："你可以拿走我的企业，但不能拿走我的团队，只要我的团队在，我就能再开创一个更加辉煌的企业。"这是通用的路标，也是我们在现代企业中生存必须秉持的原则。现代企业需要协调不同类型及不同性格的人员共同奋斗，如果你不是一个领军型人才，如果你缺乏一定的合作精神，那么，你的晋升之路将倍加坎坷，甚至遥遥无期。

团队的利益与自己息息相关。在实现共同目标的过程中，对于失败，我们应坦然面对，向狼学习，在困境中绝不放弃，从来不退缩、屈服，想尽一切办法达成目标。我们需要的正是这种精神，因此，我们要摆正自己的心态，用积极乐观的心态去改变、争取，坚持到底、永不放弃。

团结就是力量。

第三章

职业创新素质培养途径研究

第一节　创新能力的认知研究

一、创新的形成与发展

创新的英文是"Innovation"，这个词起源于拉丁语。它原意有三层含义：①更新；②创造新的东西；③改变。创新作为一种理论，形成于20世纪初。1912年美国哈佛大学熊彼特教授第一次把"创新"引入了经济领域。20世纪90年代中期，西方国家提出了知识经济的概念，在我国科技界引起了强烈反响。何为知识经济时代？知识经济的基础是知识；关键是人才；核心是知识型的高科技企业。有关统计数据表明：人类最近30年所创造的知识总量是前五千年的总和，并预测今后10年所创造的知识总量相当于前30年的总和。在如此规模知识经济迅猛发展的时代，要求我们以创新精神来增强国家的综合实力。目前，我国科技对经济发展的贡献率较低，不到50%，对国外技术的依存度大于50%，而发达国家科学技术对国民经济发展的贡献率则大于70%，对国外技术的依存度小于30%。造成这种差距的原因就是我国创新能力不够。当时正在欧美访学的杨福家院士以一个科学家特有的政治敏感性感觉到世界在发生变化，回国后连续发表文章，阐述知识经济对我国的影响和对历史的深刻反思。2013年7月17日，中共中央总书记、国家主席、中央军委主席习近平到中国科学院考察工作时强调："科技兴则民族兴，科技强则国家强。要结合实际坚持运用我国科技事业发展经验，积极回应经济社会发展对科技发展提出的新要求。深化科技体制改革，增强科技创新活力，集中力量推进科技创新，真正把创新驱动发展战略落到实处。"习近平主席指出，党中央对我国科技界寄予厚望。他希望广大科技人员具有强烈的爱国情怀，大力弘扬"两弹一星"精神和"载人航天"精神，自力更生、勇攀高峰。科技界要以实际行动落实好、实施好创新驱动发展战略。要把创新驱动和体制改革统筹起来安排，为经济持续发展提供创新红利和改革红利，为打造经济"升级版"提供科技支撑，确保创新型国家建设和全面建成小康社会同步，服务于中华民族伟大复兴的"中国梦"。为中华民族的伟大复兴，为实现中国梦而共享人生出彩的机会，共享同祖国和时代一起成长进步的机会。

创新是一个民族进步的灵魂，是一个国家兴旺发达的不竭动力。教育是全民创新精神的基础，知识经济给教育以千载难逢的挑战和机遇。因此，教育部出台了《面向21世纪教育振兴行动计划》，提出了要实施"跨世纪素质教育工程"，全面提高国民素质和民族创新能力。第三次全教会后，中共中央颁布了《深化教育改革，全面推进素质教育的决定》，提出了新的素质教育的概念。

国家中长期人才发展规划纲要（2010—2020）中关于创新型人才的推进计划强调：为积极响应国际科技竞争，提高自主创新能力，着眼于培养造就一批世界水平的科学家，在我国具有相对优势的科研领域设立100个科学家工作室；瞄准世界科技前沿和战略性新兴产业，每年重点支持和培养一批具有发展潜力的中青年科技创新领军人才；着眼于推动企业成为技术创新主体，每年重点扶持1000名科技创新创业人才；依托一批国家重大科研项目、国家重点工程和重大建设项目，建设若干重点领域创新团队。而高素质教育人才培养工程则强调：为建设一支高素质、创新型教育人才队伍，通过研修培训、学术交流、项目资助等方式，每年重点培养和支持2万名各类学校教育教学骨干、"双师型"教师、学术带头人和校长，在中小学校、职业院校、高等学校培养造就一批教育家、教学名师和学科领军人才。

由此可见，创新的核心是知识创新，包括科学技术创新和其创造性的应用，这才是在激烈的知识竞争中立于不败之地的法宝。

二、知识经济的价值

1990年联合国提出"知识经济"概念以来，知识经济作为一种崭新的经济形态正在悄然兴起。在知识经济的模式中，知识、科技先导型企业成为经济活动中最具活力的经济组织形式，代表了未来经济发展的方向。如今，知识经济已经与农业、工业成为第一生产力，并越来越显露出其价值所在。

如何在知识经济的激烈竞争中立于不败之地呢？这是当代每个人都应该认真思考的问题。

第二节　挖掘内在潜能途径研究

一、人潜在的巨大能量

（一）潜能的内涵与类型

1.潜能的内涵

潜能，就是潜在的能力，是指人本身具有的、尚未显现的能力。在特定的环境下，或通过一定的渠道进行挖掘，潜能即有可能显现，成为显能。

人类潜在的能力，就像地心磁力一样，无形，却实实在在地存在着。无数心理学家、潜能学家都曾经论证过，人类所显现的能力，也就是显能，只占所有能力的5%—7%，而超过90%的能力并未被发掘。世界赫赫有名的控制论创始人、美国著名数学家诺伯特·维纳说，"我可以完全有把握地说，每个人即使他是做出了辉煌成就的人，在他的一生中利用他自己的大脑潜能还不到百亿分之一。"

人具有很大的潜能是不可否认的。研究表明：与电脑相比，人脑与计算机一样能够吸收、储存和控制大量的信息。但区别在于，人脑的功能比现在世界上最先进的电脑都要强大得多。在人的大脑中，聚积着约140亿个神经细胞，它们彼此错综复杂地联系在一起。如果用数字来直观地表达两者功能比，可以说大脑具有的潜在能力，相当于10万台大型电子计算机。

有人将人的潜能比作冰山，称为"冰山理论"。海面上漂浮着的壮观的冰山，其真正壮观之处其实不在海面之上，而是在海面以下。与浮出水面我们看到的那部分相比，海面之下的部分是它的10倍，甚至100倍。显现在海面之上的部分就是已经显现的能力（即显能），而沉浸在海面以下、未被发掘的部分就是人潜在的能力（即潜能）。由此可见，人的潜能大大超过了显能。

2. 潜能的类型

人有非常多的潜在能力，这些能力蕴藏在我们的生命之中，当经过特殊的训练或处于特定的环境中时，这些能力就会发挥出来。

（1）身体潜能

身体潜能，也称作体能潜能。我们常常看到田径运动员以超过常人一倍以上的速度奔跑，体操运动员做各种常人难以完成的高难度动作，杂技演员表演柔术时惊人的柔韧等，这些并非是运动员或杂技演员本身的身体构造与常人不同，而是经过了长期不懈的锻炼，使得他们的身体潜能得以开发。

（2）知觉潜能

知觉是直接作用于感觉器官的事物的整体在脑中的反映，是人对感觉信息的组织和解释的过程。人并未显现的对于感觉信息的组织和解释能力即为知觉潜能。

知觉潜能与身体潜能不同，很难由特定的环境或事件激发出来，而往往是通过训练使其发挥。这种训练通常是长期的、综合的。如精通厨艺者对于味的感知要比常人灵敏得多，指挥家、作曲家对声音的辨别能力往往高于普通的听众，盲人对于触摸的感觉明显高于正常人。

事实上，所有的潜能都离不开知觉，它是人体接受外界信息和自身对外界信息的组织过程。比如人的鼻子有500万个嗅觉感受器，人的眼睛可以辨别800万种色彩。在潜能的开发中，通过眼、耳、鼻、舌、身五个方面进行知觉的训练，尽可能把人体内潜在的丰富的知觉能力发挥出来，是潜能开发的最佳途径。

（3）记忆潜能

记忆是人脑对经历过的事物的反映，它分为两个过程：记和忆。记就是认识、记住并加以保持的过程；忆就是回忆、再认和再现的过程。如果把记忆比作信息加工，可以说记忆是对输入信息的加工、编码、储存和提取的过程。这里的加工、编码相当于认识、记住，储存相当于保持，而提取则相当于回忆、再认和再现。因此，记忆力就是人脑对信息的认识、保持、回忆和再现的能力。而记忆潜能，就是未被发掘的记忆能力。

人脑的记忆潜能是惊人的。现代心理学研究证明，在成年人的大脑中，大约拥有140亿个神经细胞，每个细胞与其周围细胞构成1000万～1亿个突触连接。大脑每秒钟能够产生和打断100万个新的连接。因此只要人体存活，信息在大脑中就能够储存，并且会按照所需自动分类、归档、编辑。其记忆容量可以容纳一生之中接收的所有信息，但即便如此，在人生命将尽时，大脑还有接收其他信息的空间。通过脑科学研究，研究者们得出结论：人的大脑在理论上的信息存储量，相当于美国国会图书馆全部藏书

（1000万册）的50倍。

这些惊人的数据和事例说明，人类的记忆潜能大得惊人，但实际上我们现在能够记住的东西却少得可怜。而通过记忆潜能的开发，运用科学的方法和不懈的努力，记忆的潜能是可以转化为显能的。

（4）想象潜能

所谓想象力，就是在头脑中创造一个念头或思想画面的能力。而想象潜能，就是头脑中未被发掘的这种能力。

黑格尔说过：想象是艺术创造中最杰出的艺术本领。歌德母亲教育孩子的经验就很值得我们借鉴，她讲故事的方法很独特，总是讲到一半的时候就停下来，余下的故事则让小歌德发挥。心理学家认为，这种自由发挥就是发散思维，就是想象力。

随着年龄的增长，人们的学识、阅历都要比孩子们丰富得多，但为什么他们的答案远不如孩子们丰富呢？我们的想象力随着我们的成长，随着阅历的丰富在逐渐退化，这是因为随着心智逐渐成熟，我们会逐步规范自己的思维方式和行为方式，久而久之形成思维与行为的定式，禁锢了想象力的开发。

爱因斯坦说过："想象力比知识更重要，因为知识是有限的，而想象力概括着世界上的一切并推动着进步，想象才是知识进化的源泉。"牛顿的万有引力定律，正是借由想象力，从苹果落地受到启发而来的。可见想象力的神奇力量，它对一个人的自我发展乃至社会的发展和时代的演进都有着不可估量的作用。

（5）思维潜能

思维，是人脑对现实事物间接的、概括的加工形式，以语言或动作表现出来。它对客观的关系、联系进行着多层加工，揭露事物内在的、本质的特征，是认识的高级形式。

这种认识的高级形式是我们每个人都具备的能力，而这种能力就是思维潜能。由于成长背景、知识背景以及阅历和个人性格特点的不同，个人思维能力的显现也各不相同。

我们常说某些人的观察力强、记忆力强等，而这些正是挖掘思维潜能的必要条件，只有善于观察，发现问题后不断地追寻"为什么"，才会让思维潜能得以展现。

（6）创造潜能

创造力是创造潜能的主要表现，它是人类特有的一种综合性本领，是以知识、智力、能力以及优良的个性品质等复杂因素综合优化而构成的。它与一般能力的区别就在于，它的新颖性和独创性。

说到创造力，人们往往首先会想到那些著名的科学家、发明家、文学家和艺术家。而事实上，创造力并不是某些"天才"或专业人员特有的能力，而是人人都具备的一种潜在能力，只是每个人挖掘的程度不同而已。创造力体现在诸多领域，在日常生活中，运用新的方法来解决问题都是创造潜能开发的表现。所以，任何人只要审视一下自己就会发现，你在某一方面"独出心裁"，或者同别人的观点、看法不尽一致，有着自己的独到见解，或者把某一件事情干得非常出色，而他人则可能在这点上远不如你。这些正是创造能力的表现。

创造能力并不神秘，它是人类最基本的社会属性之一；对于未形成稳定的创造人格的人来说，它只不过还处于一种潜在状态罢了。如果能懂得创造的奥秘，善于掌握科学的方法，那潜在的创造能力就会显示出来。

（二）正视自己的潜能

1. 能力的差异

由于性别、年龄、文化背景等因素，人与人之间在智力、体力及工作能力等方面都可能存在差异，这就是能力的差异。

（1）体力的差异

受性别、年龄、饮食结构和锻炼程度以及人种的影响，人的体力存在不同程度的差异。

就性别而言，女子体力明显不如男子，奥运会的各项比赛都分男女进行，橄榄球等激烈的运动项目则只允许男子参加。在握力、奔跑力、悬挂力等基本体力项目，男子远远胜过女子。而年龄、饮食结构和锻炼程度，以及长期是从事体力劳动还是脑力劳动，也都是影响体力差异的重要因素。此外，不同人种的体力也各有不同。在体育竞赛中，黄种人以轻便、灵活的特点著称，如在乒乓球、羽毛球、体操、跳水、射击等项目中，黄种人优势明显；而提起径赛项目，人们立刻就会想起那些快如闪电的黑种人运动员。男子100米比赛中，牙买加名将博尔特以9秒69的成绩打破世界纪录，让世人为之一震。黑种人不但拥有超强的爆发力，在耐力上也无与伦比。在100米、200米、400米短跑，跳远、三级跳远，110米、400米跨栏等7个需要速度与爆发力的项目上，保持世界纪录的几乎都是黑种人运动员。

然而，这些体力的差异也是可以改变的。

（2）智力的差异

心理学的研究表明，人的智力水平是呈常态分布的。有些人智力发展水平较高，有些人智力发展水平较低，而大多数人的智力属于中等水平。68%的人的智商在85到115之间，智商度属中等。智商分数极高与极低的人很少。一般认为智商超过140的人属于天才，他们在人口中所占比例不到1%。

但智力并不仅仅是以智商的数据来衡量的，不少拥有特殊才能的"天才"，智商并没有明显高于常人。

智力的体现因人而异，并不仅是依靠智商的数据而定。同时，智力也不是一成不变的，它是随着人的认知能力的提升而提升的。随着后天的努力和勤奋及行为、思维方法的改变，只要刻苦钻研，就可以挖掘出属于自己的潜能。

2.潜能表现的早晚

有研究表明，30～45岁的中年时期是人的智力最佳年龄区，处于这一时期的人极有可能做出出色的成就。

而在现实生活中，我们常常会看到，有些人小小年纪就会表现出某一方面的优秀能力，被称为神童。

莫扎特3岁便展现出音乐方面的奇特才能，他不仅具备绝对音准，更有超出常人的记忆力，5岁时便请求父亲教授大键琴，随后亦猎及小提琴、管风琴和乐曲创作。6岁时已谱出三首小步舞曲（KV. 2、4、5）和一曲快板（KV. 3）。

而与此相反，有些人超出常人的优越能力却很晚才表现出来，如近现代中国绘画大师齐白石，早年曾为木工，年近四十才在诗画篆刻方面逐渐成名；与季羡林、金克木合称"燕园三老"的著名学者、哲学家、散文家张中行先生，75岁时才发表第一部散文集《文言津逮》。

由此可见，潜能可能出现在人生中的任何阶段，而它是否出现以及出现的早晚则受一定因素的影响。

3. 潜能与心态

心理学家认为，一个人具有什么样的心态，他就有可能成为一个什么样的人，也就会拥有一个什么样的人生。对于同一事物，不同的心态可能产生截然相反的结果。每一个人都可能在不同的领域积蓄着属于自己的潜能，这些潜能是否能够成为显能，心态的积极或消极将起决定性作用。

潜能与心态是目前应用心理学一个较热门的研究领域，具体而言，影响潜能的心态因素主要表现在以下三个方面：足够的自信、坚定的意志力和强烈的愿望。

（1）足够的自信

自信是成功的基础和动力。当我们对自己充满自信时，我们的激情就会被唤起，从而进入一种特殊的状态，这时我们的思维速度和精神状态会大大提升，使我们自身的胆识水平进入超常状态。因此无论在工作还是学习中，我们都应充满自信，因为自信会激发出我们想象不到的强大潜能。

自信是一种乐观的对待生活的态度。有时我们并不缺少干好一件事情的能力，而缺少的是敢想敢干的勇气。人的潜能是巨大的，关键在于能否被激发出来，而自信就是激发潜能的敲门砖。

高度的自信是一切成功的基础。当人充满自信时，你的身体就犹如一架充满能量的机器，随时等待着进入高速运转的状态。莎士比亚曾说："一个人的心灵如果受到鼓舞，即使器官已经萎缩，也会从沉沉的麻痹中振作起来，重新开始活动，像蜕了皮的蛇一样获得新生的力量。"可以说，自信心是成就一切事业的根本，是潜意识能量的精髓、灵魂，没有自信心将一事无成。

自信心对于我们而言，仿佛航标之于海员。拥有自信心，就能激发出前进的动力和开拓创新的潜力。

（2）坚定的意志力

所谓意志，就是为了达到既定目标而自觉努力的心理过程。在我们的大脑中，储藏着取之不尽的财富，而意志就犹如挖掘这些财富的挖掘机。

意志力表现为坚定的决心。我们的意志是一种很微妙、无法触摸却非常真实的特殊能力，它与人类潜意识深层次的力量有着非常紧密的联系，若使潜能的力量被激发出来，坚定的意志力是我们行动的保障。

潜能的开发是一个持之以恒的过程，在这个过程中期待稳固作用的，就是我们的意志，它是一个人的精神支柱。试想一个丧失意志力的人，如何去激发斗志，不断挑战和超越自我呢？

我们工作和学习的一切目的都是向着我们的既定目标前行。有人认为成功离自己很遥远，其实不然，只要确定方向一步步迈进，就会越来越靠近目标的实现。英国著名哲学家罗素说，伟大的事业根源于坚韧不拔的工作，以全部精神去从事，不避艰苦。美国著名诗人和外交家约翰逊曾说，成大事不在于力量的大小，而在于能坚持多久。成功的人之所以能够成功，最重要的原因就是他能够坚持到底。而平庸者，多是由于无法做到将"坚持"贯彻在行为始终而使自己落于平庸的。人生只有一条路不能选择，那就是放弃的路。人生只有一条路不能放弃，那就是成长的路。只要我们每个人都能用坚定的意志对待自己的工作、学习和生活，就能够获得属于自己的成功。

（3）强烈的愿望

愿望是希望的一种，是对美好事物的一种期待与设想。它对我们每个人都有着十分重要的作用，它可以帮助我们唤醒体内的潜能，从而爆发出惊人的力量，实现无限的可能。因此说，愿望常常代表着我们潜能的指向。比如，一个人内心有绘画的愿望，就说明他所具有的绘画潜能在寻求表现和发展；一个人内心有开发电子设备的愿望，就说明他所具有的电子方面的潜能在寻求表现和发展。如果我们本身有想要做某事的强烈愿望，或许可以说明我们本身就具备这方面的潜能，我们要做的，就是去表现，并运用正确的方法发展它。

一个人要知道自己的愿望是什么，这是激发潜能的第一步，也是至关重要的一步。越是内心希望得到的，就越能引发兴趣，从而激发出潜在的能量，克服困难，最终实现自己的目标。

为什么有的人能够通过自己长期不懈的奋斗最终获得成功，而有的人却一辈子庸庸碌碌无所作为？其根本原因就在于是否有明确的目标，而目标的形成恰恰取决于愿望，愿望是一切可能的萌发点。

有人会说，我有强烈的愿望，但最终总是难以实现。这是因为你并未为实现自己的愿望做出足够的准备和努力。我们要实现目标，将愿望转化为现实，不能指望一蹴而就，只有做好足够的准备和规划，在这个过程当中充分发挥自己的潜能，才有可能真正实现自己的愿望。

潜能无时无刻不在，而心态则是影响潜能发挥与否的关键因素。足够的自信、坚定的意志力和强烈的愿望，这样积极的心态使人看到希望、成功、快乐和健康，而消极的心态则排斥这些东西。积极的心态有助于开发潜能，而消极的心态会遏制人的潜能。

综上所述，人类文明史同时也是一部人类潜能开发史。我们的政治、经济、文化、科技的发展无一不是人类通过思考，不断开发潜能、不断创造的结晶。每个人本身都有潜在的巨大能量，只有树立积极的心态，开发身心潜能，才能塑造健康的人格，并创造新的世界。

二、如何挖掘潜能

人的潜能，是人类潜在的体能和智能的总和，它有两个特征。

一是未显性特征，即未显现的能力。人脑中的潜能世界是一个未被完全打开的宝库，那里蕴藏着惊人的能力，一般情况下不采取一定的措施是难以开发出来的。心理学家认为：能力是与活动联系起来的，它一旦外化，与活动联系起来并影响活动效果，就变成显在能力。一般人的能力只是潜在能力外化的极小部分，如果人的潜能充分发挥出来，能记忆50座美国国会图书馆全部藏书储存的信息，能熟练掌握40种语言。

二是可诱发性特征。可诱发性是指人本来没有某种能力，经过练习、培养、发展的循环过程，能够显现这种能力。

人的巨大的潜能是可以通过练习、培养、发展随时挖掘出来的。

（一）梦想是挖掘潜能的动力

梦想是既定的奋斗目标。一个国家没有梦想就会失去前进的动力，一个人没有梦想就会失去前进的方向。梦想是人们内心深处的最迫切的渴望，是成就事业的动力源泉。梦想就是实现中华民族伟大复兴的"中国梦"。梦想是不停的突破和探索，是用丰富的想象去大胆地创造。

梦想不是理性的计算，而是一种大胆的追求，只要满怀热情确定目标，持之以恒地不断实践，是可以创造出"奇迹"的。人世间的一切奇迹都是梦想成真的结果。梦想不是梦幻，如果不为梦想付诸实践，再好的梦想也会变成梦幻。所以说梦想是挖掘潜能前进的动力。

每个人都应该扪心自问，我的梦想是什么呢？如何以梦想作为动力，挖掘自身的潜能呢？

1. 认识自我

"认识自我"是镌刻在古希腊戴尔菲城那座神庙里唯一的碑铭，犹如一把千年不熄的火炬，表达了人类与生俱来的内在要求和至高无上的思考命题。尼采曾说："聪明的人只要能认识自己，便什么也不会失去。"每个人都应该用唯物辩证的方法正确地审视自己：有哪些独特的优势？有哪些明显的不足？如何把优势转化为能力？如何能使不足通过铸造和磨炼不再成为人生木桶的短板？如何根据自身已具备的条件去选择自己的奋斗目标，并通过不懈的努力去实现梦想？

认识自我，是挖掘自身潜能的基础和依据。充分认识了自我，就可以把优势转化为能力，通过挖掘自身的潜能改变自己的人生。

一个人在自己的生活经历中，在自己所处的社会境遇中，能否真正认识自我、肯定自我，如何塑造自我形象，如何把握自我发展，如何抉择积极或消极的自我意识，将在很大程度上影响或决定一个人的前程与命运。你可能渺小而平庸，也可能美好而杰出，这在很大程度上取决于自我意识，取决于是否能够辩证地全面认识自我。请记住：认识自我，自主、自爱，你就一定能够在自己的人生中展现出应有的风采，亲手描绘出绚丽的人生画卷。因此认识自我这一过程的实现与完成，同时也是悦纳自我、挖掘潜能，最终达到发展自我、成就自我的过程。

2. 提升自我

根据潜能的可诱发性特征，潜能需要积极开发，才能成为实际的能力。在充分认识了自我后，可通过以下几个方面提升自我。

（1）学会学习

学习是挖掘潜能的重要手段。美国未来学家阿尔文·托夫斯说过："未来的文盲不是不识字的人。而是没有学会学习的人。"学会学习包括全脑学习、全身心学习、科学地学习、创新学习等。

习近平总书记在参观"复兴之路"展览时，提出了实现中华民族伟大复兴的"中国梦"。他在十二届全国人大一次会议闭幕式上的讲话中系统阐述了这个思想，在出访俄罗斯、非洲等国家和出席亚洲博鳌论坛等讲话中又进一步作了论述。现在，不仅中国，全世界都在关注"中国梦"，希望从"中国梦"中获益。实现"中国梦"需要13亿中国人充分发挥每个人最大的才能，凝聚所有人的智慧，激发每个人的潜能。

人的潜能与人的现有能力是对应的，掌握了多少知识，潜能显现的能力就有多大。现代脑生理学的研究证实：人的大脑具有巨大的学习潜能。大脑信息存储量相当于5亿册书的容量，而我们一生只使用了其中很小一部分。如果我们能将自己的大脑挖掘出一半的潜能，就可以轻而易举地学会10所大学的课程。

所以说科学的学习方法可以收到事半功倍的效果，是提高学习效率不可或缺的重要因素。

（2）树立远大目标

古人云"非志无以成学""志不强者智不达"。所谓立志就是激励自己走向一条进取的、迎难而上的、智慧的人生之路。人生有了奋斗目标，就会对自己严格要求，就会克服前进路上的任何困难。正如高尔基所说："我常常重复这样一句话，一个人追求的目标越高，他的才力就发展得越快，对社会就越有益。我确信这也是一个真理。"有些人智商很高，但由于缺乏远大志向，智力不能得到充分发挥，也就谈不上开发潜能了。

有无人生的奋斗目标和人生规划，结果会差异很大的。

（二）自信是挖掘潜能的前提条件

人大脑内部有140亿个神经细胞，这已是不争的事实。只有懂得如何去开发大脑各个神经细胞群的各自功能，才能真正挖掘每个人的潜在能力。而挖掘潜能一定要树立自信心，因为自信是成功的保证，一个人只有认识了自己，坚定地相信自己，才会有意识地克服自身的弱点，朝着自己的既定目标前行。只有相信自己，你才能做到比你想象的更多、更好。人们无法发现自己的潜能是因为惰性，如果有依赖，不善于身体力行，不注重对自己践行的结果进行梳理和总结，是不可能有效地挖掘自己潜能的。

人们更应该在日常生活中就学着逼迫自己，对自己要求更严格一些，去尝试做那些自己认为做不到的事，你就会发现，很多能力都是要靠逼迫自己、严格要求自己才能表现出来的。成功只属于那些相信自己的人，属于那些善于正确开发自身潜能的人。因为自信是事物成功的一半，另一半是根据所要做的事物去做精神和物质上的充分准备，并以百折不挠的精神、勇于大胆实践的态度去实现梦想。建立自信、挖掘潜能要做到以下两点。

1.培养健康的体魄

英国著名政治家本杰明·迪斯累里曾讲过："健康是所有幸福和才干的永恒基础。"健康的体魄、充沛的精力、愉快的心情可使人的智力机能更好地发挥作用。反之，人的智力活动就会受到压抑。可见健康的体魄是挖掘潜能的基础。

健康的体魄不仅是人类生命延续的基础，更是实现梦想的重要前提。健康是壹，其他的都是零，如果没有壹，其他再多的零都毫无意义。

2.培养良好的心理品质

培养良好的心理品质，一是具有崇高的人生理想，爱祖国、爱人民、爱自己所处的时代、爱自己从事的事业；二是具有勇于追求真理和志向的勇气，解放思想，实事求是，与时俱进；三是具有严谨的科学思维能力，掌握辩证唯物主义的思维方法，善于运用创造性思维对客观世界进行研究；四是具有扎实的专业基础，广阔的国际视野，能够准确把握科技发展的最前沿动向和创新方向；五是具有强烈的进取和团结协作精神。在当今世界上，知识不如能力，能力不如品质，一个人纵有天大的本事，如果没有良好的品质，既不可能传承前辈留下的遗产，更不可能推动历史前进。

（1）健全人格

人格是指人的整体精神面貌。健全人格是指人格构成诸要素：气质、能力、性格、理想、信念、人生观等方面的平衡发展。拥有健全人格的人，所思、所做、所言协调一致，具有积极进取的人生观，并以此为中心，能把人生目标和行为统一起来。爱因斯坦说过："一个人智力上的成就很大程度上取决于人格的伟大，这一点往往超出人们通常的认识。"健全的人格是一个人积极进取、奋发向上、百折不挠、勇于实践、勤学好问、谦虚诚实的基础。只有健全人格，才可能最大限度地挖掘自身的潜能。

（2）保持平和心态

谁如果能够做到使自己内心宠辱不惊，了解自己而且内心充实，始终处于平和状态，那么他就可以比较充分地发挥个人的能力，并不断挖掘个人的潜能。经常检查自己哪些事做得比较好，哪些事做得不够好，哪些事做得很不好，并找到其中的原因，对自己进行评价，使自己对生活中积极和消极的因素有个更加清楚的认识，以便更好地确立自己的前进方向和前进方法。

（3）正面心理暗示

暗示通过显意识进入潜意识，到达意识的深层部分。潜意识中有大量暗示的积累与沉淀，它深刻地、从根本上影响、折射、塑造着人的一生。经常给予自己积极的暗示，有利于提高自己的信心和勇气，有利于我们挖掘潜能。

可见，经常给予自己积极的暗示，有利于提高自己的信心和勇气，能帮助我们挖掘潜能。

（4）想象更好的"自我"

如果没有重塑自我新形象的追求，也不可能成功。

（三）实践是挖掘潜能的根本途径

"潜能"这一词包含"付诸实践的能力"的意思。人的潜能就像人体内巨大的"宝藏"。只有持续不断地向未知世界探索，付出艰辛的劳动，通过实践验证才能充分挖掘你的"宝藏"。挖掘潜能的方法有很多，而实践无疑是最好的方式和根本途径。爱迪生曾说过："天才，那就是一分灵感，加上九十九分汗水。"一语道破了实践在挖掘潜能过程中的重要性。

1.突破局限

每个人都蕴藏着巨大的潜能，只要你肯去挖掘，突破局限，勇于实践，都完全可以在某个领域成为专门人才。

2. 捕捉信息

世界第一开发潜能大师安东尼·罗宾（Anthony·Robbins）提出发挥人的无限潜能最为重要的途径的就是将兴趣、压力通过反复实践转化为动力，在确立了自己的奋斗目标后，敏锐精确地捕捉并分析所搜集到的所有信息，最终激发出人的潜能。

"不积跬步，无以至千里；不积小流，无以成江海。"我们就是要主动地在实践中锻炼、充实、提高自己，从日常的工作、生活和学习中积累经验和知识，使自身潜能在大量的工作实践中逐渐得以挖掘。当然，实践的道路充满曲折与坎坷，如果你遇到困难皱眉头，碰到问题绕道走，你永远不会有超凡的能力，你的潜能会像一块永埋地下的无价珍宝。只有不断地勇于大胆实践，冲破曲折与坎坷，才能释放生命的潜能，达到超人的境界，因为超人就是付出超出别人的努力获得超过别人的成就的人。

他人可以实现的成就，你同样也可以实现。不到高山，不知平地。不经过失败，就不知道成功的艰辛曲折。如果每个人都能从小事上做起，从现在做起，拥有坚定的信念、明确的目标、良好的心态及勇于突破自我的实践，追求卓越、激发个人无限潜能将不再是遥不可及。

第三节　高职教育中人才创新素质的评估研究

高等职业教育作为我国高等教育的重要组成部分，担负着为社会各行各业培养高级应用型人才的教育任务。高职学生素质的高低、能力的强弱，直接影响到社会和用人单位对学校和学生的评价，影响到社会和用人单位对学生的认可和接受程度，影响到高职教育人才培养目标的实现。因此，高职教育对学生素质教育的重视在各层级学校教育中显得尤为重要。但长期以来，高等职业教育对学生创新精神、创新能力的培养不够重视，而更多的是重视知识的传授和职业技能的培养。人们错误地认为：高职教育培养应用型人才，只要有较好的操作能力、动手能力就可以了，不必像普通高校那样重视人才创新能力的培养，因而，在教育中重视知识的传授和职业技能的培养，忽视学生创新精神、创新能力的培养。按照这种思路走下去，将会造成人才培养的重大失误，从而影响高职教育目标的实现。我们在对用人单位的调查中也发现，用人单位对那些墨守成规，思想僵化，缺乏主动性、灵活性、创造性的人一般都不愿意接受，而对主动性强、灵活性强、富有创新性的人非常欢迎。这也告诉我们，高等职业教育应重视具有创新精神、创新能力的创新型人才的培养，只有这样，才能适应未来时代的需要。因此，本书拟从创新素质的内容、评估以及培养途径等方面对高职教育创新型人才的培养进行研究。

一、创新素质的内容

创新素质是人们在社会实践中养成的努力创新的思想修养和行为表现，是创新型人才必须具备的一种素质。如果一个高职学生不具备创新素质，那他就不可能成为创新型人才。我们经过调查研究，认为创新素质的内容主要应包含三方面，即创新品质素质、创新思维素质、创新智能素质。

第一，创新品质素质。创新品质素质是指人在创新观念、创新认识、创新个性等方面的修养，它通过人们的观念、行为、精神、个性等表现出来，是创新素质的最根本的内容。一个人如果具备了创新品质素质，那他在日常生活和工作中就会从他的思想、行为、个性等方面表现出创新的特质。具有这样特质的人，才能爆发出强大的创造力，最终成为创新型人才。爱因斯坦就是这样，他在中学时曾醉心于探究"追光实验"——如能超过光速会怎样？这种奇思异想，竟成为他后来建立狭义相对论的最初契机。可见这种品质是非常可贵的，这也是我们的高职教育在培养人才方面所要重视的。因为高职教育既不同于普通高等教育，也不同于中等职业技术教育；不是为社会培养科研人才，也不是为社会输送一般的应用型人才，而是培养社会需要的具有创新精神、创新能力的高级应用型人才，这就要求高职教育把人才的创新品质素质的培养放在创新素质教育的首位。国外一些发达国家在这方面都很重视，如日本政府在1984年就提出了要重视培养应用型人才的创新意识和创新能力，并通过这种教育促进经济的发展。江泽民同志也曾指出："创新是一个民族进步的灵魂，是国家兴旺发达的不竭的动力。"可见，造就具有创新品质素质的人才对一个国家和民族的生存发展是非常重要的。我们通过研究发现:具有创新品质素质的人与不具备创新品质素质的人相比，前者在观念方面表现为有创新的思想意识，有竞争意识和合作精神以及强烈的责任感；在行为上表现出善于发现问题，敢于实践、大胆尝试、不怕失败；在个性方面往往体现出有创造欲，大胆果断，聪明敏感，意志坚强，爱好幻想，具有批判性人格特征。高职学校在培育人才时要善于发现学生在日常生活和学习中表现出的这些创新品质特征，正确引导，并使之不断发扬光大。

第二，创新思维素质。创新思维是指产生新思想、新认识的思维活动，这种思维活动的方式多种多样，最常见的方式是开放性思维、多向性思维和创造性思维。具有创新思维素质的人，他们在进行思维活动时能冲破一般思维和传统思维的束缚，不被已有的结论所左右，并能运用所学知识创造新颖独特的思维方式。具有创新思维素质的人与不具有这种思维素质的人相比较，前者的思维活动常常表现出拓展性、灵活性、独特性、新颖性和超常性的特点。具有这种素质的人，在实际工作中能对事物进行创造性的判断、分析、综合和推理，因而他们在工作中往往主意多、方法新、效率高，备受用人单位的青睐。这就是具有创新思维素质的人在具体环境下与众不同的表现，就好比心理学中的"条件反射"一样，一旦获得了某种信息，就会自然而然地做出相应的反应。当今社会，现代科学技术向高、精、尖趋势发展，这使得用人单位在人才的选用上不再定位于只会被动地接受知识的"书生型"人才，而是把眼光投向"创造型"人才。他们都希望选用的人才在遇到具体问题时能进行独特的思考，并能根据具体条件灵活地、创造性地、顺利地解决问题。因此，高职教育应该在人才的创新思维素质培养方面多做一些研究，让学生在校学习期间就具备创新思维素质，以便毕业后能符合用人单位的要求。

第三，创新智能素质。我们认为，创新智能素质是指人们认识、理解客观事物并运用知识、经验等创造性地解决问题的能力修养，这种素质可以帮助人们发现问题并形成好的想法。美国耶鲁大学曾做过一项跟踪调查，研究人员向参与调查的学生问了两个问题，一个是"你们有目标吗"，有10%的学生确认他们有目标；另一个问题是"如果有目标，你们愿意把它写下来吗"，结果，只有4%的学生写下了自己的目标。20年后，当研究人员追访那些学生时，他们发现，当年那些写下自己目标的人无论是事业发展还是生活水平，都远远超过那些没有写下目标的人。为什么会有这样大的差别存在？专家认为主要是由他们的智能素质差异决定的。那些成功的人因为有较高的智能素质或创造性智能素质，分析力、创造力和实践力强，所以他们能准确地确定自己的目标，并调动各种因素成功地实现了自己的目标。可见，创新智能素质对人的成长和发展多么重要。创新智能素质主要表现为知识广博、视野开阔，分析力、判断力、预测力、决策力以及发现问题、解决问题等多种能力协调发展。具有这种素质的人在实际生活和工作中就会有不同凡响的表现。相反，如果一个人知识贫乏、视野封闭，各种能力差，那就很难想象他会有成功的可能，更谈不上创新了。由此我们认为，创新智能素质至少应包含广博的知识、独特的见解和多种能力平衡发展三个方面。高职教育在培养创新人才方面就要从知识的传授、能力的造就方面下功夫，使创新智能素质教育真正落到实处。

二、创新素质的评估

高职教育在创新人才的培养上，应怎样评估人才的创新素质呢？我们认为，除了要明确创新素质的内容外，还应对创新素质的内容进行具体的指标分解，以便建立一个明确的、便于操作的评估标准体系。为了表述方便，我们用表3-1来说明，具体考核指标可根据实际情况分为优秀、良好、合格三个级别。其中，合格级应具备考核指标的基本要求，良好级应全面具备考核指标的要求，优秀级除全面具备考核指标的要求外，还应在某些指标上有突出的表现。

表3-1 创新素质评估表

内容	项目	指标
创新品质素质	创新思想	有创新意识、创新精神；科学的态度；强烈的责任感；有竞争意识；具有合作精神。
	创新行为	善于发现问题并确定目标；勇于尝试、善于尝试；敢于实践、不怕失败。
	创新个性	有创造欲望；标新立异；批判性人格；严肃审慎、聪明敏感；意志坚强；喜爱幻想。
创新思维素质	开放思维	敢于打破思维定势；会发散思维、辐射思维、想象思维。
	多向思维	敢于打破思维习惯，思维灵活；能多方向思维：顺向思维、逆向思维、转向思维、反向思维等。
	创造思维	敢于打破常规思维；异想天开；建立新的思维方式。
创新智能素质	广博的知识	宽厚的人文、科学知识；扎实的理论知识；系统的专业知识。
	多种能力	较强的分析能力、判断能力、预测能力、决策能力、调查研究能力、实践能力、竞争能力；敏锐的洞察能力；良好的交际能力、合作能力。
	创新性见解	广闻博见；视野开阔；超前意识；敢于挑战权威、提出新的见解。

表3-1从定性方面描述了创新素质的评估指标，在教育实践中如果仅从这一方面去评价，我们认为是不够全面的，还要做好另外一些量化方面的评估工作。首先，要建立以考核学生的创新性为主的评估体系，可以对现有的考试制度加以丰富和完善。比如建立新的考试评价标准，改革以分数作为评估学生优劣的唯一标准的做法，增加能发挥学生智能的考试内容，

多鼓励学生按照自己的兴趣和特长去探索和创新；改革考试考核方法，除书面考试外，可采用口试、面试、金点子设计等方式。其次，要通过大量的社会实践活动来评估学生的创新素质，比如与用人单位挂钩，对学生的创新技能进行测试；还可以采用撰写调研报告、创业计划书等方式进行评估。总之，对人才创新素质的评估一定要从质和量两方面考虑，以保证评估的合理性和准确性。

三、高等职业学校人才创新素质的培养途径

创新意识、创新精神和创新能力是新世纪创新人才的最主要的内涵，能不能培养出这样的人才，已成为新世纪评定大学地位和衡量大学水平的重要标准。面对这样的形势，高等职业学校就必须认真研究自身的特点和实情，制定创新人才的培养规划，只有这样，培养出的人才才会被社会和用人单位认可并接受；也只有这样，高等职业学校才能够在和普通高校的竞争中得到持续稳定的发展。

（一）树立正确的高职教育观，把创新教育作为教育的目标

长期以来，由于受传统的教育思想的影响，我国的高职教育和普通高等育一样，存在着重理论轻实践、重知识轻能力、重统一要求轻个性发展的现象，对学生的创新精神、创新能力的培养不够重视。我们在调查中对参与调查的340名学生问了这样两个问题："学校重视学生的个性发展吗？""教师注重学生创新思维的培养吗？"对第一个问题，有60%的人回答"不够重视"，对第二个问题，有50%的人回答"一般"。可见，我们的高职教育从学校到教师乃至学生还没有完全树立创新的教育观。高职教育必须以人为本，树立现代创新教育观念，建立创新教育的机制，把创新素质的培养贯穿于人才培养的始终，贯穿于学校工作的方方面面，为培养学生的创新素质营造良好的环境。

（二）建立适合高职教育特点的教育模式

著名科学家杨振宁曾对中国的教育做过这样的评价："中国的教育从大的原则开始，培养的学生胆子小，没有发明创造，太重视一点一滴的积累。中国学生知识太多能力太少，与美国的学生相比，中国的学生顺从权威，美国的学生挑战权威。"这跟我国长期以来实行的应试教育有密切关系，为了配合应试教育，我国在教育模式上采用的是"灌输式"。这种教育模式的优点是培养的学生知识水平高。但由于这种模式是以教师传授知识为中心，因而存有明显的缺陷，这就是学生的主观能动性得不到充分发挥，能力普遍弱。而美国采用的是"启发式"教育模式，这种教育模式以学生为中心，注重学生能力的培养和发展，学生的主观能动性能得到充分发挥，但缺点是学生的知识水平低。可见，这两种教育模式各有所长，各有所短。我们的高职教育在创新人才的培养上既要重视学生的知识水平，又要重视学生的能力发展，充分发挥他们的主观能动性。要达到这样的目标，高职教育就必须对两种教育模式加以研究，吸收并发展它们的优势，建立一种既能提高学生知识水平，又能培养学生的综合能力，有利于培养创新素质的"综合型"教育模式。在这种教育模式中，它的构成要件——师生关系、课程建设、教学方法和手段等都应该符合创新素质教育的要求。具体讲，要做好以下几个方面的工作：

1. 建立平等融洽的新型师生关系

在"灌输式"教育模式中，学生从小到大，很多知识都是教师灌给他们，不需要太多的思考和探索。在这种模式中，学生可以应付很难的考题，但智力水平并没有多少提高，一旦在实践中遇到具体问题时，就显得无能为力了。因此，高职教育要培养学生的创新素质，就要改变以教师传授知识、学生被动接受知识的不平等的师生关系，建立新型的平等融洽的师生关系。教师和学生都应转换角色，教师要从原来的知识供应者转换成学习活动的组织引导者，学生要从原来的被动接受知识者转换为主动学习知识者。在这样的关系中，教师不再居高临下，学生也不必唯唯诺诺，教师和学生之间既是师生，又是朋友，可以相互促进、相互影响。建立这样的师生关系，有利于学生自主意识的加强和主观能动性的发挥，更有利于激活学生的学习热情，变被动学习为主动学习。学生只有主动学习了，才有可能对自己感兴趣的领域去研究、去探索，有了研究和探索，才会产生创新的欲望。反过来，学生有了创新的欲望，才会对教师提出更高的要求，才会激发教师去发展、去创新。只有这样，才能真正做到"教学相长"。我们在调查时总听到这样的反映:高职的课难上，课堂气氛沉闷，想要开展自由讨论都非常困难。不少教师把原因归结到高职生底子差上。不可否认，高职生源质量与普通高校相比是有距离，基础确实差一些。但我们认为问题的症结不在这儿，而是在于学生还没有完全走出应试教育的阴影，仍然习惯于被动地接受知识，因而不能主动和教师进行沟通。要解决这一问题，就必须建立新型的师生关系，让学生成为学习的主人，而教师主要是教他们学什么和怎样学。这样，学生学习的积极性才能够调动起来，课堂气氛才会活跃。

2.高职学校的课程建设要符合创新素质教育的要求

课程建设是学校教育的关键，高职教育要按照创新教育的要求来建设各门课程。首先，要按照创新教育的要求制定各门课程的教学大纲。在编制教学大纲时，既要制定各课程创新素质教育的总目标，又要对每门课程的各个学习单元制定出创新素质教育的子目标，让教师和学生都能够清楚地知道每门课程及其各个单元的创新素质教育目标和任务。其次，在课程建设中，要根据各门课程的特点以及其在创新人才培养过程中所起的作用，考虑课程的内容构成、所要掌握的知识点以及实践活动的安排，把创新素质的培养落在实处。

3.要创新教学方法、教学手段

新型的教育模式需要有与之相匹配的新的教学方法和手段，高职教育要继承其他教育模式的好的教学方法，并在此基础上进行革新，创造出适合高职教育自身规律的新方法。比如可以采用启发式、引导式、讨论式、案例分析式等方法，把课堂的大部分时间交给学生，让学生有思考和探索的空间；可以采用课堂讲授和社会实践相结合、教师讲授与学生讲授相并存的方式，激发学生的学习兴趣，给他们提供发挥个性的舞台，同时，多种方法的交替使用，可以拓展学生的思维能力，培养他们的创造性。在教学手段上要充分利用现代技术的有利条件，运用多媒体计算机、投影仪以及网络技术进行教学，增强教学的直观性，提高知识的易接受性。运用先进技术进行教学，也可以激发学生的创新欲望，可以说这也是一种潜移默化的创新教育的手段。由于教学是一个动态的过程，所以教学方法、教学手段也应是动态的，高职教育要根据教学的实践和发展在教学方法和教学手段方面不断创新。

（三）建立创新型的教师队伍

人才创新素质的培养在很大程度上取决于教师队伍的创新素质。高职学校要使人才具有创新素质，就必须对现有的教师队伍进行优化组合，使之成为一支有创新素质的"创新型"教师队伍。我们认为，这是高职学校造就人才创新素质的重要保证，所以应该予以重视。

首先，作为高职教师本身来说，应树立创新思想、创新观念，并用它来指导教学活动。培养人才的创新素质，实际是对教师提出了更高的要求。高职教师应加强自己的理论修养、人格修养和知识修养，苦练内功，尽可能多参与社会实践、参加学术信息交流，增长见识，开阔视野，不断提高自身的科研创新、教学创新能力，使自己成为培养创新型人才的引路人。

其次，作为高职学校来说，应把创新型教师队伍的建立放在一个重要的位置上，要为发展教师的创新能力创造条件。比如，鼓励教师参与本学科的各种学术活动、信息交流活动，使教师了解相关领域的新动态；同时，在交流中产生新思想、新认识，产生创造的欲望，这对发展教师自身的创新能力以及培养学生的创新素质都是有利的。所以，高职学校要创造机会让教师走出校门，参与学术交流。另外，高职学校也应创造一定的物质条件，鼓励教师进行社会调研，通过社会调研提高教师发现问题、分析问题、解决问题的能力，从而提高教师的创新能力。教师有了丰富的实践经验和一定的创新能力，就给人才创新素质的培养提供了保证。

再次，要培养人才，就必须有稳定的教师队伍。目前，人才竞争十分激烈，学校、企业、科研单位、机关都在用优厚的条件争夺人才，这种现象无疑就给我们的高职学校提出了挑战。因此，高职学校就必须采取措施稳定教师队伍。要建立起吸引人才、留住人才的机制；要加强学校的精神环境和物质环境的建设，给教师创设优良的工作环境，确保教师队伍的稳定。只有教师队伍稳定了，人才的培养才有保障。

（四）创造有利于创新教育的校园文化氛围

校园文化是学校育人环境的重要组成部分，它在育人上有多方面的功能，如教育导向功能、自我教育功能、开发创造功能等。高职学校除了做好校园文化的教育导向宣传工作外，更应利用校园文化的开发创造功能来培养学生的创新素质，发展他们的创造力。发达国家都非常重视用校园文化来培养人才的创新性，如美国的学校里通常有很多的课外活动，如办报、开设广播电台、科技协会、戏剧团体等，学生在这样的活动中可以充分发挥自己的个性，锻炼自己的能力。我们在调查中发现，在我国，有的高职学校也很重视校园文化建设，如成立课余兴趣小组、举行各类文艺竞赛、成立各种学生社团等，这些举措都为高职学校的创新素质教育提供了条件。从总体看，高职学校虽或多或少地建设了校园义化，但创新教育的文化氛围还不够浓，学生的个性能得到充分发展的机会还不多。这说明，我国高职学校的校园文化还应在丰富性、创造性方面多做思考。根据高职学校的特点，我们认为，应重点从以下几个方面着手开发校园文化的创造功能。

一是多开展第二课堂活动。教师可结合教学需要，指导学生参与社会实践，让学生做社会调研；或者让学生根据自己的兴趣爱好去进行社会实践。开设第二课堂，有利于培养学生发现问题、分析问题、解决问题的能力，有利于发展他们的创新思维，还可以通过社会调研和社会实践，发展他们的个性，培养他们的竞争意识、合作意识和敢于尝试、不怕失败的勇气。为此，我们的高职教育就应多方努力，创造出一种敢于尝试、勇于尝试、善于尝试、不断尝试的氛围。

二是成立各种兴趣小组和社团。"兴趣是最好的老师"，学生对某个领域的东西有了兴趣，他就会投入时间和精力去研究，他的创新性就有可能得到自主培养，在集体活动中，各个体通过相互沟通和交流，可以互相促进，互相启发，这对创新素质的培养是非常有益的。

三是尽可能多地举办学术讲座和大学生学术论坛等活动。高职学校要向普通高校学习，下功夫组织学术讲座、学术活动，开阔学生的视野，培养学生的兴趣，活跃学校的学术氛围、创造氛围，引导学生走上求新、创新之路。

第四节　高职教育中人才创新素质特点及教育策略研究

在知识经济时代下，国家建设离不开人才，而人才的核心素质离不开创新性。多个领域的学者研究指出，创新型人才既是促进经济增长和社会发展的重要力量，也是提高我国产品质量的重要保障。目前，我国正面临向创新型国家转型的关键时期，高技能创新型人才的质量将直接影响我国迈向中国特色新型工业化道路的进程。创新能力的强弱和对创新人才的拥有量已成为一个国家竞争实力的关键要素和重要象征。因此，为增强我国的国际竞争力，形成较强的人才资源优势，必须抓紧培养创新型人才。创新型人才主要来源于培训基地和职业院校，而职业院校的作用至关重要。例如，根据我国某市高技能创新型人才队伍的调研结果显示，该市高技能创新型人才培养机构共332个，其中职业院校就占277所，培训基地55个。该市职业院校作为培养高技能创新型人才的主力军，数量已高达培养机构总体比重的83.4%。相比于培训基地，职业院校的教学周期更加完整，不仅拥有"双师型"的优秀教师队伍，还具有更加系统、完善的教学体系。且高职学生多数处于20岁左右，正处于智力发展的巅峰时期，其接受创新理念的能力会比一般培训基地的受训者更强，也会比他人更易培养发展和创新思维。可见，职业院校在培养创新型人才的任务中，同时具有数量和质量上的优势，也因此起着举足轻重的作用，其培养创新型人才的质量直接影响着国家优秀人力资源的质量。然而，高技能创新型人才的培养是一个潜移默化的长期系统性工程，在培养过程中不仅需要良好的社会环境，更需要一条具有前瞻性、系统性、实践性、包容性的教育生态链。这就需要高职院校在遵循"面向产业、服务产业、提升产业、发展产业"的办学宗旨下，构建合理的高技能创新型人才教学体系。本书以辽宁省大连市某高职院校调研分析为样本，在探究高职学生创新素质发展特点的基础上，为创新人才的教育方法提出针对性的建议。

一、高职学生创新素质发展特点

（一）高职学生创新素质发展概况

描述性统计分析表明，高职学生的创新素质仍处于发展阶段，其创新意识、创新精神、创新知识、创新能力的得分及创新素质总分均随着年级的升高而得到提升。为了进一步探究高职学生创新素质的提升有无明显差异，以年级为自变量，创新素质各维度及总分为因变量进行方差分析，见表3-2。结果表明，高职学生的创新精神、创新知识、创新能力得分及创新素质总分随着年级的增长而得到显著的提升。

表3-2　高职学生创新人才素质概况（N=119）

创新人才素质 各维度	大一（n=40）		大二（n=40）		大三（n=39）		F
	M	SD	M	SD	M	SD	
创新意识	10.95	2.43	11.41	2.41	11.64	1.69	0.75
创新思维	10.82	1.81	10.00	1.41	10.79	2.15	2.21
创新精神	14.49	1.27	15.93	1.52	16.64	1.74	21.09**
创新知识	10.49	1.97	11.48	0.51	13.36	1.34	18.36**
创新能力	36.69	4.76	40.19	4.81	45.86	3.90	24.82
创新人格	30.90	3.87	31.56	3.89	31.07	3.79	0.29
创新总分	114.34	13.07	120.57	10.33	129.36	10.76	10.55**

（注:**$p<0.01$，$p<0.05$）

（二）高职学生创新素质的影响因素

以专业类型为自变量，创新素质各维度得分及总分为因变量，进行方差分析，结果表明，不同专业类型的高职学生在创新精神得分上没有显著差异，而在创新意识、创新思维、创新知识、创新能力、创新人格的得分及创新素质总分上均存在显著差异。其中，工科生在以上项目的得分最高，理科生次之，文科生最低。

表3-3　不同专业高职学生创新人才素质方差分析结果（N=119）

创新人才素质 各维度	工科（n=31）		理科（n=44）		文科（n=44）		F
	M	SD	M	SD	M	SD	
创新意识	13.80	1.55	11.33	2.41	10.14	2.05	12.01**
创新思维	13.40	2.07	10.31	1.67	10.32	1.11	19.01**
创新精神	14.80	1.03	15.10	1.71	14.59	1.20	1.43
创新知识	13.20	1.03	10.86	1.63	10.05	1.53	17.28**
创新能力	43.80	4.13	39.63	4.07	33.82	2.99	45.60**
创新人格	35.60	3.10	31.80	3.21	29.18	3.62	17.02**
创新总分	134.60	10.84	119.03	10.73	108.10	8.62	34.03**

（注:**$p<0.01$）

以家庭所在地类型为自变量，创新素质各维度得分及创新素质总分为因变量进行方差分析，结果表明，不同家庭所在地的高职学生在创新素质总分上并无明显差异，但在创新精神、创新思维及创新能力的得分上存在显著差异。其中，在创新思维的得分上，家庭所在地为农村的高职学生得分最高，城镇学生次之，城市学生最低。在创新精神、创新能力的得分上，家庭所在地为城市的学生得分最高，城镇学生次之，农村学生最低。

表3-4　不同家庭所在地高职学生创新素质方差分析结果（N=119）

创新人才素质各维度	农村（n=40）		城镇（n=40）		城市（n=39）		F
	M	SD	M	SD	M	SD	
创新意识	10.62	2.57	11.14	1.76	11.70	2.05	1.98
创新思维	10.59	1.89	10.29	0.71	9.56	1.40	7.23**
创新精神	14.33	0.90	15.14	1.48	15.33	1.75	5.42**
创新知识	10.52	2.04	10.86	1.27	10.59	1.58	0.33
创新能力	35.95	5.35	36.43	2.92	40.78	4.34	10.47**
创新人格	31.19	4.58	31.14	2.14	32.00	2.90	0.53
创新总分	113.56	14.46	115.00	6.91	119.96	11.12	2.49**

（注:**p<0.01）

以父亲文化程度为自变量，创新素质各维度得分及创新素质总分为因变量进行方差分析，结果表明（见表4），由于父亲文化程度的不同，高职学生在创新思维、创新精神、创新能力及创新素质总分上存在显著差异。其中，在创新思维的得分上，父亲文化程度为小学的高职学生得分最高，高中次之，初中再次之，本科最低；在创新精神、创新能力的得分上，父亲文化程度为本科的高职学生得分最高，高中次之，小学再次之，初中最低；在创新素质总分上，父亲文化程度为本科的高职学生得分最高，小学次之，高中再次之，初中最低。

表3-5　父亲为不同文化程度的高职学生创新素质方差分析结果（N=119）

创新人才素质各维度	小学（n=25）		初中（n=41）		高中（n=32）		本科（n=21）		F
	M	SD	M	SD	M	SD	M	SD	
创新意识	11.00	3.92	10.40	1.85	11.67	2.18	12.13	2.11	1.95
创新思维	12.14	2.57	10.05	1.04	10.25	0.99	7.97	1.64	15.67**
创新精神	14.29	0.47	14.25	1.01	14.50	1.14	17.88	2.44	32.59**
创新知识	11.43	3.03	9.95	1.41	11.21	0.41	11.00	0.86	3.88
创新能力	39.29	6.94	35.00	3.37	39.58	2.92	45.12	2.57	16.70**
创新人格	32.00	6.45	30.55	3.26	32.54	2.36	33.01	2.38	2.02
创新总分	120.15	20.91	110.20	9.04	119.75	8.07	127.11	11.12	7.21**

（注:**p<0.01）

二、高职学生创新素质发展对策建议

（一）建立应用型课程体系，强化创新意识与创新思维

研究成果表明，经过三年的高职教育后，高职学生的创新能力、创新精神、创新知识均有了显著提高，但创新意识与创新思维却没有得到显著提升。可见高职对于创新的教育虽然在一定程度上有了成效，但依然存在许多不足。作为创新素质的核心素质，创新思维的发展程度将直接影响人才创新活动是否能够顺利进行。创新意识和创新思维的培养，实际上是针对创造和创新中的非智力因素的培养问题。而值得注意的是，所有的非智力因素都可以通过后天的培养获得，通过高职教育培养学生的创新能力完全可行。金焱明指出，大学生创新教育不应是一种单纯地训练发明创造技巧的教育，而应是一种以培养创新精神为目的，在教学实践中对大学生进行全方位改造教育及成长的过程。因此，加强创新思维和创新意识的教育策略是高职院校培养创新型人才的重要举措之一。

要实现创新意识和创新思维的全面培养，高校首先应摒弃传统的维持性学习教育方法，打造"教、学、做"三合一的教学模式，逐步转向自助创新型学习。在"教"的环节中，需要教师结合城市经济发展特点、各企业人才需求及学生自身专业特点进行课程设计。保证教学内容新颖实用、与时俱进，能够学为所用。在"学"的环节中，教师需要引导学生带着问题学习知识，主动掌握教材内容。鼓励学生在"知晓"某个知识的基础上，通过实训基地、企业实践等方式将知识自主应用于现实，确保"做"的环节顺利完成。"教、学、做"三合一的教学模式行之有效的前提是教学人员在日常的教育教学过程中以培养学生的问题意识、发现意识、怀疑意识为出发点，促进学生创新意识的发展。同时，引导学生学会捕捉机遇和灵感，提升抗挫折的风险意识，在团队合作的基础上保持自主独立、善于思考的人格特点，使高职创新教育逐步实现由"维持性学习"向"自主创新型学习"的转化。

（二）联手家庭，着手创新人格3年制培养工程的建设

根据素质发展的冰山理论的核心观点，影响个体创新能力素质的因素包括显性因素和隐性因素。显性因素包括创新能力、创新知识、创新思维等，虽然可见但作用十分有限；隐性因素包括创新人格、创新品格等因素，它们更加深远地影响着个体的创新素质发展。因此，要使高职学生创新素质提升，更需要重视隐性因素的基础性和支配性作用，在直接教育活动的基础上，还要从端正创新态度、培养创新品格、积淀文化知识，以及训练创新技能等因素间接性切入。

创新人格的培养历时长久，是一个潜移默化的系统工程，不仅需要学校教育、文化氛围的支持，更需要家庭教育的辅助。因此，建议高职院校将创新人格的培养贯穿于学生入学至毕业的始终。在部分内容嵌入教学活动的同时，通过设计名人讲堂、脑力沙龙、家长讲座、系列团体训练课程等方式，以团队支持的方式完善高职学生的创新人格。并可将所有的活动系统化，结合各年级高职学生创新素质的发展特点，设定培养创新人格的阶段性目标，使高职学生在走出校园时能够形成和谐性与特异性相统一的理想化人格。创新人格的培养历时长久，是一个潜移默化的系统工程，不仅需要学校教育、社会文化氛围的支持，更需要家庭教育的辅助。

（三）深化校企合作，增加职业实践机会

实践是将知识转化为创新点的最好方式。研究成果表明，工科生的各项创新素质得分均排在理科生、文科生之前。这一结果的原因是因为工科专业的教学注重技术和工艺的培养，学生有很多动手实践、亲历实习的机会。且有研究表明，提高工科生的实践能力是工科院校培养创新型人才的重要途径之一。因此，在高职教育的过程中，可以适当地将不同类型学科的教学方式方法相互借鉴，将创新思维、创新意识及创新能力的教育融入教学的各个环节中。同时，高职院校应深化校企合作的机制，在加强企业合作的同时搭建平台，可以通过企业家讲坛等方式使学生充分感受企业文

化，从而让学生产生职业体验和创新体验，进而让高职学生能够自发地感受到企业需求、社会需求与自身的差异，体会到企业接纳高技能创新型人才的迫切需要。最后，让高职学生将外界压力转化为自身内在的创新动力，激发创新的积极性。

（四）建设成员多样性的创新团队，融合个体优势

研究成果表明，高职学生在创新思维的得分上，来自农村的学生最高，城市学生最低；而在创新精神、创新能力的得分上，来自城市的学生最高，农村学生最低。根据布朗芬布伦纳的生态系统理论，人类发展受环境影响深远。而家庭所在地为城市的学生在微系统、中系统、外系统环境三个层次上，都远远超过家庭所在地为农村的学生。也就是说，无论从家庭、学校还是社会方面，城市学生所接触的创新活动都远远多于农村学生，这也就不难解释城市学生为什么大多数具有更强的标新立异、坚持自我的创新精神以及更多的创新能力。然而，也正是由于这种生活环境上的差异，使得家庭所在地为农村的学生在成长过程中因为想要改善生活条件、提高农作效率而产生许多新点子，如发明巧妙的自动捕鱼工具、省时省力的土豆装收箱、机器人三维激光切割机等。

由于创新精神和创新能力的产生可以促使个体有意愿从事与创新有关的活动，而创新思维的产生则是保障创新活动能够顺利进行的基本条件。因此，在培养高技能创新型人才的过程中大可利用这种差异性。在教学活动、创新活动中启用团队合作的方式，可以通过学生家庭所在地的不同区分团队成员，组建成员构成多样性的创新团队。这样便无形中为高职学生提供了互相学习的资源平台，不仅可以使团队成员之间优势互补，取长补短，还能够发挥团队的最佳效能，碰撞出思维的火花，提升教学效率，提高创新项目的成功率。

综上所述，高技能创新性人才的教育观蕴含着高职教育教学改革发展的方向。为促使改革发展顺利进行，政府、社会、高校的努力缺一不可。首

先，在政府层面，需要建立具有中国特色的开放型教育体制，加大政策扶持力度与资金支持。其次，在社会层面，需要营造敢于创新、勇于实践、求真务实、宽容失败的经济文化环境和氛围，保护创新者的创造动力。最后，在高校层面，需要在明确高技能创新型人才培养目标的基础上，确立创新教育思想、创新教学管理模式，完善人才培养途径，构建学生创新实践体系。在政府、社会、高校三方的共同努力下，为高技能创新型人才的培养环境提供充分条件，保障人才培养顺利进行，确保在大众创业、万众创新的历史背景下创下新格局，加速我国向创新型国家转型的进程。

第五节　产业转型升级背景下高职教育中创新素质的培养

随着我国经济转型和体制的变革，我国从战略层面提出了推进传统产业结构升级和经济发展方式转变，提升我国自主发展能力和国际竞争力的科学规划。与此同时，《国家中长期教育改革和发展规划纲要（2010—2020年）》明确提出："适应全面建设小康社会、建设创新型国家的需要，坚持育人为本，以改革创新为动力，以促进公平为重点，以提高质量为核心，全面实施素质教育。""职业教育要面向人人、面向社会，着力培养学生的职业道德、职业技能和就业创业能力。到2020年，形成适应经济发展方式转变和产业结构调整要求、体现终身教育理念、中等和高等职业教育协调发展的现代职业教育体系。"对于为社会提供一线高素质生产、技术和管理人才的高职教育而言，产业转型升级既给我们在职业素质培育新旧模式的碰撞中，深刻挖掘经济转型对现代应用型人才的内在素质要求提供了契机，也给高职人才培养和素质教育模式从传统向现代转型，从要素驱动向创新驱动转变提出了新的课题。

一、产业转型升级使高职院校传统职业素质教育面临挑战

随着上世纪末本世纪初我国高等职业教育的迅猛发展，高职人才培养模式在经历了粗放型的求生存阶段之后，正逐渐由规模扩张向以提升质量为核心的内涵建设和科学发展阶段转变，而经济结构的调整、产业转型升级的大背景，使高职院校传统人才培养模式和职业素质教育体系面临着重大挑战。

（一）高职素质教育模式陈旧，难以适应产业转型升级需要

职业素质是通过系统化的教育培训、职业实践、体验内化等活动而逐步养成的、对职业活动起关键作用的内在品质和能力。优质的素质教育作为高职院校内涵建设的重要资源和无形资产，日益成为高职教育赖以生存和发展的重要"软实力"和学生就业核心竞争力的重要因素。从对高职院校调查现状来看，高职院校传统的职业素质教育普遍模式与套路陈旧，严重制约其人才培养模式的转型与升级:职业素质教育课程较多延续高中和中职灌输模式，缺少素质教育课程体系规划和统筹安排；素质教育内容和形式与企业和市场对人才的要求脱节；对学生职业素质的养成缺乏实践性和创新性；人文素养的培育和内化训导过程缺失；对学生的非智力因素缺乏有效的培育，等等，致使培养出来的学生难以适应现代产业转型升级需要，无法服务于行业、企业、区域经济和社会发展的新要求。

（二）高职人才职业素质培养的目标模糊，缺乏区域经济导向

首先，在对高职人才职业素质培养目标认识上，依然把高职教育当作精英教育，在职业素质的教育过程中片面强调学科化的惯性教学思维，把高职教育等同于教学型本科院校，忽视了高职院校面向生产、建设、服务和管理第一线需要的高素质技能型人才的培养目标。

其次，许多高职院校在人才培养定位时没有经过充分的市场调研，背离

了产业发展和升级对人才的职业素质需求，对新兴产业人才需求方向不了解，与地方经济发展结合不紧密，对人才职业素质的培养方向和培养目标上缺乏区域经济的导向性，导致学生知识结构与职业素养纯理论化。

第三，对人力资源素质的未来需求缺乏长远的、前瞻性的战略眼光，因地制宜的职业素质培训课程散乱，而无法承担满足企业和社会需要高技能"职业人"的培养任务。

（三）职业素质教育缺乏就业导向，忽略人文素质的养成和个性发展

高等职业教育要以服务为宗旨，以就业为导向，但当前职业素质教育与经济社会发展和企业对人才素质的需要还存在一定差距，突出表现为在市场竞争大趋势下，高职生职业素质教育忽略了个性发展和人文素质的养成，与市场需求脱节。不少高职院校仍无法从昔日的单纯知识型转向知识、能力、人格协调发展的综合素质型人才培养转变，学生在统一教学目标、统一教材、统一考核的模式中铸就，压抑了学生个性、创造性和独立性等教育主体的自主性发展，忽视了学生人文素质的养成，造成学生被动地学习，部分毕业生出现心理素质差，敬业精神、职业道德、创新精神和团队意识缺失等较为普遍性的缺陷，适应不了社会的发展。这不能不说是高职院校职业素质教育缺乏就业导向而亟待矫正的一大误区。

二、高职院校职业素质教育亟待在转型中定位

为适应产业结构转型升级的大环境对人力资源的新要求，高职院校应摒弃传统"学科式"人才培养的陈旧套路，切实转变与素质教育不相适应的观念，树立培养"现代式"人才的素质教育新理念，在转型中对高职院校职业素质教育进行重新科学定位。

（一）高职院校职业素质教育应与社会、企业对人才的需求对接

高职教育应加强对企业的调研与合作，深入了解企业对人才素质及人才规格的要求，以企业对人才的需求为导向，以培养学生的应用能力和适应

社会的职业素质为主线；积极调整人才培养目标和职业素质课程体系的内容、结构，树立以实践能力、职业操守和创新精神培养为核心的素质教育观念；注重知识优化，重视对科学的人文素养的养成方法的掌握和运用，及时将社会、企业对职业素质的要求，整合到高职人才培养目标体系和课程体系中去，以使培养出的人才有效地服务社会；使高职院校培养出来的学生具备适应现代生产岗位的各种素质和能力，包括良好的做人处事能力、交流沟通能力、计算机应用能力、科学管理和应变处理问题的能力，以及具有合作意识、责任感和敢于承担风险的精神。

（二）突出高职"职业特色"，构建新型职业素质教育教学体系

高职院校的职业素质教育"职业特色"是区别于普通教育的内在特质和核心因素，是高职院校得以生存和发展的本质体现。这种"职业性"不仅体现在学生今后的工作职业行为操守上，而且体现在今后的职业品质、职业能力、职业适应等方面。这种"职业性"要求高职院校构建新型职业素质教育教学体系，需围绕适应地方经济社会发展对高职人才知识、能力、素质的要求，调整专业教学计划、教学内容、教学手段、考核与管理制度等，建立、完善富有高职特色的人才培养教学体系。一是为了适应学生对现代职业的特定要求，二是这种新型职业素质教育教学体系需注重个体的内在素质的养成。这一职业素质教育教学体系不仅是实施职业素质教育的出发点和归宿，而且使个体经过学习、实践和自我体验而逐步形成自身的职业品质，是职业特定要求在个体心理的内化，它贯穿于学生职业成长的全过程。

（三）注重"技能与人文素养并重"的职业素质教育格局的生成

从人本的意义来看，教育最根本的使命就是"育人"。高职院校实现高素质人才培养目标的关键在于两个重要环节：

一是学生的专业技术能力的提升。"高职院校要遵循'工学结合'的人才培养模式，紧密围绕培养目标，注重学生动手能力的培养，注重学生使用现代技术解决实际问题能力的培养。"不仅注重专业知识的全面性、系统性和逻辑性，更强调职业岗位的针对性、适应性和应用性。

二是在能力培养中促进高职大学生健全人格的生成，个性得到培育，各种非智力因素得到发展。高职教育同样是一种素质教育，素质教育中知识、能力、人格三者的关系，知识是人生事业成功的基础，能力是人们由现实向理想飞跃的翅膀，而人格则会决定知识与能力发挥的方向、程度，并最终决定人生的成败。"用专业知识教育人是不够的。通过专业教育，他可以成为一种有用的机器，但是不能成为一个和谐发展的人。要使学生对价值（即社会伦理原则）有所理解并且产生热烈的感情，那是最基本的。"

三、高职院校职业素质教育在创新中升级

《国家中长期教育改革和发展规划纲要（2010—2020年）》明确指出："坚持以人为本、全面实施素质教育是教育改革发展的战略主题，是贯彻党的教育方针的时代要求，其核心是解决好培养什么人、怎样培养人的重大问题。"可以看出，《规划纲要》已将职业素质教育提升到一个国家人才培养的全新的战略高度。因此，高职院校在产业转型升级的大背景下，根据经济结构转型升级和社会发展对高职教育与人才素质的要求，强化内涵建设，促进职业素质教育在转型中求变革，在创新中促升级已成为高职教育的当务之急。

（一）树立科学的人才培养观，促进职业素质教育规划的升级换代

一是优化高职人才培养计划。通过开展广泛深入的市场调研，以学生职业岗位（群）要求的知识、能力、素质为依据，开发"宽基础、活模块，重应用、强能力，高质量、有特色"的高职素质教育教学和养成计划。

二是确定符合区域经济发展需要的人才培养目标、规格、知识、能力、素质的整体结构，开发富有弹性、体现高职特色的、动态的职业素质课程

体系，特别注重综合性、实践性和前瞻性课程的开发和升级。

三是加大实验、实训教学比重，强化学生综合素质培养，做到就业上岗后能直接顶岗运行。四是构建学生自我学习和创新体系。依据高职的特点，大力引导学生学会自主获取知识信息，自主构建智能图式，自主发展创新能力，改变以课堂为中心的封闭式教学模式，通过学生的自学与讨论，培养其独立思考、动手能力、开拓创新的素质能力。五是完善素质教育评价体系，以"知识、技能与素质"三位一体构建科学的高职人才评价机制。

（二）促进课程体系与市场的契合，加强职业素质内涵建设

以市场和岗位需求为导向，"量身定制"高职院校素质教育课程体系，是高职院校加强职业素质内涵建设的关键环节。因此，高职院校素质教

育课程体系的构建，不仅需要全面的基础教育、适当的专业技能教育、发展终身学习的能力、促进对国际化的认识，而且还需要根据企业的岗位需求"量身定制"不同专业学生素质熏陶所需的课程体系，并根据市场的变化定期对各教学系的课程设置加以检查与更新，以确保其适应市场需求变化的有效性，新课程实施后还要进行效果跟踪，及时对课程内容、课程标准进行滚动修改。此外，在基于工作过程的课程体系专业改革中，为提高学生的专业职业素养，尝试把素质教育课程化，将素质教育纳入工作过程的模块化教育内容之中，建立评价体系，构建考核标准。

（三）在校企合作中强化职业素质教育的培育与融合

高职院校的职业素质教育主要是面向社会、企业生产一线培养高素质的技能人才，而现代企业选择人才的标准并不仅仅是文凭和技能证书这些"硬实力"，而是一个人的综合素养等"软实力。"

因此，要有意识地将校企合作作为职业素质教育的一个良性平台引入到高职学生职业素质培育中来，构建校企融合的、特色化的职业素质培育新样态；使学生在企业实习、实训期间就能接受到优秀企业文化的熏陶和

浸染，了解、熟悉并认同企业文化，自觉地接受企业的管理理念、管理制度，养成敬业精神、团队精神以及在社会、企业中生存、发展的能力。同时，还应以校企合作、联合办学为载体，搭建职业素质养成与企业文化对接的基础平台，丰富职业素质教育的内涵，让学生充分感受这些企业的深厚文化底蕴和企业精神，学习企业文化诚实守信的价值观念、树立责任感和使命感，缩短职业适应期，为实现由学生到企业员工和经营管理者的角色转换打下基础。

（四）吸收借鉴国外高等职业素质教育特色，加快转型升级

由于办学基础及历史原因，我国大多高职院校人才培养模式和素质教育体系基本上还是过去那种"缩本科套中职"的传统模式，教学基本上还是以课堂、教师、教材为中心的传统做法；缺乏有针对性的人才培养升级计划，不能紧跟市场需求做出及时调整。因此，学习德、美、日等世界发达国家职业技术教育人才培养的先进模式和理念，不仅是必要的，而且对于我国高职院校职业素质教育具有积极的借鉴和参照价值。

一是形成以"职业能力为基础，以就业为导向"的人才培养指针。

二是重视个人品质在职业活动中的作用，它把人际交往与合作共事的能力，组织、规划、独立解决问题的能力，创新能力等作为职业能力的重要构成，为终身学习奠定基础。

三是以校企合作共同培养人才为路径，课程的设置严格按照职业群集或行业、企业的特点和对人才的要求来确定，并根据社会对人的知识、技能以及品质要求进行动态调整，企业积极参与职业教育的教学过程。四是注重实践，实行教学与生产劳动相结合。学校与企业车间相配合，把车间作为学生进行职业技术性生产劳动和教学的场所，使培养出来的学生具有相当的基础理论知识、实践操作技能、较高人文素质、变通与创新能力。

第四章

湖南职业教育发展研究

第一节　湖南省高职教育专业结构总体布局研究

　　湖南省高职教育以现代职业教育体系建设规划和创新发展行动计划为统领，以卓越高职院校和示范性特色专业群建设为引领，大力推进供给侧结构性改革，促进高等职业教育有特色、品牌化发展，基本形成了与区域经济社会发展与产业布局相适应的全省院校布局、差异化的院校专业群布局、集约化集群式融合发展的院校特色专业结构。

　　事业稳步发展。2016年，全省现有高职高专院校65所，在校生数462901人，较2013年的387860人增长19.3%，校均在校学生增长了23.0%；设有专业大类19个，办学点435个；设有专业类87个，办学点898个；设有专业382个，办学点1559个。

　　结构持续优化。与2013年比较，2016年万人规模的院校数由6所增加至13所，院校数占比由9.0%增加至18.5%，在校生占比由19.5%增加至33.7%；全省专业大类办学点减少了10.7%，院均专业大类由7.3个减少至6.7个；全省新增了8个专业类，专业类办学点减少了8.4%，院均专业类由14.

6个减少至13.8个；全省淘汰专业11个，新增专业79个，院均专业数由23.2个略增加至24.0个。

契合产业需求。服务第一产业专业门类的办学规模占比基本稳定，服务第二产业专业门类的办学规模占比下降2.8%，服务第三产业专业门类的办学规模占比上升2.8%，全省总体专业结构布局的发展变化基本与湖南三次产业发展变化相适应。其次，在服务第二产业的专业门类中，高职院校主动对接先进轨道交通装备、航空航天装备、工程机械、新材料、新一代信息技术、节能与新能源汽车等汽车制造、电力装备、生物医药及高性能医疗器械、节能环保、高档数控机床和机器人等12个重点产业，新增了工业机器人技术、移动应用开发、铁道车辆、通用航空器维修、无人机应用技术、煤化工技术、定翼机驾驶技术、精密机械技术等79个专业，专业设置与发展契合湖南制造强省的"1274"行动。

一、全省高职院校设置与办学规模

（一）概况

2016—2017学年（以下简称2016年），湖南省共有独立设置的高等职业院校65所，三年制高职在校生数462901人。当年录取新生数205775人，当年应届毕业生数131107人。

（二）院校办学体制、经费来源与区域分布

2016年，全省65所高等职业院校，按办学体制分，公办院校58所，民办院校7所；按办学经费来源分，省级财政支持为主的院校36所，地方财政支持为主的院校16所，企业和学校自筹为主的院校13所；按经济区域分，长株潭地区分布院校45所，大湘南地区分布院校7所，大湘西地区分布院校6所，洞庭湖地区分布院校7所。

（三）院校规模分布

全日制高职院校在校生数超过10000人的学校有13所，占全省在校学生的33.7%。在校生数5000～10000人的学校有30所，占全省在校学生的50.0%。在校生数5000人以下的学校有22所，占全省在校学生的16.3%。全省高职院校规模分布情况统计分析见表4-1。全省万人规模高职院校情况统计见表4-2。

表4-1 全省高职院校规模分布情况统计分析表

		1.5万人以上	1万-1.5万人	0.5万-1万人	0.5万人以下	小计
院校	数量（所）	1	12	30	22	65
	占比（%）	1.5	18.5	46.2	33.8	100.0
学生	数量（人）	18116	137728	231392	75665	462901
	占比（%）	3.9	29.8	50.0	16.3	100.0

表4-2 全省万人规模高职院校情况统计表

序号	院校	在校生数（人）	序号	院校	在校生数（人）
1	长沙民政职业技术学院	18116	8	湖南科技职业学院	11205
2	湖南工业职业技术学院	13953	9	湖南机电职业技术学院	11091
3	岳阳职业技术学院	12607	10	湖南生物机电职业技术学院	10695
4	湖南交通职业技术学院	12599	11	湖南高速铁路职业技术学院	10369
5	永州职业技术学院	12088	12	湖南铁路科技职业技术学院	10295
6	湖南软件职业学院	11486	13	常德职业技术学院	10061
7	湖南环境生物职业技术学院	11279			

二、全省院校规模的调整变化

（一）院校数、在校生数、校均办学规模及变化

2016年，全省高等职业院校65所，比2013年的67所净减2所，其中，湖南同德职业学院、湖南科技经贸职业学院、湖南信息科学职业学院升格为全日制普通本科院校，新增设湖南劳动人事职业学院。

2016年在校生462901人，校均7122人，与2013年比较，全省在校生数增长了19.3%，校均学生数增长了23.0%。全省高职院校设置及在校学生情况统计分析见表4-3。

表4-3 全省高职院校设置及在校学生情况统计分析表

年份	院校数（所）	在校生数（人）	校均学生数（人）
2016 年	65	462901	7122
2013 年	67	387860	5789
变化量	-2	75041	1333
增长率（%）	-3.0	19.3	23.0

（二）院校办学规模分布的变化情况

与2013年比较，2016年办学规模达到1万人以上的院校数由6所增加至13所，院校数占比由9.0%增加至20.0%，在校生占比由19.5%增加至33.7%。办学规模在0.5万人以上的院校数由35所增加至43所，院校数占比由52.2%增加至66.2%，在校生占比由74.5%增加至83.7%。

数据说明，全省院校办学规模出现较快增长，其中部分院校品牌效应彰显，新增生源主要向万人规模院校流动。全省高职院校办学规模分布的变化情况见表4-4。

表4-4 全省高职院校办学规模分布的变化情况表

分布范围 年份	1万人以上		0.5万—1万人		0.5万人以下	
	院校数（所）	在校生数（人）	院校数（所）	在校生数（人）	院校数（所）	在校生数（人）
2016 年	13	155844	30	231392	22	75665
2013 年	6	75585	29	213319	32	98956
变化量	7	80259	1	18073	-10	-23291
增长率（%）	116.7	106.2	3.4	8.5	-31.3	-23.5

三、全省办学点数量及调整变化

（一）专业大类数、办学点数及调整变化

全省院校专业覆盖19个专业大类。与2013年比较，2016年专业大类办学点由487个减少至435个，专业大类办学点减少了10.7%。校均专业大类由7.3个减少至6.7个，减少了8.2%。专业大类办学点点均学生数由796人增加至1064人，增长了33.7%。

全省高职教育专业大类布局变化情况统计分析见表4-5。

表4-5 全省高职教育专业大类布局变化情况统计分析表

年份	院校数（所）	在校生数（人）	校均学生数（人）	专业大类			
				数量（个）	办学点数（个）	校均专业大类（个）	点均学生数（人）
2016年	65	462901	7122	19	435	6.7	1064
2013年	67	387860	5789	19	487	7.3	796
变化量	-2	75041	1333	0	-52	-0.6	268
增长率（%）	-3.0	19.3	23.0	0	-10.7	-8.2	33.7

（二）专业类数、办学点数及调整变化

与2013年比较，全省院校专业类由79个增加至87个，专业类增加了10.1%。专业类办学点由980个减少至898个，减少了8.4%。校均专业类由14.6个减少至13.8个，减少了5.5%。专业类办学点点均学生数由395人增加至515人，增长了30.4%。

全省高职教育专业类布局变化情况统计分析见表4-6。

表4-6 全省高职教育专业类布局变化情况统计分析表

年份	院校数（所）	在校生数（人）	校均学生数（人）	专业类（个）			
				数量（个）	办学点数（个）	校均专业类（个）	点均学生数（人）
2016 年	65	462901	7122	87	898	13.8	515
2013 年	67	387860	5789	79	980	14.6	395
变化量	-2	75041	1333	8	-82	-0.8	120
变化率（%）	-3.0	19.3	23.0	10.1	-8.4	-5.5	30.4

（三）专业数、办学点数及调整变化

与2013年相比，全省院校专业数由314个增加至382个，增长了21.7%，专业数净增68个。其中，淘汰了11个，新增了79个。专业办学点由1555个增加至1559个，总体数量基本不变。校均专业数由23.2个增加至24.0个。专业办学点点均学生数由249人增加至297人，增长了19.3%。

全省高职教育专业布局变化情况统计分析见表4-7。

表4-7 全省高职教育专业布局变化情况统计分析表

年份	院校数（所）	在校生数（人）	校均学生数（人）	专业			
				数量（个）	办学点（个）	校均专业数（个）	点均学生数（人）
2016 年	65	462901	7122	382	1559	24.0	297
2013 年	67	387860	5789	314	1555	23.2	249
变化量	-2	75041	1333	68	4	0.8	48
增长率（%）	-3.0	19.3	23.0	21.7	0.3	-3.4	19.3

以上数据分析比较表明：专业类数和专业数的增长较大，说明湖南省高职教育主动适应产业结构调整与技术升级的需要，专业结构服务的细分产业门类扩大。而全省专业大类和专业类的布点数量的减少，以及校均专业大类和专业类的减少，均表明各院校主动打造学校办学特色，服务的产业门类在聚焦，以专业大类、专业类为平台构建专业群，专业布局的聚集度

明显提高。总的来说，初步形成了全省整体布局、院校错位发展的专业结构调整态势。

四、全省专业大类的结构与调整分析

（一）专业大类的结构分布

1. 专业大类的学生分布

2016年，全省在校生涉及的19个专业大类中，在校生数最多的专业大类是财经商贸、装备制造、医药卫生、电子信息、交通运输、土木建筑、教育与体育、文化艺术8个大类，均超过2万人规模。专业大类学生分布情况见表4-8。

表4-8　专业大类学生分布情况

排序	专业大类	在校生数（人）	排序	专业大类	在校生数（人）
1	财经商贸	94252	11	农林牧渔	6308
2	装备制造	64624	12	生物与化工	5984
3	医药卫生	54170	13	新闻传播	5716
4	电子信息	51747	14	公共管理与服务	5290
5	交通运输	47182	15	能源动力与材料	4934
6	土木建筑	43685	16	公安与司法	4343
7	教育与体育	27065	17	食品药品与粮食	4164
8	文化艺术	20501	18	水利	2361
9	旅游	10540	19	轻工纺织	1191
10	资源环境与安全	8844			

2. 专业大类的办学点布局

办学点布点数最多的专业大类依次是财经商贸、电子信息、装备制造、土木建筑、旅游、交通运输、教育与体育、文化艺术8个大类，布点数大于或等于35个。专业大类办学点分布情况见表4-9。

表4-9 专业大类办学点分布情况表

排序	专业大类	办学点数（个）	排序	专业大类	办学点数（个）
1	财经商贸	57	11	食品药品与粮食	12
2	电子信息	50	12	公共管理与服务	11
3	装备制造	45	13	农林牧渔	10
4	土木建筑	41	14	生物与化工	10
5	旅游	39	15	能源动力与材料	10
6	交通运输	36	16	轻工纺织	6
7	教育与体育	36	17	新闻传播	4
8	文化艺术	35	18	公安与司法	3
9	医药卫生	15	19	水利	1
10	资源环境与安全	14			

3. 专业大类的点均学生数

点均学生数最多的专业大类是医药卫生、水利、财经商贸、公安与司法、装备制造、新闻传播、交通运输、土木建筑、电子信息9个大类，点均学生数均超过1000人。点均学生数最少的专业大类依次是轻工纺织、旅游、食品药品与粮食、公共管理与服务、能源动力与材料5个大类，点均学生数少于500人。专业大类点均学生情况见表4-10。

表4-10 专业大类点均学生情况表

排序	专业大类	点均学生数（人）		专业大类	
1	医药卫生	3611		资源环境与安全	
2	水利	2361		农林牧渔	
3	财经商贸	1654		生物与化工	
4	公安与司法	1448	14	文化艺术大类	586
5	装备制造	1436	15	能源动力与材料	493
6	新闻传播	1429	16	公共管理与服务	481
7	交通运输	1311	17	食品药品与粮食	347
8	土木建筑	1065	18	旅游	270
9	电子信息	1035	19	轻工纺织	199
10	教育与体育	752			

（二）专业大类结构的变化动态

通过对2016年与2013年全省在校生数据进行比较分析，获取各专业大类结构布局的发展变化情况。

1. 专业大类的在校学生变化

在校生数增长率最高的专业大类是食品药品与粮食、电子信息、医药卫生、交通运输、教育与体育、文化艺术6个大类，均超过同期全省19.3%的平均增长率。

在校生数出现负增长的专业大类是生物与化工、公共管理与服务、资源环境与安全3个大类。

农林牧渔、装备制造专业大类基本同步全省规模增长率。专业大类在校学生变化情况见表4-11。

表4-11　专业大类在校学生变化情况表

序号	专业大类	在校生数（人）		增长率（％）	序号	专业大类	在校生数（人）		增长率（％）
		2016年	2013年				2016年	2013年	
1	食品药品与粮食	4164	2428	71.5	11	财经商贸	94252	85459	10.3
2	电子信息	51747	33682	53.6	12	水利	2361	2164	9.1
3	医药卫生	54170	41114	31.8	13	旅游	10540	9985	5.6
4	交通运输	47182	35995	31.1	14	土木建筑	43685	42375	3.1
5	教育与体育	27065	20726	30.6	15	能源动力与材料	4934	4792	3.0
6	文化艺术	20501	16409	24.9	16	轻工纺织	1191	1166	2.1
7	农林牧渔	6308	5352	17.9	17	资源环境与安全	8844	8968	-1.4
8	装备制造	64624	56209	15.0	18	公共管理与服务	5290	5503	-3.9
9	公安与司法	4343	3860	12.5	19	生物与化工	5984	6498	-7.9
10	新闻传播	5716	5175	10.5					

2. 专业大类的办学点布局变化

专业大类办学点增长率减少最高的是新闻传播、农林牧渔、公安与司

法、教育与体育、旅游、生物与化工、公共管理与服务7个大类，办学点数
均减少了15%以上。仅有食品药品与粮食、轻工纺织、交通运输、医药卫生
4个大类办学点数出现正增长。专业大类办学点数的减少说明各院校办学呈
现出聚焦服务面向、打造办学特色的积极变化。专业大类办学点变化情况
见表4-12。

表4-12　专业大类办学点变化情况表

序号	专业大类	办学点数（个）		增长率（%）	序号	专业大类	办学点数（个）		增长率（%）
		2016年	2013年				2016年	2013年	
1	新闻传播	4	9	-55.6	11	财经商贸	57	62	-8.1
2	农林牧渔	10	17	-41.2	12	土木建筑	41	42	-2.4
3	公安与司法	3	4	-25.0	13	资源环境与安全	14	14	0.0
4	教育与体育	36	48	-25.0	14	能源动力与材料	10	10	0.0
5	旅游	39	47	-17.0	15	水利	1	1	0.0
6	生物与化工	10	12	-16.7	16	医药卫生	15	14	7.1
7	公共管理与服务	11	13	-15.4	17	交通运输	36	32	12.5
8	文化艺术	35	41	-14.6	18	轻工纺织	6	5	20.0
9	装备制造	45	51	-11.8	19	食品药品与粮食	12	9	33.3
10	电子信息	50	56	-10.7					

3. 专业大类的点均学生变化

点均学生增长最多的专业大类是新闻传播、农林牧渔、教育与体育、电
子信息、公安与司法、文化艺术、装备制造、食品药品与粮食、旅游、医
药卫生、财经商贸11个大类，增长率高于同期全省19.3%的平均增长率。
点均学生增长率高，说明专业聚集度提高得快。专业大类点均学生数增长
可以从另一角度观察到全省专业布局调整的积极变化。专业大类点均学生
变化情况见表4-13。

表4-13 专业大类点均学生变化情况表

序号	专业大类	点均学生数（人）		增长率（%）	序号	专业大类	点均学生数（人）		增长率（%）
		2016年	2013年				2016年	2013年	
1	新闻传播	1429	575	148.5	11	财经商贸	1654	1378	20.0
2	农林牧渔	631	315	100.4	12	交通运输	1311	1125	16.5
3	教育与体育	752	432	74.1	13	公共管理与服务	481	423	13.6
4	电子信息	1035	601	72.1	14	生物与化工	598	542	10.5
5	公安与司法	1448	965	50.0	15	水利	2361	2164	9.1
6	文化艺术	586	400	46.4	16	土木建筑	1065	1009	5.6
7	装备制造	1436	1102	30.3	17	能源动力与材料	493	479	3.0
8	食品药品与粮食	347	270	28.6	18	资源环境与安全	632	641	-1.4
9	旅游	270	212	27.2	19	轻工纺织	199	233	-14.9
10	医药卫生	3611	2937	23.0					

五、全省专业类的结构与调整分析

（一）专业类的结构分布

1. 专业类的在校学生分布

2016年，全省在校生涉及的87个专业类中，财务会计、计算机、护理、自动化4个在校生数最多的专业类，在校学生超过2万人；铁道运输、机械设计制造、艺术设计、建设工程管理、土建施工、汽车制造、语言、市场营销、电子商务、道路运输10个专业类的在校学生超过1万人；纺织服装、粮食储检、水土保持与水环境、粮食工业、公共卫生与卫生管理、渔业、建筑材料7个专业类在校学生不足100人。专业类在校学生分布情况表4-14。

表4-14 专业类在校学生分布情况表

排序	专业类	在校生数（人）	排序	专业类	在校生数（人）
1	财务会计	43922	45	法律执行	1629
2	计算机	39105	46	司法技术	1563
3	护理	32536	47	康复治疗	1493

排序	专业类	在校生数（人）	排序	专业类	在校生数（人）
4	自动化	24296	48	安全	1323
5	铁道运输	19935	49	机电设备	1269
6	机械设计制造	19908	50	法律实务	1151
7	艺术设计	18185	51	食品药品管理	1137
8	建设工程管理	16902	52	市政工程	1100
9	土建施工	15132	53	食品工业	1083
10	汽车制造	14462	54	新能源发电工程	876
11	语言	13591	55	房地产	839
12	市场营销	13521	56	公共事业	778
13	电子商务	13150	57	热能与发电工程	734
14	道路运输	10512	58	农业	708
15	旅游	9639	59	地质	704
16	电子信息	9247	60	餐饮	688
17	航空运输	9050	61	印刷	·611
18	教育	8753	62	统计	595
19	药学	8463	63	健康管理与促进	573
20	物流	8057	64	非金属材料	524
21	建筑设计	7783	65	水上运输	475
22	城市轨道交通	7210	66	文化服务	423
23	金融	6765	67	新闻出版	401
24	临床医学	5842	68	生物技术	347
25	化工技术	5637	69	轻化工	342
26	广播影视	5315	70	财政税务	252
27	医学技术	5237	71	城乡规划与管理	241
28	航空装备	4448	72	包装	237
29	经济贸易	4263	73	金属与非金属矿	217
30	工商管理	3727	74	会展	213
31	环境保护	3586	75	有色金属材料	198
32	通信	3395	76	石油与天然气	177
33	畜牧业	3074	77	资源勘查	172
34	体育	2787	78	煤炭	145
35	公共管理类	2611	79	铁道装备	138
36	测绘地理信息	2520	80	船舶与海洋工程装备	103
37	电力技术	2503	81	建筑材料	99

排序	专业类	在校生数（人）	排序	专业类	在校生数（人）
38	林业	2458	82	渔业	68
39	水利工程与管理	2354	83	公共卫生与卫生管理	26
40	文秘	1934	84	粮食工业	15
41	药品制造	1922	85	水土保持与水环境	7
42	公共服务	1901	86	粮食储检	7
43	表演艺术	1893	87	纺织服装	1
44	建筑设备	1688			

2.专业类的办学点布局

办学点布点数超过40个的专业类有财务会计、计算机、市场营销、自动化4个专业类，是最热门的专业类。办学点布点数超过30个的专业类有机械设计制造、旅游、电子商务、艺术设计、语言、电子信息6个专业类。广播影视、电力技术、公共事业、教育、航空装备、公共服务、环境保护等41个行业特色比较明显的专业类办学点少于5个，专业类办学点分布情况见表4-15。

表4-15 专业类办学点分布一览表

排序	专业类	办学点数（个）	排序	专业类	办学点数（个）
1	财务会计	50	45	生物技术	5
2	计算机	47	46	煤炭	5
3	市场营销	45	47	广播影视	4
4	自动化	40	48	电力技术	4
5	机械设计制造	39	49	公共事业	4
6	旅游	39	50	健康管理与促进	4
7	电子商务	36	51	教育	3
8	艺术设计	34	52	航空装备	3
9	语言	33	53	公共服务	3
10	电子信息	32	54	法律实务	3
11	物流	29	55	餐饮	3
12	建设工程管理	26	56	文化服务	3

排序	专业类	办学点数（个）	排序	专业类	办学点数（个）
13	经济贸易	25	57	轻化工	3
14	土建施工	23	58	环境保护	2
15	汽车制造	23	59	体育	2
16	金融	23	60	安全	2
17	建筑设计	22	61	新能源发电工程	2
18	道路运输	19	62	热能与发电工程	2
19	工商管理	16	63	农业	2
20	航空运输	15	64	地质	2
21	文秘	15	65	财政税务	2
22	机电设备	12	66	城乡规划与管理	2
23	药学	11	67	包装	2
24	护理	10	68	会展	2
25	铁道运输	10	69	有色金属材料	2
26	畜牧业	10	70	建筑材料	2
27	公共管理	10	71	水利工程与管理	1
28	测绘地理信息	10	72	法律执行	1
29	建筑设备	9	73	司法技术	1
30	林业	8	74	印刷	1
31	城市轨道交通	7	75	统计	1
32	化工技术	7	76	新闻出版	1
33	通信	7	77	金属与非金属矿	1
34	表演艺术	7	78	石油与天然气	1
35	食品药品管理	7	79	资源勘查	1
36	房地产	7	80	铁道装备	1
37	医学技术	6	81	船舶与海洋工程装备	1
38	药品制造	6	82	渔业类	1
39	康复治疗	6	83	公共卫生与卫生管理	1
40	食品	6	84	粮食工业	1
41	非金属材料	6	85	水土保持与水环境	1
42	临床医学	5	86	粮食储检	1
43	市政工程	5	87	纺织服装	1
44	水上运输	5			

3. 专业类的点均学生数

点均学生数领先的专业类有护理、教育、水利工程与管理、铁道运输、环境保护、法律执行、司法技术、航空装备、体育、广播影视、临床医学、城市轨道交通10个专业类，点均学生数均超过1000人；其中，护理、教育、水利工程与管理3个专业类点均学生数均超过2000人，说明这些专业类聚集度较高，初步呈现出规模化的特色办学趋势。专业类点均学生情况见表4-16。

表4-16 专业类点均学生情况表

排序	专业类	点均学生数（人）	排序	专业类	点均学生数（人）
1	护理	3254	45	金融	294
2	教育	2918	46	电子信息	289
3	水利工程与管理	2354	47	物流	278
4	铁道运输	1994	48	表演艺术	270
5	环境保护	1793	49	公共管理	261
6	法律执行	1629	50	测绘地理信息	252
7	司法技术	1563	51	康复治疗	249
8	航空装备	1483	52	旅游	247
9	体育	1394	53	工商管理	233
10	广播影视	1329	54	餐饮	229
11	临床医学	1168	55	市政工程	220
12	城市轨道交通	1030	56	金属与非金属矿	217
13	财务会计	878	57	公共事业	195
14	医学技术	873	58	建筑设备	188
15	计算机	832	59	食品工业	181
16	化工技术	805	60	石油与天然气	177
17	药学	769	61	资源勘查	172
18	安全	662	62	经济贸易	171
19	土建施工	658	63	食品药品管理	162

排序	专业类	点均学生数（人）	排序	专业类	点均学生数（人）
20	建设工程管理	650	64	健康管理与促进	143
21	公共服务	634	65	文化服务	141
22	汽车制造	629	66	铁道装备	138
23	电力技术	626	67	文秘	129
24	印刷	611	68	财政税务	126
25	自动化	607	69	城乡规划与管理	121
26	航空运输	603	70	房地产	120
27	统计	595	71	包装	119
28	道路运输	553	72	轻化工	114
29	艺术设计	535	73	会展	107
30	机械设计制造	510	74	机电设备	106
31	通信	485	75	船舶与海洋工程装备	103
32	新能源发电工程	438	76	有色金属材料	99
33	语言	412	77	水上运输	95
34	新闻出版	401	78	非金属材料	87
35	法律实务	384	79	生物技术	69
36	热能与发电工程	367	80	渔业类	68
37	电子商务	365	81	建筑材料	50
38	农业	354	82	煤炭	29
39	建筑设计	354	83	公共卫生与卫生管理	26
40	地质	352	84	粮食工业	15
41	药品制造	320	85	水土保持与水环境	7
42	畜牧业	307	86	粮食储检	7
43	林业	307	87	纺织服装	1
44	市场营销	300			

（二）专业类结构的变化动态

通过对2016年与2013年全省在校生数据进行比较分析，获取各专业类结构布局的发展变化情况。

1. 专业类的新增情况

新增了石油与天然气、铁道装备、船舶与海洋工程装备、公共卫生与卫生管理、粮食工业、水土保持与水环境、粮食储检、纺织服装8个专业类，总计增加学生474人。

2. 专业类的在校学生变化

在校生数增长率最高的是建筑材料、食品药品管理、市政工程、餐饮、财政税务5个专业类，增长率超过100%。在校生数增长率为50%~100%的专业类有电子商务、教育、药学、城乡规划与管理、非金属材料、健康管理与促进、航空运输、药品制造、城市轨道交通、计算机、法律执行、体育、临床医学、康复治疗、文化服务、新闻出版、建筑设备、会展18个专业类。

在校生数增长率降低超过50%的专业类是渔业、煤炭2个专业类。水上运输、文秘、公共管理、房地产、热能与发电工程、机电设备、包装、资源勘查、金属与非金属矿、有色金属材料等12个专业类在校学生出现20%以上的负增长。

专业类在校学生变化情况见表4-17。

表4-17　专业类在校学生变化情况表

序号	专业类	在校生数（人）		增长率（%）	序号	专业类	在校生数（人）		增长率（%）
		2016年	2013年				2016年	2013年	
1	建筑材料	99	5	1880.0	41	建设工程管理	16902	14830	14.0
2	食品药品管理	1137	290	292.1	42	语言	13591	12020	13.1
3	市政工程	1100	296	271.6	43	环境保护	3586	3218	11.4
4	餐饮	688	238	189.1	44	水利工程与管理	2354	2164	8.8
5	财政税务	252	112	125.0	45	林业	2458	2260	8.8
6	电子商务	13150	6639	98.1	46	广播影视	5315	4920	8.0
7	教育	8753	4550	92.4	47	财务会计	43922	40760	7.8

序号	专业类	在校生数（人）		增长率（%）	序号	专业类	在校生数（人）		增长率（%）
		2016年	2013年				2016年	2013年	
8	药学	8463	4488	88.6	48	食品工业	1083	1028	5.4
9	城乡规划与管理	241	128	88.3	49	电力技术	2503	2396	4.5
10	非金属材料	524	283	85.2	50	市场营销	13521	13265	1.9
11	健康管理与促进	573	321	78.5	51	旅游	9639	9607	0.3
12	航空运输	9050	5145	75.9	52	建筑设计	7783	7997	-2.7
13	药品制造	1922	1110	73.2	53	公共事业	778	807	-3.6
14	城市轨道交通	7210	4243	69.9	54	司法技术	1563	1622	-3.6
15	计算机	39105	23673	65.2	55	农业	708	736	-3.8
16	法律执行	1629	989	64.7	56	道路运输	10512	11026	-4.7
17	体育	2787	1695	64.4	57	通信	3395	3564	-4.7
18	临床医学	5842	3605	62.1	58	机械设计制造	19908	21042	-5.4
19	康复治疗	1493	933	60.0	59	统计	595	640	-7.0
20	文化服务	423	266	59.0	60	化工技术	5637	6105	-7.7
21	新闻出版	401	255	57.3	61	经济贸易	4263	4619	-7.7
22	建筑设备	1688	1081	56.2	62	法律实务	1151	1249	-7.8
23	会展	213	140	52.1	63	土建施工	15132	16915	-10.5
24	航空装备	4448	3037	46.5	64	生物技术	347	393	-11.7
25	公共服务	1901	1323	43.7	65	物流	8057	9373	-14.0
26	电子信息	9247	6445	43.5	66	工商管理	3727	4473	-16.7
27	医学技术	5237	3667	42.8	67	安全	1323	1639	-19.3
28	畜牧业	3074	2177	41.2	68	水上运输	475	594	-20.0
29	汽车制造	14462	10264	40.9	69	文秘	1934	2461	-21.4
30	表演艺术	1893	1356	39.6	70	公共管理	2611	3373	-22.6
31	铁道运输	19935	14987	33.0	71	房地产	839	1128	-25.6
32	轻化工	342	260	31.5	72	热能与发电工程	734	1016	-27.8
33	地质	704	561	25.5	73	机电设备	1269	1893	-33.0
34	艺术设计	18185	14787	23.0	74	包装	237	370	-35.9

序号	专业类	在校生数（人）		增长率（%）	序号	专业类	在校生数（人）		增长率（%）
		2016年	2013年				2016年	2013年	
35	新能源发电工程	876	719	21.8	75	资源勘查	172	312	−44.9
36	自动化	24296	19973	21.6	76	金属与非金属矿	217	397	−45.3
37	测绘地理信息	2520	2072	21.6	77	有色金属材料	198	373	−46.9
38	金融	6765	5578	21.3	78	渔业	68	179	−62.0
39	护理	32536	28100	15.8	79	煤炭	145	769	−81.1
40	印刷	611	536	14.0	80				

3. 专业类的办学点布局变化

渔业、广播影视、印刷、农业、文秘、房地产、林业、通信、会展、环境保护、安全、热能与发电工程、工商管理、化工技术14个专业类办学点减少30%以上。而餐饮、铁道运输、建筑材料、城乡规划与管理、临床医学、水上运输、非金属材料、康复治疗、航空装备、轻化工10个专业类出现办学点的增长，增长率超过50%。专业类办学点变化情况见表4-18。

表4-18 专业类办学点变化情况表

序号	专业类	办学点数（人）		增长率（%）	序号	专业类	办学点数（人）		增长率（%）
		2016年	2013年				2016年	2013年	
1	渔业	1	3	−66.7	41	医学技术	6	6	0.0
2	广播影视	4	9	−55.6	42	表演艺术	7	7	0.0
3	印刷	1	2	−50.0	43	地质	2	2	0.0
4	农业	2	4	−50.0	44	新能源发电工程	2	2	0.0
5	文秘	15	28	−46.4	45	水利工程与管理	1	1	0.0
6	房地产	7	13	−46.2	46	电力技术	4	4	0.0
7	林业	8	14	−42.9	47	司法技术	1	1	0.0
8	通信	7	11	−36.4	48	统计	1	1	0.0
9	会展	2	3	−33.3	49	生物技术	5	5	0.0
10	环境保护	2	3	−33.3	50	包装	2	2	0.0
11	安全	2	3	−33.3	51	资源勘查	1	1	0.0

序号	专业类	办学点数（人）		增长率（%）	序号	专业类	办学点数（人）		增长率（%）
		2016年	2013年				2016年	2013年	
12	热能与发电工程	2	3	-33.3	52	金属与非金属矿	1	1	0.0
13	工商管理	16	23	-30.4	53	有色金属材料	2	2	0.0
14	化工技术	7	10	-30.0	54	煤炭	5	5	0.0
15	语言	33	47	-29.8	55	土建施工	23	22	4.5
16	法律实务	3	4	-25.0	56	金融	23	21	9.5
17	物流	29	37	-21.6	57	建筑设计	22	20	10.0
18	建筑设备	9	11	-18.2	58	护理	10	9	11.1
19	旅游	39	47	-17.0	59	城市轨道交通	7	6	16.7
20	公共管理	10	12	-16.7	60	药品制造	6	5	20.0
21	计算机	47	56	-16.1	61	食品工业	6	5	20.0
22	艺术设计	34	40	-15.0	62	药学	11	9	22.2
23	电子商务	36	42	-14.3	63	市政工程	5	4	25.0
24	经济贸易	25	29	-13.8	64	测绘地理信息	10	8	25.0
25	道路运输	19	22	-13.6	65	建设工程管理	26	20	30.0
26	电子信息	32	36	-11.1	66	健康管理与促进	4	3	33.3
27	财务会计	50	56	-10.7	67	公共事业	4	3	33.3
28	畜牧业	10	11	-9.1	68	航空运输	15	11	36.4
29	汽车制造	23	25	-8.0	69	食品药品管理	7	5	40.0
30	机电设备	12	13	-7.7	70	非金属材料	6	4	50.0
31	机械设计制造	39	42	-7.1	71	康复治疗	6	4	50.0
32	市场营销	45	48	-6.3	72	航空装备	3	2	50.0
33	自动化	40	42	-4.8	73	轻化工	3	2	50.0
34	财政税务	2	2	0.0	74	临床医学	5	3	66.7
35	教育	3	3	0.0	75	水上运输	5	3	66.7
36	法律执行	1	1	0.0	76	建筑材料	2	1	100.0
37	体育	2	2	0.0	77	城乡规划与管理	2	1	100.0
38	文化服务	3	3	0.0	78	铁道运输	10	4	150.0
39	新闻出版	1	1	0.0	79	餐饮	3	1	200.0
40	公共服务	3	3	0.0					

4. 专业类的点均学生变化

点均学生增长率超过100%的专业类是建筑材料、市政工程、食品药品管理、广播影视、电子商务、会展、印刷、财政税务8个专业类。点均学生增长率为50%~100%的专业类是计算机、农业、教育、建筑设备、林业、环境保护、法律执行、体育、电子信息、语言、文化服务、新闻出版、畜牧业、药学、汽车制造15个专业类。包装、资源勘查、金属与非金属矿、铁道运输、有色金属材料、水上运输、煤炭7个专业类点均学生减少30%以上。专业类点均学生变化情况见表4-19。

表4-19 专业类点均学生变化情况表

序号	专业类	点均学生数（人）		增长率（%）	序号	专业类	点均学生数（人）		增长率（%）
		2016年	2013年				2016年	2013年	
1	建筑材料	50	5	890.0	40	新能源发电工程	438	360	21.8
2	市政工程	220	74	197.3	41	财务会计	878	728	20.7
3	食品药品管理	162	58	180.0	42	工商管理	233	194	19.8
4	广播影视	1329	547	143.1	43	渔业类	68	60	14.0
5	电子商务	365	158	131.1	44	金融	294	266	10.7
6	会展	107	47	128.2	45	道路运输	553	501	10.4
7	印刷	611	268	128.0	46	物流	278	253	9.7
8	财政税务	126	56	125.0	47	水利工程与管理	2354	2164	8.8
9	计算机	832	423	96.8	48	市场营销	300	276	8.7
10	农业	354	184	92.4	49	热能与发电工程	367	339	8.4
11	教育	2918	1517	92.4	50	经济贸易	171	159	7.1
12	建筑设备	188	98	90.9	51	康复治疗	249	233	6.7
13	林业	307	161	90.3	52	电力技术	626	599	4.5
14	环境保护	1793	1073	67.2	53	护理	3254	3122	4.2
15	法律执行	1629	989	64.7	54	机械设计制造	510	501	1.9
16	体育	1394	848	64.4	55	航空装备	1483	1519	-2.4
17	电子信息	289	179	61.4	56	测绘地理信息	252	259	-2.7
18	语言	412	256	61.0	57	临床医学	1168	1202	-2.8
19	文化服务	141	89	59.0	58	司法技术	1563	1622	-3.6

序号	专业类	点均学生数（人）		增长率（%）	序号	专业类	点均学生数（人）		增长率（%）
		2016年	2013年				2016年	2013年	
20	新闻出版	401	255	57.3	59	餐饮	229	238	-3.6
21	畜牧业	307	198	55.3	60	城乡规划与管理	121	128	-5.9
22	药学	769	499	54.3	61	统计	595	640	-7.0
23	汽车制造	629	411	53.2	62	公共管理	261	281	-7.1
24	通信	485	324	49.7	63	建筑设计	354	400	-11.5
25	文秘	129	88	46.7	64	生物技术	69	79	-11.7
26	城市轨道交通	1030	707	45.7	65	食品工业	181	206	-12.2
27	艺术设计	535	370	44.7	66	轻化工	114	130	-12.3
28	药品制造	320	222	44.3	67	建设工程管理	650	742	-12.3
29	公共服务	634	441	43.8	68	土建施工	658	769	-14.4
30	医学技术	873	611	42.9	69	机电设备	106	146	-27.4
31	表演艺术	270	194	39.2	70	公共事业	195	269	-27.7
32	房地产	120	87	37.9	71	包装	119	185	-35.9
33	健康管理与促进	143	107	33.6	72	资源勘查	172	312	-44.9
34	化工技术	805	611	31.8	73	金属与非金属矿	217	397	-45.3
35	航空运输	603	468	28.8	74	铁道运输	1994	3747	-46.8
36	自动化	607	476	27.5	75	有色金属材料	99	187	-46.9
37	地质	352	281	25.3	76	水上运输	95	198	-52.0
38	非金属材料	87	71	23.4	77	煤炭	29	154	-81.1
39	法律实务	384	312	22.9					

六、全省专业的结构与调整分析

（一）专业的结构分布

1. 专业的在校学生分布

2016年全省在校生涉及382个专业，在校生数最多的专业依次是会计、护理、软件技术、机电一体化技术、建筑工程技术、电子商务、工程造价7个专业，在校生数均超过1万人。化工生物技术、水土保持技术、粮油储藏

与检测技术、游艇设计与制造、电子产品质量检测等12个专业在校生数均
不足10人。在校学生排名前30、后30的专业分布情况见表4-20。

表4-20　在校学生专业排名前30、后30的专业分布情况表

排序	专业	在校生数（人）	排序	专业	在校生数（人）
1	会计	39636	-30	分布式发电与微电网技术	25
2	护理	29127	-29	建筑材料检测技术	25
3	软件技术	16474	-28	皮具制作与工艺	24
4	机电一体化技术	15963	-27	数字印刷技术	23
5	建筑工程技术	15013	-26	水电站机电设备与自动化	22
6	电子商务	12933	-25	公共文化服务与管理	22
7	工程造价	12493	-24	健康管理	21
8	市场营销	9757	-23	影视照明技术与艺术	21
9	商务英语	8949	-22	舞台艺术设计与制作	19
10	汽车检测与维修技术	8287	-21	智能产品开发	19
11	计算机网络技术	8270	-20	测绘地理信息技术	18
12	计算机应用技术	7500	-19	动物防疫与检疫	17
13	药学	7237	-18	中西面点工艺	16
14	物流管理	7177	-17	粮食工程技术	15
15	数控技术	6505	-16	绿色食品生产与检验	15
16	旅游管理	5795	-15	包装策划与设计	14
17	电气自动化技术	5706	-14	采购与供应管理	10
18	临床医学	5620	-13	化工安全技术	10
19	空中乘务	5074	-12	化工生物技术	8
20	建筑室内设计	4349	-11	水土保持技术	7
21	机械制造与自动化	4144	-10	粮油储藏与检测技术	7
22	汽车运用与维修技术	4074	-9	游艇设计与制造	6
23	环境艺术设计	3996	-8	电子产品质量检测	6
24	财务管理	3915	-7	老年保健与管理	4
25	铁道供电技术	3784	-6	煤化工技术	3
26	汽车营销与服务	3734	-5	农业装备应用技术	3
27	道路桥梁工程技术	3700	-4	定翼机驾驶技术	2

28	小学教育	3629	-3	精密机械技术	1
29	铁道交通运营管理	3618	-2	服装设计与工艺	1
30	酒店管理	3584	一1	材料成型与控制技术	1

2. 专业的办学点布局

2016年全省办学点最多的专业依次是会计、市场营销、电子商务、机电一体化技术、计算机网络技术、旅游管理、商务英语、数控技术8个专业，办学点均超过30个。分布式发电与微电网技术、建筑材料检测技术、皮具制作与工艺、数字印刷技术、水电站机电设备与自动化、定翼机驾驶技术等78个专业只有1个办学点。办学点数排名前30的专业分布情况见表4-21。

表4-21　办学点数排名前30的专业分布情况表

排序	专业	办学点数（个）	排序	专业	办学点数（个）
1	会计	48	16	汽车营销与服务	21
2	市场营销	36	17	汽车检测与维修技术	19
3	电子商务	35	18	环境艺术设计	19
4	机电一体化技术	32	19	工业机器人技术	19
5	计算机网络技术	31	20	电气自动化技术	18
6	旅游管理	31	21	应用电子技术	18
7	商务英语	30	22	空中乘务	15
8	数控技术	30	23	电子信息工程技术	15
9	计算机应用技术	29	24	文秘	15
10	软件技术	27	25	广告设计与制作	14
11	模具设计与制造	27	26	动漫制作技术	14
12	物流管理	26	27	汽车电子技术	13
13	酒店管理	23	28	金融管理	13
14	建筑工程技术	22	29	移动互联应用技术	13
15	工程造价	21	30	机械制造与自动化	12

3. 专业的点均学生数

点均学生数领先的专业依次是小学教育、护理、学前教育、飞行器维修技术、铁道供电技术、医学影像技术、铁道交通运营管理、环境监测与控制技术、临床医学、保险、水利工程、水利水电建筑工程12个行业背景比较鲜明的专业，点均学生数均超过1000人。其中，小学教育、护理、学前教育、飞行器维修技术4办学点均学生数均超过1500人，说明这些专业呈现出规模化的特色办学趋势。而皮具制作与工艺、数字印刷技术、水电站机电设备与自动化、公共文化服务与管理、健康管理、影视照明技术与艺术等30个办学点均学生数均少于25人。办学点点均学生排名前30、后30的专业情况表4-22。

表4-22 办学点点均学生排名前30、后30的专业情况表

排序	专业	点均学生数（人）	排序	专业	点均学生数（人）
1	小学教育	3629	-30	皮具制作与工艺	24
2	护理	2913	-29	数字印刷技术	23
3	学前教育	1704	-28	水电站机电设备与自动化	22
4	飞行器维修技术	1618	-27	公共文化服务与管理	22
5	铁道供电技术	1261	-26	健康管理	21
6	医学影像技术	1211	-25	影视照明技术与艺术	21
7	铁道交通运营管理	1206	-24	舞台艺术设计与制作	19
8	环境监测与控制技术	1173	-23	测绘地理信息技术	18
9	临床医学	1124	-22	网络营销	16
10	保险	1111	-21	中西面点工艺	16
11	水利工程	1077	-20	粮食工程技术	15
12	水利水电建筑工程	1011	-19	绿色食品生产与检验	15
13	铁道机车	953	-18	煤矿开采技术	14
14	刑事侦查技术	892	-17	包装策划与设计	14
15	铁道工程技术	879	-16	采购与供应管理	10
16	石油化工技术	877	-15	化工安全技术	10
17	会计	826	-14	智能产品开发	10
18	应用西班牙语	815	-13	动物防疫与检疫	9
19	司法警务	805	-12	化工生物技术	8
20	铁道信号自动控制	784	-11	水土保持技术	7
21	导弹维修	775	-10	粮油储藏与检测技术	7
22	民政管理	726	-9	游艇设计与制造	6
23	体育教育	710	-8	电子产品质量检测	6
24	建筑工程技术	682	-7	老年保健与管理	4

25	城市轨道交通机电技术	682	-6	煤化工技术	3
26	飞机电子设备维修	682	-5	农业装备应用技术	3
27	环境评价与咨询服务	677	-4	定翼机驾驶技术	2
28	药学	658	-3	精密机械技术	1
29	现代殡葬技术与管理	657	-2	服装设计与工艺	1
30	飞机机电设备维修	654	-1	材料成型与控制技术	1

（二）专业结构的变化动态

通过对2016年与2013年全省在校生数据进行比较分析，获取各专业结构布局的发展变化情况。

1. 新增专业情况

全省院校新开设了工业机器人技术、移动应用开发、铁道车辆、通用航空器维修、无人机应用技术等79个专业，其中，工业机器人技术、移动应用开发等26个专业在校生数均超过100人。采购与供应管理、水土保持技术、粮油储藏与检测技术、游艇设计与制造、电子产品质量检测、老年保健与管理、煤化工技术、定翼机驾驶技术、精密机械技术、服装设计与工艺10个新增专业在校生数不足10人。在校生数超过100人的新增专业情况见表4-23。

表4-23　在校生数超过100人的新增专业情况表

序号	专业名称	在校生数（人）	办学点数（个）	序号	专业名称	在校生数（人）	办学点数（个）
1	工业机器人技术	1420	19	10	航空物流	253	1
2	移动应用开发	659	7	11	电子商务技术	239	2
3	铁道车辆	497	3	12	电子商务技术	239	2
4	通用航空器维修	345	1	13	口腔医学	222	2
5	无人机应用技术	339	3	14	健身指导与管理	199	1
6	音乐表演	310	3	15	工业工程技术	193	1
7	化妆品技术	289	1	16	移动商务	185	4
8	工程物流管理	288	3	17	城市轨道交通通信信号技术	184	2
9	社区矫正	274	1	18	复合材料工程技术	182	1

19	建筑动画与模型制作	178	1	23	互联网金融	152	4
20	油气储运技术	177	1	24	云计算技术与应用	139	4
21	物流金融管理	174	1	25	铁道机车车辆制造与维护	138	1
22	机场运行	173	3	26	汽车智能技术	118	2

2.淘汰专业情况

2016年，淘汰了高分子材料加工技术、高分子合成技术、安全防范技术、罪犯心理测量与矫正技术、饲料与动物营养、商务经纪与代理、农产品加工与质量检测、电子制造技术与设备、电子工艺与管理、建筑装饰材料技术、劳动与社会保障11个专业。

3.专业的在校学生变化

在校生数增长率最高的是移动互联应用技术、家政服务与管理、现代农业技术、服装表演等63个专业，增长率超过了100%。在校学生增长率排名前40的专业见表4-24。

表4-24　在校学生增长率排名前40的专业

序号	专业	在校生数（人）		增长率（%）	序号	专业	在校生数（人）		增长率（%）
		2016年	2013年				2016年	2013年	
1	移动互联应用技术	1819	8	22637.5	21	体育运营与管理	466	88	429.5
2	家政服务与管理	49	1	4800.0	22	包装艺术设计	111	21	428.6
3	现代农业技术	125	3	4066.7	23	物联网应用技术	1122	232	383.6
4	服装表演	131	7	1771.4	24	国际金融	167	43	288.4
5	铁道通信与信息化技术	413	45	817.8	25	科学教育	104	27	285.2
6	电梯工程技术	495	57	768.4	26	药品经营与管理	1107	290	281.7
7	高速铁路客运乘务	2854	335	751.9	27	室内艺术设计	2028	540	275.6
8	新能源汽车技	684	83	724.1	28	城市轨道交通车辆技术	886	241	267.6

序号	专业	在校生数（人）		增长率（％）	序号	专业	在校生数（人）		增长率（％）
		2016年	2013年				2016年	2013年	
9	环境信息技术	198	27	633.3	29	导弹维修	775	212	265.6
10	风电系统运行与维护	173	24	620.8	30	中药学	1226	354	246.3
11	动车组检修技术	711	101	604.0	31	产品艺术设计	298	88	238.6
12	市政工程技术	481	75	541.3	32	网络新闻与传播	148	44	236.4
13	宠物养护与驯导	230	38	505.3	33	商务日语	205	65	215.4
14	钢琴调律	29	5	480.0	34	钻探技术	53	17	211.8
15	医疗设备应用技术	179	31	477.4	35	软件与信息服务	290	102	184.3
16	数字印刷技术	23	4	475.0	36	给排水工程技术	619	221	180.1
17	太阳能光热技术与应用	130	23	465.2	37	高速铁道工程技术	790	289	173.4
18	现代教育技术	60	11	445.5	38	休闲农业	69	26	165.4
19	森林生态旅游	49	9	444.4	39	影视照明技术与艺术	21	8	162.5
20	民航运输	698	130	436.9	40	老年服务与管理	689	263	162.0

在校学生增长率减少最多的是化工生物技术、材料成型与控制技术等专业。在校学生增长率减少最高的40个专业见表4-25。

表4-25 在校学生增长率减少最高的40个专业

序号	专业	在校生数（人）		增长率（％）	序号	专业	在校生数（人）		增长率（％）
		2016年	2013年				2016年	2013年	
1	包装工程技术	223	345	-35.4	21	电机与电器技术	474	939	-49.5
2	智能控制技术	62	96	-35.4	22	机电设备维修与管理	537	1079	-50.2
3	光伏发电技术与应用	432	672	-35.7	23	公共事务管理	257	532	-51.7
4	国际商务	351	547	-35.8	24	绿色食品生产与检验	15	32	-53.1
5	林业技术	72	113	-36.3	25	商检技术	79	182	-56.6
6	公共文化服务与管理	22	35	-37.1	26	矿物加工技术	78	185	-57.8

序号	专业	在校生数（人）		增长率（%）	序号	专业	在校生数（人）		增长率（%）
		2016年	2013年				2016年	2013年	
7	电厂热能动力装置	457	731	一37.5	27	戏曲表演	44	111	-60.4
8	建筑电气工程技术	95	152	-37.5	28	地质调查与矿产普查	72	186	-61.3
9	会计信息管理	97	156	-37.8	29	水产养殖技术	68	179	-62.0
10	安全技术与管理	898	1458	-38.4	30	农业装备应用技术	3	8	-62.5
11	农业经济管理	94	153	-38.6	31	航海技术	109	319	-65.8
12	高分子材料工程技术	96	158	-39.2	32	数字图文信息技术	50	148	-66.2
13	食品检测技术	102	169	-39.6	33	智能产品开发	19	68	-72.1
14	物业管理	449	749	-40.1	34	皮具制作与工艺	24	86	-72.1
15	包装策划与设计	14	25	-44.0	35	烟花爆竹技术与管理	137	640	-78.6
16	建设工程监理	321	587	-45.3	36	动物防疫与检疫	17	105	-83.8
17	通信工程设计与监理	142	262	-45.8	37	行政管理	43	468	-90.8
18	有色冶金技术	198	373	-46.9	38	煤矿开采技术	42	635	-93.4
19	旅游英语	49	93	-47.3	39	材料成型与控制技术	1	16	-93.8
20	舞台艺术设计与制作	19	37	-48.6	40	化工生物技术	8	186	-95.7

4.专业办学点的布局变化

办学点减少的专业有商务日语、水产养殖技术等81个专业，其中，商务日语、水产养殖技术、化工生物技术、保险等21个专业办学点增长率减少超过50%。共有37个专业办学点增长率减少超过30%。办学点增长率减少最高的40个专业见表4-26。

表4-26 办学点增长率减少最高的40个专业

序号	专业	办学点数（人）		增长率（%）	序号	专业	办学点数（人）		增长率（%）
		2016年	2013年				2016年	2013年	
1	商务日语	1	4	-75.0	7	光通信技术	1	2	-50.0

序号	专业	办学点数（人）		增长率（%）	序号	专业	办学点数（人）		增长率（%）
		2016 年	2013 年				2016 年	2013 年	
2	水产养殖技术	1	3	-66.7	8	烟花爆竹技术与管理	1	2	-50.0
3	化工生物技术	1	3	-66.7	9	音乐剧表演	1	2	-50.0
4	保险	2	5	-60.0	10	药品质量与安全	1	2	-50.0
5	环境监测与控制技术	1	2	-50.0	11	食品加工技术	1	2	-50.0
6	火电厂集控运行	1	2	-50.0	12	智能控制技术	1	2	-50.0
13	数字图文信息技术	1	2	-50.0	27	工商企业管理	10	16	-37.5
14	旅游英语	1	2	-50.0	28	安全技术与管理	2	3	-33.3
15	行政管理	1	2	-50.0	29	播音与主持	2	3	-33.3
16	皮具制作与工艺	1	2	-50.0	30	供用电技术	2	3	-33.3
17	移动通信技术	2	4	-50.0	31	电机与电器技术	2	3	-33.3
18	新闻采编与制作	2	4	-50.0	32	会展策划与管理	2	3	-33.3
19	信息安全与管理	3	6	-50.0	33	嵌入式技术与应用	2	3	-33.3
20	物业管理	5	10	-50.0	34	建筑电气工程技术	2	3	-33.3
21	计算机信息管理	7	14	-50.0	35	通信技术	6	9	-33.3
22	文秘	15	28	-46.4	36	应用电子技术	18	26	-30.8
23	连锁经营管理	4	7	-42.9	37	商务英语	30	43	-30.2
24	园林技术	8	14	-42.9	38	物流管理	26	37	-29.7
25	矿山机电技术	3	5	-40.0	39	电气自动化技术	18	25	-28.0
26	应用英语	6	10	-40.0	40	计算机网络技术	31	43	-27.9

办学点增加的专业有移动互联应用技术、新能源汽车技术等71个专业，其中，移动互联应用技术、新能源汽车技术、高速铁路客运乘务、民航运输、动车组检修技术等32个专业的办学点增长率超过100%。共有40个专业办学点增长率超过50%。办学点增长率最高的40个专业见表4-27。

表4-27 办学点增长率最高的40个专业

序号	专业	办学点数（人）		增长率（%）	序号	专业	办学点数（人）		增长率（%）
		2016年	2013年				2016年	2013年	
1	移动互联应用技术	13	1	1200.0	15	社会工作	2	1	100.0
2	新能源汽车技术	5	1	400.0	16	烹调工艺与营养	2	1	100.0
3	高速铁路客运乘务	9	2	350.0	17	社会体育	2	1	100.0
4	民航运输	4	1	300.0	18	审计	2	1	100.0
5	动车组检修技术	3	1	200.0	19	城乡规划	2	1	100.0
6	铁道通信与信息化技术	3	1	200.0	20	环境地质工程	2	1	100.0
7	包装艺术设计	3	1	200.0	21	物流工程技术	2	1	100.0
8	中药学	5	2	150.0	22	园艺技术	2	1	100.0
9	机械产品检测检验技术	5	2	150.0	23	药品生物技术	2	1	100.0
10	学前教育	2	1	100.0	24	物流信息技术	2	1	100.0
11	铁道工程技术	2	1	100.0	25	风电系统运行与维护	2	1	100.0
12	城市轨道交通车辆技术	2	1	100.0	26	餐饮管理	2	1	100.0
13	高尔夫球运动与管理	2	1	100.0	27	材料工程技术	2	1	100.0
14	市政工程技术	2	1	100.0	28	食品检测技术	2	1	100.0
29	建筑设计	4	2	100.0	35	金融管理	13	8	62.5
30	产品艺术设计	4	2	100.0	36	铁道交通运营管理	3	2	50.0
31	软件与信息服务	4	2	100.0	37	铁道机车	3	2	50.0
32	城市轨道交通运营管理	6	3	100.0	38	铁道信号自动控制	3	2	50.0
33	临床医学	5	3	66.7	39	城市轨道交通机电技术	3	2	50.0
34	商务管理	5	3	66.7	40	理化测试与质检技术	3	2	50.0

5.专业的点均学生变化

家政服务与管理、现代农业技术、服装表演、移动互联应用技术等是点均数生增长最快的专业。点均学生增长率最高的40个专业见表4-28。

表4-28　点均学生增长率最高的40个专业

序号	专业	点均学生数（人）		增长率（%）	序号	专业	点均学生数（人）		增长率（%）
		2016年	2013年				2016年	2013年	
1	家政服务与管理	49	1	4800.0	21	导弹维修	775	212	265.6
2	现代农业技术	125	3	4066.7	22	风电系统运行与维护	87	24	262.5
3	服装表演	131	7	1771.4	23	网络新闻与传播	148	44	236.4
4	移动互联应用技术	140	8	1650.0	24	市政工程技术	241	75	221.3
5	商务日语	205	16	1181.3	25	钻探技术	53	17	211.8
6	环境信息技术	198	27	633.3	26	保险	1111	360	208.6
7	钢琴调律	29	5	480.0	27	铁道通信与信息化技术	138	45	206.7
8	电梯工程技术	165	29	469.0	28	汽车车身维修技术	90	31	190.3
9	医疗设备应用技术	179	31	477.4	29	给排水工程技术	155	55	181.8
10	数字印刷技术	23	4	475.0	30	高速铁道工程技术	263	96	174.0
11	太阳能光热技术与应用	130	23	465.2	31	药品经营与管理	158	58	172.4
12	现代教育技术	60	11	445.5	32	休闲农业	69	26	165.4
13	森林生态旅游	49	9	444.4	33	影视照明技术与艺术	21	8	162.5
14	体育运营与管理	466	88	429.5	34	老年服务与管理	345	132	161.4
15	计算机信息管理	188	44	327.3	35	首饰设计与工艺	118	46	156.5
16	物联网应用技术	160	39	310.3	36	室内艺术设计	338	135	150.4
17	宠物养护与驯导	77	19	305.3	37	建筑智能化工程技术	93	38	144.7
18	药品质量与安全	110	28	292.9	38	环境监测与控制技术	1173	480	144.4
19	国际金融	167	43	288.4	39	皮具艺术设计	120	50	140
20	科学教育	104	27	285.2	40	陶瓷设计与工艺	130	54	140.7

七、全省高职教育专业结构布局及对经济社会发展的适应性

《普通高等学校高等职业教育（专科）专业目录（2015年）》是参考
《国民经济行业分类（2011）》《三次产业划分规定（2012）》《中华人
民共和国职业分类大典（2015年版）》，依据产业、行业分类而科学编制
的，基本上专业大类对应产业，专业类对应行业，专业对应职业岗位群或
技术领域。因此，对专业结构布局及调整进行分析，可以剖析供给侧结构
改革中全省高职教育专业结构布局对经济社会发展的适应性。

（一）专业结构的发展变化基本同步于三次产业结构的调整

全省高职院校紧跟湖南产业结构调整趋势，积极调整专业结构。2013-
-2016年，面向第一产业的农林牧渔专业大类培养规模增长17.9%，占比稳
定在1.4%；面向第二产业的装备制造、生物与化工等8个专业大类培养规
模增长9.0%，占比减少2.8%；面向第三产业的交通运输、电子信息等10个
专业大类培养规模增长24.4%，占比增长2.8%。服务三次产业的专业门类
的增长率及其规模占比的变化，基本上与湖南三次产业地区生产总值的发
展相适应，形成与产业发展需求相契合的专业结构布局。专业门类随三次
产业调整变化情况见表4-29。

表4-29 专业门类随三次产业调整变化情况表

产业分类	地区生产总值 GDP 占比			在校生数（人）					
	2013 年（%）	2016 年（%）	变化量	2013 年		2016 年		变化量	
				数量（人）	占比（%）	数量（人）	占比（%）	数量（人）	占比变化
第一产业	13.6	11.5	-2.1	5352	1.4	6308	1.4	776	0
第二产业	47.4	44.3	-3.1	124600	32.1	135787	29.3	11187	-2.8
第三产业	39.0	44.2	5.2	257908	66.5	320806	69.3	62898	2.8
小计	100	100	0	387860	100	462901	100	75041	0

（二）专业设置与发展契合湖南制造强省的"1274"行动

湖南加快发展12大重点产业，大力实施7大专项行动，着力打造制造

强省4大标志性工程，全面推进"1274"行动，加快建设制造强省，加速推进新型工业化。全省高职院校紧跟"1274"行动，主动对接先进轨道交通装备、航空航天装备、工程机械、新材料、新一代信息技术产业、节能与新能源汽车等汽车制造、电力装备、生物医药及高性能医疗器械、节能环保、高档数控机床和机器人等12个重点产业。新增了工业机器人技术、移动应用开发、铁道车辆、通用航空器维修、无人机应用技术、煤化工技术、定翼机驾驶技术、精密机械技术等79个专业。其中，工业机器人技术、移动应用开发等26个专业在校学生达到100人。已有的铁道通信与信息化技术、新能源汽车技术、风电系统运行与维护、医疗设备应用技术、民航运输、物联网应用技术等专业呈成倍规模增长。高职教育的专业设置与发展契合湖南制造强省的"1274"行动，有力支撑了新兴产业的发展。

（三）农林牧渔业专业发展仍然面临困难

2016年，农林牧渔大类设置有畜牧兽医、园艺技术等17个专业，36个专业点，在校学生6308人，较2013年增加了17.9%，但低于全省高职在校学生19.3%的增长水平。2016年，湖南第一产业产值占GDP的比例为11.5%，与第一产业相对应的农林牧渔类学生数占学生总规模的1.4%。从专业发展来看，园林技术、畜牧兽医、动物医学3个专业发展较好；种子生产与经营、水产养殖技术、农业装备应用技术等其余专业规模较小。我省农林牧渔类专业设置、发展规模和发展水平与建设湖南现代农业的目标和要求还有一定差距。

（四）大湘西地区院校专业发展有一定差距

邵阳、娄底、怀化、湘西、张家界在经济区划中是湖南的大湘西地区，5个市州人口占全省24.1%，地区生产总值占全省15.2%；该区域的6所高职院校设置了175个办学点，占全省办学点的10.3%；办学规模30619人，仅占全省的6.6%，大湘西地区院校的专业发展有一定差距。

第二节　湖南高等职业教育的服务贡献

一、服务贡献度

2016年，湖南高职院校面向社会发布了"服务贡献表"，设置了毕业生就业去向、横向技术服务到款额、纵向科研经费到款额、技术交易到款额、非学历培训到款额和公益性培训服务等六项指标，量化评价院校的社会服务贡献度。全省高职院校2016年毕业生人数为134740，比2015年增长10.97%；横向技术服务到款额21447.46万元，增长-7.86%；纵向科研经费到款额4110.25万元，增长-13.43%；技术交易到款额940.99万元，增长36.70%；非学历培训到款额31613.57万元，增长14.35%；公益性培训服务1005005人日，增长220.03%。

二、服务贡献20强

按照"服务贡献表"横向技术服务到款额、纵向科研经费到款额、技术交易到款额、非学历培训到款额和公益性培训服务等5项指标，加上湖南省大中专学校学生信息咨询与就业指导中心发布的初次就业率，共6项指标，采用层次分析法量化高职院校服务贡献度，得出湖南省高职院校服务贡献20强。在20强中，省教育厅主办的院校7所，地市政府主办的院校3所，具有行业企业背景的院校10所，呈现了高职院校服务社会的行业性和地方性特色。

20强名单如下（数据来源：根据高等职业教育质量年度报告院校年报统

计）：

　　1.湖南铁道职业技术学院　2.湖南汽车工程职业学院　3.长沙航空职业技术学院　4.长沙环境保护职业技术学院　5.湖南高速铁路职业技术学院　6.湖南交通职业技术学院　7.湖南水利水电职业技术学院　8.湖南外贸职业学院　9.湖南机电职业技术学院　10.湖南邮电职业技术学院　11.湖南工艺美术职业学院　12.长沙电力职业技术学院　13.湖南大众传媒职业技术学院　14.长沙民政职业技术学院　15.湖南财经工业职业技术学院　16.湖南生物机电职业技术学院　17.湖南化工职业技术学院　18.湖南国防工业职业技术学院　19.保险职业学院　20.湖南艺术职业学院

三、服务湖南"1274"行动

　　全省各高职院校主动服务湖南"1274"行动（发展12大重点产业、实施7大专项行动和打造4大标志性工程），加大对湖南省12大重点产业、特别是其中6大新兴产业人才培养力度，有力保障产业发展急需的技术技能型人才。与2015年相比，2016年服务6大新兴产业相关专业的在校生人数增加了17335人，占全省在校生人数的比例提高1.08%；毕业生人数增加了5917人，占全省毕业生人数的比例提高1.67%。

　　案例：近年来，湖南工程职业技术学院依托行业发展背景，突出工程人才培养特色，主动适应国家经济发展新常态，主动服务国家"一带一路""长江经济带"发展战略，主动对接湖南"一核三极四带多点"发展新格局，坚持以服务为宗旨、以就业为导向的高等职业教育办学思路，主动适应产业升级和地方经济发展需求，目前开办有工程测量技术、建筑工程技术、工程造价、软件技术、会计电算化等30个专业，涵盖了教育部新发布的高职高专指导性目录中的8个一级专业大类和27个二级专业类，其中资源环境与安全大类6个、土木建筑大类6个、电子信息大类6个、财经商贸大类4个、旅游大类2个、交通运输大类1个、文化艺术大类1个、教育与体育大类1个，形成了以资源环境与安全、土木建筑、电子信息为主，以财经商贸、旅游、交通运输等大类专业为辅的专业布局，覆盖工程勘测、工程施工、工程管理服务领域一线基本岗位的特色专业群和面向区域现代服务业一线主要岗位的优势专业群。该校全面贯彻党和国家的教育方针，以立德树人为根本，以服务国土资源勘测和建筑产业发展为宗旨，以促进学生就业和创新创业能力为导向，服务国家"一带一路"和"中三角"战略，主动适应湖南省"四化两型"发展战略和建设"绿色湖南""数字湖南"的需要，根植国土地勘，对接土木工程，服务国家重大战略、区域经济发展和产业转型升级，按照"工程勘查立校、工程建设强校、工程服务兴校"的专业建设思路，进一步优化和调整专业发展布局，立足学院"资源环境与安全类""土木建筑类"两个重点专业大类来规划和建设专业群、特色专业，促进电子信息、旅游、财经等专业转型协调发展。

四、服务企业

（一）保障企业急需人才供给

湖南高职院校坚持正确的服务面向，重点为向企业发展输送技术技能型人才。2016年，毕业生就业率达95%的院校有11所，占院校总数的16.92%，比2015年提高1.54个百分点；毕业生留在当地就业的比例超过60%的院校达到30所，占院校总数的46.15%，比2015年提高3.08个百分点；到中小微企业就业比例超过70%的院校达到25所，占院校总数38.46%，比2015年提高4.61个百分点；到国家骨干企业就业比例超过20%的院校达到27所，占院校总数41.54%，比2015年减少1.54个百分点（见图4-1）。

比例

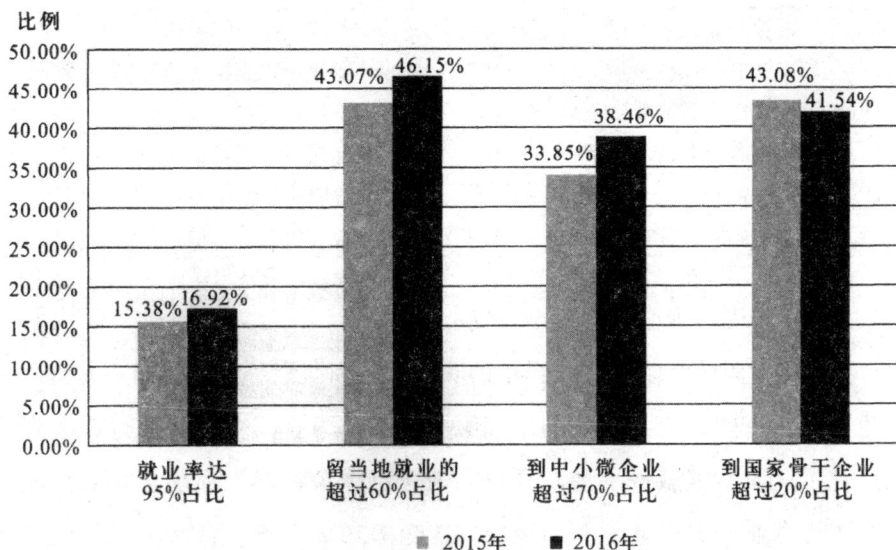

图4-1 2015-2016年湖南省高职院校为企业输送人才情况

数据来源：根据高等职业教育质量年度报告院校年报统计

（二）面向企业开展技术服务

全省各高职院校把为企业提供技术服务作为自身的重点任务之一. 坚持校企协同创新，在新产品开发、应用技术研发与推广、职业培训等方面取得显著成效。2016年，校企合作开展生产技术攻关项目699项，比2015年增加25项，增长3.7%，获专利授权数533项（获专利授权数前十学校见表4-30）；开展各类应用技术推广服务767项，比2015年增加56项，增长7.9%；开展各类培训159.8万人日，比2015年增长-8.1万人日，增长-5.1%。

表4-30 2015—2016年湖南省专利授权数量排前10位的高职院校

序号	2015 年		2016 年	
	院校名称	专利授权数量 / 项	院校名称	专利授权数量 / 项
1	湖南机电职业技术学院	81	湖南机电职业技术学院	110
2	长沙电力职业技术学院	48	湖南大众传媒职业技术学院	33
3	湖南大众传媒职业技术学院	27	湖南信息职业技术学院	31

4	常德职业技术学院	26	娄底职业技术学院	31
5	湖南铁道职业技术学院	18	长沙环境保护职业技术学院	26
6	湖南汽车工程职业学院	18	常德职业技术学院	25
7	长沙民政职业技术学院	16	湖南高速铁路职业技术学院	24
8	湖南城建职业技术学院	13	长沙职业技术学院	19
9	长沙商贸旅游职业技术学院	12	湖南理工职业技术学院	17
10	娄底职业技术学院	11	长沙民政职业技术学院	16

案例：开展培训服务促进企业发展

湖南保险职业学院着力加强培训队伍、培训课程、培训管理三大建设，构建了专业高效、流程规范的培训服务体系，为我国金融保险行业在职员工搭建了优质培训服务平台。到目前为止，已为40多家保险企业的在职员工提供了专业培训服务，培训地域覆盖全国30多个省、自治区、市。2016年，共举办培训班119期，培训规模近40000人日。

湖南食品药品职业学院打造设备先进、师资一流的培训基地，面向全国开展药品GMP、食品药品安全生产及应急管理、生物医药新兴产业员工业务提升、执业药师继续教育等各类培训。2016年，共计培训5600余人次，为提高生物医药行业从业人员业务水平和生物医药产业发展做出了积极贡献。

湖南邮电职业技术学院根据通信行业供给侧改革需要，成立"湖南电信天翼培训学院"，在全省14个市州设立分院，与通信企业共同开发了供给侧改革培训项目10个，并开发了配套课程。2016年，培训通信企业员工1670人。

五、服务"三农"

全省各高职院校持续加大服务"三农"的力度，扩大农村和涉农专业招生规模，积极开展农技推广服务和农民培训服务。2016年，全省高职院校招收农村学生数、涉农专业毕业学生数、农技服务受益农户数、农民培训人数较2015年均有不同程度增长。其中，招收农村学生数增长0.7万人，涉农专业毕业生增长5.88%。

案例：发挥高校智库作用提高服务"三农"效益

常德职业技术学院组建由知名教授带领的技术服务团队，深入澧县、桃源等县开展技术研发、指导与培训。近年来，徐兆林、顾建中教授带领各自团队指导澧县开发优质花木培育基地、优质水果生产基地，使该县成为闻名全省的优质花木、水果生产大县。王燕教授根据桃源县景观建设需要，对桃花花期调节进行专题研究，繁殖了20多个桃花新品种，并长期对桃源百亩桃花苗圃生产进行技术指导。

湖南生物机电职业技术学院整合优质资源，成立了全国第一家休闲农业产业发展服务工作室，为现代休闲农业的发展提供全方位的服务，现已为8个省、市、区的70多家休闲农庄进行了会诊服务指导，为麻阳苗族自治县、溆浦县等贫困村提供了乡村旅游规划指导与农业种养加技术服务。创办了全国第一个休闲农业职教微信公众号——休闲农业职教周刊，受到包括台湾、香港、澳门在内的全国近万名读者的关注，已打造成中国休闲农业专业教学首席公共平台。编写了7本涵盖高职观光农业专业主干课程的全国首套休闲农业系列教材，填补了国内高职观光农业专业教材的空白。

六、精准扶贫

（一）精准扶贫成效显著

2016年，湖南高等职业教育响应党中央、国务院，湖南省委、省政府关于精准扶贫的号召，积极开展教育精准扶贫工作，取得显著成效。3月，湖南省教育厅专门在怀化市召开精准扶贫座谈会，湖南省教育厅职业教育与成人教育处党支部、湖南省教育科学研究院职业教育与成人教育研究所党支部多次走访薄弱职业院校、慰问贫困学生。由湖南省教育科学研究院职业教育与成人教育研究所牵头，联合国家、省示范高职院校，为贫困地区中等职业学校开发专递课堂、名师课堂、网络课程共4221门，比2015年增加216门；发放公益助学资金1600万元。比2015年增加100万元。

（二）对口帮扶初见成效

2015年，湖南省教育厅启动教育定向扶贫试点工作，确定了10所省示范性高职院校对口帮扶怀化地区10所中职学校，工作开展一年来，已初见成效。2016年，10所省示范高职院校为10所对口帮扶学校共捐赠教学设备158台／套，培训教师1050人次，指导开发人才培养方案35个、课程95门，支持建设实训室（基地）10个。对口帮扶加快了贫困地区职业教育脱贫步伐，由长沙民政职业技术学院对口帮扶的溆浦县职业中等专业学校，2016年申报湖南省卓越中等职业学校并成功立项，另有2所学校成功立项校企合作生产性实习实训基地省级重点建设项目。

案例：发挥卓越校优势开展对口帮扶

长沙商贸旅游职业技术学院积极参与湖南"校校结对帮扶工程"，制定了《长沙商贸旅游职业技术学院帮扶管理办法》，建立了常态化帮扶机制，对口帮扶怀化商业学校。2016年，学校选派10名专业带头人对该校开展"一对一"专业帮扶，成立湘菜学院怀化分院，支持该校培养餐饮旅游人才，指导开发专业核心课程3门，联合开展中高职衔接培养试点，捐赠教师培训专项资金15万元。通过帮扶，该校办学水平和人才培养质量得到提升，2016年，该校学生获省技能竞赛烹饪赛项三等奖，实现了该校省赛获奖零的突破。

湖南大众传媒职业技术学院于2015年与新晃侗族自治县职业中等专业学校签署了结对帮扶框架协议，指导该校筹建电子商务专业，援建高标准电子商务实训室1个，赠送实训设备价值32万余元，捐赠专业骨干教师培训费3万元，邀请师生参加校园文化艺术节，扩大他们的人文艺术视野。新晃教育信息网、红网、中国高校之窗等媒体先后对学校的对口帮扶工作进行了专题报道。

第三节　湖南高等职业教育人才培养质量第三方评价研究

人才培养质量评价，是对人才培养质量的进行检测、总结，发现问题，预测人才质量，以及对人才培养起导向作用。在《国家中长期教育改革和发展规划纲要（2010—2020年）》中提出"开展由政府、学校、家长及社会各方面参与的教育质量评价活动"，之后教职成[2011]9号《关于推进中等和高等职业教育协调发展的指导意见》中提出"探索建立职业教育第三方质量评价制度"。《国家高等职业教育发展规划（2011—2015年）》指出"面对转变经济发展方式等国家发展战略要求，高等职业教育必须全面提高人才培养质量"。2011—2012年，中央财政投入专项资金，支持全国公办高职院校1000个左右专业建设，该项目要求改革传统的专业人才培养质量评价方法，引入第三方评价机制。由此可见，对人才培养质量的评价势在必行，而职业教育是教育体系的一个重要组成部分，应该不断地改进教育评价，引进第三方评价，可以促进职业院校毕业生的社会适应能力，提高人才培养质量的重要途径。这里所指的第三方评价是指独立于学校与学生，又与学校和学生有着紧密联系的机构，通常包括行业组织、企业、教育主管部门等。

一、高职教育人才培养质量第三方评价的意义

人才培养质量第三方评价，是委托独立于教育主管部门及学校的第三方机构对人才培养过程中的专业人才培养方案、课程体系构建、实训实习条

件、教学改革、师资培养、社会服务能力等进行综合评定。

（一）促进人才培养质量评价结果更加客观与真实

现阶段高职人才培养质量评价，大都以教育行政部门评价和高职院校的自我评价为主，这种评价机制成了自己评价自己，与职业教育的发展不相适应，使得教育评价失去了科学性与公正性。而且传统的评价方式有行政导向性，评价标准单一，对职业教育的具体特点及社会需求难以兼顾。因此，构建第三方评价体系，不是教育行政部门说了算，也不是学校自己说了算，评价过程更加公平公正，不受校方干扰，所采集到的数据更加客观、真实。评价机构独立化、评价人员职业化、评价流程规范化，评价结果客观、真实。这样能够更加科学、公正地评价高职教育人才培养质量，可以促进提高人才培养质量。

（二）促进高职教育更好地服务区域经济发展与转型

当前高职教育培养的人才与社会需求脱节，很多企业招不到所需要的人才。构建第三方评价体系，能够使职业院校的办学接受社会督查，不断地发现办学中存在问题，了解社会对人才的需求，调整专业布局，调整教学实践，深化教学改革，使得学校培养的人才与社会需求贴近。同时学生会关注就业后所需要的沟通、协作、应变、情绪管理等问题，以促进学生毕业后更快地适应社会，适应环境，具备终身学习的能力。这样可以培养出高素质高技能型人才，更好地服务于区域经济的发展与区域经济的转型升级。

（三）检测专业建设与经济发展是否相符

高职教育承担着培养人才、服务社会、文化传承、科学研究等职责，高职教育要服务和引领经济发展。高职院校培养的人才应该是能够满足社会发展需要的高技能型人才，人才培养质量应该经得起社会的检验，满足用人单位的需求。《国家中长期教育改革和发展规划纲要（2010—2020年）》提出："把职业教育纳入经济社会发展和产业发展规划，促使职业教育规模、专业设置与经济社会发展需求相适应。"人才培养质量第三方评价可以检验高职教育教学水平，检测专业设置以及专业教育与经济发展的符合度。专业人才培养质量第三方评价把行业、用人单位、学生及家长和学校一起作为评价主体，突出了行业、用人单位在人才培养质量评价中的利益诉求，强调了人才培养过程及人才培养质量的社会属性，促进了专业建设与社会经济发展的符合度，是检验专业社会适应性的重要手段。

二、湖南省高职教育人才培养质量第三方评价现状

目前，在湖南的高职教育人才培养质量评价，以教育行政部门的专业技能抽查以及自己学校所制定的专业抽查为主，第三方评价还处于起步阶段。湖南省高等职业教育质量年度报告（2014）中指出：企业等第三方成为质量评价的主体之一，建立了毕业生跟踪检查制度，每年开展毕业生跟踪调查和企业满意度调查。湖南已有27所高职院校引入了麦可思数据有限公司作为第三方评价机构，对毕业生进行连续多年的跟踪调查。例如，湖南工业职业技术学院与博世汽车部件（长沙）有限公司合作，引入国际权威认证机构德国工商会作为第三方，按照德国教育部（BMBF）颁布的职业教育大纲和德国工商会（DIHK）颁布的职业资格培训认证体系，校、企、认证机构三方共同制定人才培养方案，采用AHK认证对学生专业能力进行评价。湖南铁道职业技术学院每年6月由广铁集团、中铁工程集团等合作企业组织专家组，对相应专业应届毕业生专业综合能力进行测试，并据此择优录用到合作企业就业。长沙航空职业技术学院也委托了第三方独立权威评估机构北京麦可思数据公司正在对近三年毕业生进行社会需求和人才培养质量跟踪调查。

三、湖南省高职教育人才培养质量第三方评价对策

（一）开展高职教育人才培养质量第三方评价试点项目

当前湖南省有部分高职院校在试点人才培养质量第三方评价，建议由湖

南省教育厅牵头，开展高职教育人才培养质量第三方评价试点项目，成立专门的领导工作小组及办公室，设立相应的专项基金，对高职教育人才培养质量第三方评价主体、评价对象、评价指标、评价原则、评价方法与评价程序进行深入的理论研究，并选择条件较好，具有实施能力的高职院校或专业以3～5年为周期进行试点评价，将人才培养质量第三方评价试点中的评价指标、评价经验等进行总结与推广，并确立推进第三方评价的长效机制。同时，鼓励各高职院校自行试点高职教育人才培养质量第三方评价。

（二）制定与职业岗位相符的人才培养质量第三方评价标准

当前高职院校培养的人才与企业脱节，不适应社会的发展，与职业岗位能力要求不相适应。行业或企业作为高职办学对接的用人市场，人才培养质量的差异直接影响企业对岗位人员素质的要求，也将会对企业的生产效率和产业结构的调整产生潜在的影响。职业院校与企业间有着供、需方之间的合作基础，所以，高职教育中人才培养质量第三方评价标准要根据职业岗位要求，邀请行业、企业管理人员及技术人员与教师等在深入调研、充分论证的基础上共同制定，标准的制定以岗位职业能力需要为依据，吸纳行业企业的职业标准。使第三方评价标准与企业职业岗位要求相吻合，促进高职教育培养出更多的社会满意的人才，服务于湖南经济的发展。

（三）创新方法跟踪服务毕业生及采集毕业生信息

在高职教育人才培养的质量第三方评价中，最关键的问题是采集毕业生的就业信息及工作单位的信息。为了保证评价结果的准确性，必须保证所采集到这些数据的真实、全面、及时。可以建立毕业生信息采集管理系统，利用网络平台，采集毕业生、用人单位、行业等相关信息。这些信息要求及时更新，对毕业生跟踪5～10年。为了保证毕业生信息管理系统所采集到数据的真实性与及时性，学校要与企业深度合作，建立校企互信机制，学校配合企业对学生进行管理培养，企业配合学校对毕业生进行数据采集。另外，还可以尝试班级情报员制度，即在每人毕业班级中挑选出一个和同学联系密切、沟通能力强、有责任心的同学作为班级情报员收集毕业生的相关数据，并更新到毕业生信息管理系统中。

（四）规范第三方评价方式的合理应用

随着高职教育人才培养第三方评价模式的推广与应用，要积极地将评价经验、评价制度、评价结果进行反馈与公布，以促进专业建设，促进校企深度合作，最终促进高职教育人才培养质量的提升。

四、湖南省高职教育人才培养质量评价指标

经过充分调研及研究相关资料，分析出湖南省高职教育人才培养质量第三方评价指标，分为4个一级指标，14个二级指标，具体见表4-31。

表4-31　湖南省高职教育人才培养质量第三方评价指标

一级指标	二级指标	备注
培养方案	规格定位	根据市场对人才的需求，确定人才所需具备的知识、能力、素养，分析专业核心能力
	专业人才培养方案	对培养的人才进行定位，确定课程体系，人才培养模式，教学资源的建设与利用
	专业建设规划	专业建设目标，建设内容，专业标准设计
	培养模式	人才培养模式创新改革
教学资料	教学团队	双师结构，双师素质，专兼职比例，师生比，管理队伍，教学成果奖，师资培训，引进人才
	教学资源库	教学资源的数量、种类，资料的质量，呈现形式，利用率
	实训场地	校内实训室，校外实训基地的环境、设备、管理、利用率、导师
	校园文化	文化内涵、文化氛围
培养过程	课程体系	课程标准、课程内容，精品课程开发，教材，实验实训资料
	教学评价	教学方法、手段、内容、场合，课程考核
	就业服务	服务态度、方法，为毕业生提供的就业信息，就业机会
	教学督导	督导教学内容，教学方法设计，教学效果，促进改进提升
	生源	招生人数、录取分数、招生地区
毕业生	整体素质	毕业率、证书获取率，比赛获奖，岗位能力，团队协作，道德
	就业情况	就业率，月收入，专业相关度，毕业生满意度，自主创业比例，雇主满意度

五、湖南省高职教育人才培养质量第三方评价模型

高职教育人才培养质量第三方评价，包括组建第三方机构、采集毕业生及专业相关数据、毕业生信息调研、第三方评价、评价结果发布、学校根据结果调整改进教学和人才培养质量提升几个环节。第三方机构作为评价主体，应包括企业、行业、教育研究机构、学生及家长，以企业、行业为主。为保证结果的权威性，第三方机构应是本行业或专业内的知名机构或知名人士，有广泛的代表性。毕业生信息的采集要采用上文所说的毕业生管理信息系统及时真实地采信。第三方评价结果通过权威媒体进行发布，反馈给高职院校，高职院校将根据第三方评价结果调整专业设置，进行教学改革，提高人才培养质量。

总之，高职院校人才培养质量第三方评价，可以更加客观真实地反映高职教育培养人才的质量，可以促进高职教育提高人才培养质量。湖南的高职人才培养质量处于起步阶段，需要进一步推广，积累经验，提高办学水平，促进人才更好地适应职业岗位需求，促进湖南区域经济发展。

第四节　湖南高等职业教育面临的问题与挑战

一、激发创新活力挑战学校治理

创新是高职院校改革发展的动力之源，而激发创新活力有赖于学校治理能力提升。湖南高职院校办学活力不足、管理体制改革力度不大，对学校优化治理结构、提升治理能力提出了严峻挑战。因此，要从以下几个方面提升学校治理能力：一是要通过依法治校，落实办学自主权；二是要完善现代大学制度，构建多方参与、共建共享的治理格局；三是要通过机制创

新，完善相互支撑、相互制约、相互促进的内部结构。

二、培育工匠精神挑战人才培养

建设制造强省需要大批工匠，培育工匠精神和培养大批现代制造急需的工匠是高职院校的紧迫任务。当前，要把培养"芙蓉工匠"作为培育工匠精神的战略突破口，营造培育工匠精神的文化氛围，构建与之相适应的教学新体系。一是建设一批"芙蓉工匠"培养示范基地；二是创新人才培养理念，把培养创新能力融入教学过程，把工匠精神刻进学生心灵；三是创新人才培养体系，改革人才培养模式、教学模式和课程体系；四是开展"芙蓉工匠"认定和表彰，营造崇尚工匠精神的社会氛围。

三、推进产教融合挑战制度创新

产教融合是职业教育发展的必由之路，高职院校办学定位和人才培养与产业升级要求仍存在较大差距，必须强力推进产教融合，构建起与湖南省现代产业体系深度融合的现代职教体系。一是要完善产教融合制度，构建政、行、企、校多方联动的产教融合机制；二是优化职业教育功能布局，形成与区域产业布局相适应的院校布局、差异化的专业群布局、集约化集群式融合发展格局；三是要深入推进校企协同育人。

第五章

湖南职业教育"数字蓝领"素质创新培养研究

第一节 湖南职业教育与区域经济发展 的互动关系研究

一、湖南职业教育与区域经济发展的互动关系的研究与文献

（一）研究背景及意义

职业教育与经济发展息息相关。美、英、德、澳等国在其发展过程中，无不在职业教育领域积极努力，构建起了多类型、多层次的真正适应本国经济发展的职业教育体系，培养了大量的高素质、高水平的技能型人才，对经济的持续发展起到了不可估量的作用。

近年来，职业教育对经济发展的巨大促进作用在我国也日益受到关注。温家宝总理在2010年3月5日十一届全国人大三次会议上所作的政府工作报告中，强调要全面实施科教兴国战略和人才强国战略时明确指出，继续加强职业教育，改进教学方式，着力培养学生的就业创业能力。其实早有

不少学者已将目光转向职业教育与经济发展关系的研究，湖南主要集中在对职业教育与经济的关系进行阐述与分析。职业教育建设在取得很大进步的同时，也出现了很多不适应经济发展的问题和矛盾，比如职业教育不能很好地适应经济发展的需要、湖南职业教育经费投入不足、职业学校和普通学校之间不能有效衔接、管理体制不健全等，职业教育到底怎样与经济发展形成良性互动一直困扰着湖南政府决策部门和相关职业教育机构。而就学界而言，侧重湖南职业教育与经济发展的互动关系的深入研究还不多见。

本书试图在借鉴国内外专家、学者关于职业教育的研究成果的基础上，通过理论分析和数据实证分析从经济学的角度深入探讨湖南职业教育与经济发展的关系，从而为政府及职业教育机构的决策提供学术依据。总之，希望通过探索性的研究，为进一步深化对职业教育与经济发展关系的了解，深化对教育内部的一些经济规律的认识，深化对教育经济学的学习与研究，促进教育科学数量化、教育决策科学化，为防止有关政策选择中的盲目性、随意性，提供一些研究数据和个人建议。同时也为湖南职业教育更好地服务当地经济发展提供一些参考性的对策。因此本研究对促进湖南职业教育与经济建设良性互动发展具有十分重要的意义。

（二）文献综述

目前关于职业教育的研究，一直是热点，学术论文层出不穷。然而对职业教育的概念界定一直存在争论，目前关于职业教育的定义在国内外已有上百种，仅有关专著就已经达20多种。

我国现代职业教育的创始人黄炎培，在其《中华职业教育者宣言》一文中将职业教育定义为："用教育方法，使人一方获得生活之供给与乐趣，一方尽其对群之义务。"

1998年，联合国教科文组织在《国际教育标准分类法》中定义："职业教育是为引导学生掌握在某一特定的职业或行业或某类职业中从业所需的实用技能、专门知识和认识而设计的教育。"

纪芝信充分强调职业教育是为个人终身学习、不断提高的专门教育，并指出职业教育"是为适应职业需要而进行的教育，包括就业准备、在职提高和转换职业所需的教育"。

我国1996年9月颁布的《中华人民共和国职业教育法》规定："职业教育是国家教育事业的重要部分，并且成为了促进经济、社会发展和劳动、就业的重要途径。"其揭示了职业教育能够很好地为经济、社会和个人服务。

顾明远、梁忠义在主编的《世界教育大系——职业教育》中指出，"职业教育的基本涵义就是传授某种特定职业所需的知识、技能和职业意识的教育"。

刘春生在其著《职业技术教育概论》（1989）中指出："职业教育的概念涉及到对本质的认识，职业技术教育是在普通教育的基础上，对国民经济各部门和社会发展所需要的广大劳动者，所进行的专业知识、专业技能和操作能力职前教育和职后培训，使其成为具有高尚的职业道德、严明的职业纪律、熟练的专业技能的劳动者，从而适应就业的个人要求和客观的岗位需要，推动生产力的发展。"其论述实质是把职业教育看作是"进行专业技能教育"的一个过程。

周明星在《职业教育学通论》中指出："职业教育是在基础教育之上，人们为影响自身职业生活能力发展及其运用所进行的一种不间断的活动。这种活动"不再是终结教育，而是贯穿人的一生的终身教育；不再仅仅是为了谋生，而是将不同个性、兴趣、爱好者以充实自我、怡悦人生的一种多姿多彩的职业生活教育"。职业教育由此开始关注人的全面发展的需要。

孟广平把职业教育定义为历史发展过程，职业教育与工业发展相关，是为工业生产培养专门人才的教育，是生产发展的必然产物，强调了职业教育是社会生产力发展的必然结果。

以上对职业教育的概念界定大都集中于其经济目的性上面，但笔者认为职业教育应该是"通过专门的训练，以使受训者获得相关职业技能和素质，并且培养受训者职业情操的一种活动"。因为人不是机器，他具有社会情感，因此职业教育不能只单一地注重经济功能，更应注重人的社会属性。

此外，职业教育对经济发展的作用日益增强，学术界不仅仅局限于对职业教育本身的研究，而是把眼光转向了职业教育与经济发展的关系的研究。具体研究状况如下：

国外关于教育与经济关系研究很早，泰雷克研究教育的起源史，认为古希腊的柏拉图最早指出了教育的重要性，而且最早涉及教育与一国经济增长关系问题。他还指出教育具有综合的和多方面的效益，这些效益将会促进经济发展。威廉·配第认为人的素质有差异，每个人所提供的生产力也是有差异的。他说："有的人，由于他有技艺，一个人能够做许多没有本领的人所不能做的许多工作。"虽然他们没有直接从职业教育与经济发展关系的角度研究，但是今天的实践已经证明，职业教育不但是教育的重要组成部分，而且它对经济发展的贡献巨大，因此，配第的思想其实已暗含了职业教育可以促进生产效率的提高及经济发展的观点。但真正上升到职业教育与经济发展关系的深度研究，是从马克思开始的，他指出："要改变一般人的本性，使他获得一定劳动部门的技能和技巧，成为发达的和专门的劳动力，就要有一定的教育和训练。因为教育可以使劳动者劳动变换能力得到增强，使劳动者对不断变换的劳动需求具有适应性。"此外，马克思还指出教育可以改变劳动力形态、可以使劳动力具有专门性。虽然在《资本论》诞生之时，职业教育的研究还未出现，但是马克思把教育看成是生产劳动力，并优化劳动力使之更好地服务于劳动的一种劳动，即劳动者通过教育，特别是职业技能教育可以获得更多的专业技术知识，从而转化为更为先进的劳动力，为生产力的提高以及社会经济的发展注入更高层次的活力。马克思实际上从侧面提出了职业教育之于经济发展的重要性，为职业教育与经济发展关系的研究提供了原始的理论依据。

人力资本概念的提出者舒尔茨指出："人们抱有一种顽固的偏见，认为所有资本只包括物质设施、建筑物、器材和物质库存等等。这种偏见在很大程度上成为政府贬低人力资本投资、抬高物力资本投资的固执态度的原因。无论是中国还是巴西，都是优先考虑钢厂、民航、辅助工业以及土地开发等，而只把少量资源留给中等职业教育。这种反常的投资减少了生产和福利的潜力。理想的投资方式应该是增加那些可能生产最佳预想收益率的资本形式。"在此舒尔茨直接揭示了中等职业教育之于社会福利生产的重要性。

加里·贝克在舒尔茨的基础上进一步进行了深入研究，他把探讨的重心从正式学校教育转移到劳动培训。他在自己的经典著作《人力资本》中，对劳动培训形成人力资本的决策过程进行了深刻论述，并提出了非专业技能的培训费用由雇主承担、专业技能的培训费用由雇员承担的观点。加里·贝克把职业教育从教育体系中分离了出来，认为对职业教育投资的收益要高于其机会成本。

联合国教科文组织在《关于职业技术教育与培训的第二届国际大会的建议》中指出："21世纪的经济与社会将发生翻天覆地的变化，更多的人必须接受职业教育，使职业教育能够满足人才资源开发的需要并能促使人们有效地进入工作世界。"ErmlVishnu Ramsaro认为，"职业技术教育的质量对经济的影响是最大的"。JohnH. Bish，FerranMane研究后发现，"在高中阶段把1/6时间花在职业课程的学生毕业后第一年至少获得比别人多12%的收入，7年后要获得比别人多8%的收入"。Dewcy指出："高质量的职业教育产品是一个国家工业发展水平的关键"。Prosser认为，"当职业技术教育受到重视，其他条件相同的情况下，接受职业技术教育者的收入要高于接受普通教育者。此外，国家和社团对职业技术教育的投资的报酬率往往高于对普通教育的投资"。美国著名管理学家彼得.杜拉克觉得，"发达国家技术人员是最实际、最能带来长远竞争优势的人"。关于经济发展对于职业教育的推动促进作用，英国经济学家巴洛夫指出："发展中国家的职业教育与经济发展是相辅相成、相互促进的"。Sheppeck指出，"发达国家经济在过去的几十年里经历了快速的转型，为了适应这种需求就需要缩小普通教育和职业教育的差距，增加普通教育背景的职业教育，拓宽职业教育通往高等教育的路径，开发能力本位的课程机制，增加教育部门、用人单位和行业的合作，使雇主能更好地参与职业教育的发展，最后使职业教育更好地服务经济发展"。学界的这些观点逐渐成为了人们的共识。1999年在首尔召开的第二届世界技术与职业教育大会上，联合国教科文组织指出："职业技术教育是所有国家发展的重要组成部分；所有国家必须重视教育培训和就业政策的密切关系；职业技术教育不能只依靠需求来驱动，也应该注意发展需要的驱动作用"。Benson提出"职业技术教育是由经济发展直接影响的"。利奥纳德·康特在其《职业教育与经济发展》一书中揭示了职业技术教育与国民经济发展之间的紧密关系。

随着国外专家、学者对职业教育与经济发展关系研究的不断深入，国内的学者们也开始了这方面的研究，并且取得了很大进步。

国内学者关于职业教育与经济发展关系的研究主要开始于借鉴国外的研究经验和理论。通过学习和借鉴国外经验，国内学者通过从不同视角进行研究，也取得了一定的进步。毛泽东曾经提出了职业教育与生产劳动相结合的理论观点，即职业教育服务于经济发展，为发展生产服务，学校与社会紧密结合，可以推动生产和职业教育的双发展；理论与实践的结合，体现了知识分子与工农相结合的关系；产教结合是获得一定的劳动技能和增强体质的重要方法。阎维方从经济学角度探讨了我国中等职业教育发展。作者借鉴国外的研究成果，运用人力资本理论，结合我国特定社会经济技术状况，创立了一个关于劳动生产率与教育关系的理论架构。通过案例分析得出，我国可以通过发展中等职业教育来有效地培养现代化技术工人。此外他还通过国际比较的方法，介绍了职业教育与劳动生产率之间的关系，总结外国职业教育发展对我国职业教育的启示，指出了职业教育与劳动生产率之间的复杂关系，认为我国的职业教育应该借鉴外国经验，从实际出发，并进行科学、系统的实证研究。并对我国制造业中中等职业技术学校与普通高级中学教育导致的劳动生产率的差别和影响劳动生产率的因素进行了实证分析。通过分析职业教育投资存在的主要问题，提出了国家应加强政府宏观调控，加大国家财政拨款，建立职业教育与普通教育公平机制，建立公有制为主体、多种所有制企业共同投资职业教育的体制以及公办职业学校投资主体多元化改革等对策。著名学者牛征基于职业教育与马克思主义教育价值理论、人力资本理论、社会主义市场经济理论和教育经济理论，运用理论和实证相结合的方法对职业教育与经济关系、职业教育成本效益、职业教育资源配置、职业教育发展等方面进行了研究，首次进入了职业教育经济学领域研究。钱民辉在其《职业教育与社会发展研究》一文中用对比和跨文化手法研讨了区域经济发展与职业教育的关系。他指出："职业教育是区域经济发展的结果，区域经济推动区域职业教育发展，经济结构对职业教育结构起制约作用。"

谢海琼指出："建设和谐社会、解决三农问题、加速我国城市化进程，可以通过努力发展职业教育来实现。"熊惠平指出:平民化、个性化、全人化的"三位一体"职业教育新体系，可以满足人对职业的需求和社会对人的需要，达到人与职业的和谐，进而促进经济社会的和谐发展。华志丰对职业教育的公共属性和社会属性、职业教育是否能产业化和市场化等问题进行了经济价值分析，并着重讨论了职业教育的经济特性，提出要以战略的眼光发展职业教育，积极构建政府为主导、社会各方参与的职业教育体系，加快职业教育经费有效保障和合理分配机制的构建。

此外，国内也有学者从集团化的视角研究了职业教育与经济发展的关系，姜维、邓俊芳对高等职业教育的集团化问题进行了重点研究，研讨了高等职业教育集团形成的背景、原因、形成过程以及发展优势，并发现高职教育集团的盲目扩展、协调困难、管理费用过高等问题十分突出，指出："职业教育集团有利于职业教育资源的充分利用，实现规模经济和较高的激励程度，同时指出职业教育集团的发展与成员、规模不成正比，应该保证其限制范围内的适度扩张，以实现规模经济"。

近年来，关于湖南职业教育与经济发展的互动关系的研究日益增多。不过大都集中在高等职业教育和农村职业教育以及政策研究和SWD分析等层面。

王计多和彭明辉研究了湖南省高等职业教育与经济社会发展的互动关系，指出："理顺湖南省高等职业教育与经济社会发展的关系、实现两者良性互动、实现双赢十分重要。"刘征认为高职教育对湖南新型工业化战略的实施意义重大。他指出目前湖南高职教育与新型工业化战略的要求差距显著，首先，招生规模难保稳定和持续发展。其次，专业设置与产业结构的升级不能完全有效对接。最后，教学质量难以满足市场与企业的需求。胡新华认为湖南应创造条件，争办国家与省级的教学改革试点专业，积极推行职业资格与学历文凭并重的"双证书制度"，积极构建职教与普教互通，专本互通的人才成长立交桥。朱林对湖南在产业结构调整背景下的高职教育发展进行了对策研究，并指出湖南只有主动对接产业结构的调整升级，加强专业与课程建设，实现教育信息化，走产教结合的道路，才能使高职教育发展适应新型工业化的要求。

卜灿和任剑指出，湖南当前面临着对中等职业教育认识不足、经费投入不足，办学条件差、教学和管理模式改革进展缓慢以及办学方向盲目等问题。他们认为，湖南现阶段可以通过大力发展中等职业教育来满足县域经济发展对技能型人才的迫切需求。要办好中等职业教育，推动湖南县域经济又好又快发展，坚持市场化办学、多元化投资、企业化管理必不可少。此外，李蜀湘、李怡和曾新洲对湖南省高职院校发展现状进行了因素分析，并对可持续发展过程中湖南省高职院校的有利条件和制约因素进行了探讨，提出了湖南高职教育发展的对策。胡新华和朱历欣对长株潭融城产业结构要求与社会经济发展的高职教育适应性进行了研究，指出："长株潭城市群的经济发展带动了产业结构重大变化，职业教育应与地方产业结构和社会经济发展相适应，长株潭城市群高等职业教育要积极适应产业结构的变化，要优先发展为二、三产业服务的高等职业教育"。

此外，湖南也有一些立项课题和学者从农村职业教育与经济社会发展的关系角度对农村职业教育改革进行了研究。如尹玉林对湖南农村剩余劳动力职业转移进行了探究，指出："可以通过发展有政府组织参与的'阳光工程''温暖工程'职业转移培训模式，充分利用其'政府统筹、院企联训，定位培养'的优势、利用政府的公共资源、利用企业服务社会的经济职能、利用职业院校的教育资源来做好农村剩余劳动力的职业转移培训，进而提高农村剩余劳动力就业、择业能力，最终使农村剩余劳动力得到和谐顺利转移，以服务于经济发展。"刘立专结合湖南省农村职业教育的主要问题和现实状况，然后从农村视角出发，研讨了湖南的职业教育发展策略，作者对湖南农村职业教育发展现状展开了深入调查，研究了农村人口职业技术教育需求的各种影响因素，并对国内外农村职业教育发展的主要经验进行了归纳总结，指明了湖南当前农村职业教育存在的主要问题，提出湖南要根据产业结构调整、市场经济和新农村建设对人才的需求，加深对农村职业教育重要性的认识，要根据区域经济发展现状采取因地制宜分区发展、建立多元化投资体制、加大经费投入、深化教育教学改革提高办学水平、加强执法检查和督导评估的策略。以实现湖南农村职业教育高效的服务区域经济发展。铁明太对湖南农村职业教育发展进行了思考研究，他认为湖南农村职业教育直接影响着农村经济，并直接影响区域经济社会的和谐。

有关教育专家还从集团化办学的角度指出："湖南职业教育走集团化办学新路，是职业教育对接产业、工学结合的重要形式，是学院、企业和科研院所在过去校企合作之上的更深度融合，18家职教集团的成立，将是湖南实现新型工业化发展道路的助推器。"也有学者从县域经济的角度对湖南的职业教育与经济发展进行了研究，如刘造军从湖南桃江职业教育的发展历程出发，对桃江这么一个农业大县的职业教育进行了优势、劣势、机会、威胁的SWOT分析，并进行了全面客观的探讨，提出了推动桃江职业教育发展的战略理念和发展规划，从理论与实践的结合上，提出了桃江发展职业教育的指导思想，必须以科学发展观为指导、以服务为宗旨、以就业为导向、以提高学生能力为主线，以创新为动力的对策和建议。杨玉国、罗业基于湖南西部职业技术教育的现状，以市域经济的视角探讨了湖南西部职业技术教育面临的挑战及应对策略。他们指出了湖南西部面临招生成本高、择业观念盲目、学用脱节、社会公众认同度不高等严峻挑战，并提出了突出职业导向，推进订单式培养、加强实习和实训教学、建立职业技术教育协会以适应经济发展等对策。欧阳河从WTO给湖南带来的职业教育增长空间扩大、利于引进国外优质教育资源、利于新型人才的培养、利于促进职业教育办学管理体制的改革与创新等机遇和市场竞争加剧、职业教育市场的前提不对等挑战起步，进行了探讨。并指出，湖南要以入世为契机，进一步转变观念，在经济全球化和教育贸易服务大格局中确定湖南职业教育发展方位；要坚持在开放中求生存，在交流合作中求发展，牢固树立市场观念，发展观念和创新观念，增强WTO规则意识、平等竞争意识、教育服务意识和教育国际化意识；要优先发展湖南支柱产业、新兴产业需要的专业和涉外专业。发展的重点是信息、金融、财会、外贸、法律事务、现代管理等领域的人才，以及生物技术、环保技术、新材料等领域的技术应用人才，这样将快速提升湖南职业教育的经济适应性功能。

也有学者从与国外比较的视角研究了湖南的职业教育与经济发展的关系、胡和平、肖丽拿英国的职业教育和湖南的职业教育在政府作为、人才培养模式等方面进行了比较，认为湖南的职业教育的经济服务功能与英国具有一定的可比性，并认为英国的职业教育与经济发展的经验很值得湖南区借鉴，对振兴湖南经济乃至实施我国中部崛起战略都具有重要的意义。陈拥贤立足于湖南职业教育与经济发展的历史进程和现状对湖南职业教育的发展需求及动因进行了研究，得出湖南的经济发展水平是制约职业教育发展的主要因素结论。周洪波、李燕凌、李文亮和凌云借鉴美国社区办学理念，从社区视角探讨了湖南职业教育发展的特征，指出湖南的社区职业教育处于起步阶段，服务社区经济的能力很弱，湖南应该加强资源整合，努力提升社区办学水平。他们也是唯一从社区的角度对湖南职业教育与经济发展的关系进行研究的，可谓是开创了湖南职业教育社区研究的先河。陈运明对湖南高等职业院校的资源和现状进行了研究，指出湖南的高职院校主要集中在长株潭地区，占湖南高职院校总数的67%，而西部地区相对较少。湖南高职教育的师资问题尤为突出，远远不能达到教育部规定的师生均比1:16的比例，提出了建立高校之间的互聘和联聘机制、采用互联网技术建立高校师资共享网站、通过市场实现高职教育资源优化配置，以更好地服务区域经济发展的对策和建议。

最后，还有学者从人口的视角分析了人口对湖南中等职业教育的影响，以至于对湖南经济发展的影响。安秀芳基于人口学、教育学和发展学的理论，紧紧围绕湖南人口与中等职业教育及经济发展的主线，分析论证了人口、人力资源、人力资本的关系后，对湖南省经济社会发展对人才的需求进行了探究，客观总结了湖南省中等职业教育发展的现状及其与经济发展的关系。

综合上述国内外关于职业教育与经济发展关系的研究，主要阐述了职业教育对经济发展的促进作用；职业教育作为经济增长的内生变量，可以提高劳动生产率，是经济增长的核心要素:职业教育是培养技能型人才的源泉，可以改善劳动力结构，提高劳动者整体素质等观点。与此同时，经济发展也对职业教育发展提出了新的要求和需求，并提供着推动职业教育发展的各种经济资源。总体而言，国外的研究领先于国内，且国内的研究主要是借鉴国外的研究经验，真正独立的研究很少。此外，国外的研究较国内更加微观，实证方面的研究比较多，而国内的研究大都是停留在宏观政策、对策的层面上，量化的实证甚少。而对于湖南职业教育与经济发展的互动关系研究则更显肤浅和落伍。鉴于这种情况，本书选择此项研究，尝试从比较和实证的角度结合湖南的区域实际情况，探讨湖南职业教育与经济发展的互动关系。

二、国际及国内职业教育与经济的互动发展情况

（一）国外职业教育与经济发展的互动关系

澳大利亚自州政府成立以来，由于善于改革创新，赢得了民族经济的振兴。究其原因，除了重视引进先进技术外，更重要的是重视职业技能领域的教育与改革，培养了大量高素质的应用型人才。由于受国内政治与经济发展，劳动力就业市场和经济全球化等因素的影响，澳大利亚政府将市场法则引入职业教育领域，面向生源市场、资金市场和就业市场，运用市场化机制建立多元化的职业教育办学体制，较好地实现了办学规模不断扩大和办学质量不断提高，为澳大利亚职业教育的发展做出了巨大贡献。澳大利亚的职业教育与培训跨越了高中教育与高等教育两个阶段，并将职业教育与培训从高中层次经本科学历延伸至研究生层次，在职业教育与普通教育两个不同教育类型之间建立了教育和谐与教育平等的互通互认机制。在澳大利亚的职业教育与培训体系中，设置了职业教育研究生证书与职业教育研究生文凭。此外，澳大利亚严格规范职业教育与培训机构，制定了统一标准的"培训包"。开放了学徒培训市场，政府关注民生教育，成为职业教育与培训发展的主要动力。澳大利亚政府从鼓励竞争入手，采取各种措施积极鼓励企业参加新学徒培训与实习培训，开放学徒培训市场，充分发挥社会各行业开展职业培训的积极性，只要经过国家培训局认可，任何机构、企业和个人都可以承担学徒培训任务，政府将一视同仁地给予经费支持。"

此外，澳大利亚职业教育模式是政府主导，同企业行业密切合作，具有统一教育和培训标准，主要以职业教育与培训为主的教育；是一个面向职业资格准入，融合职业资格和职业教育，强调终身教育培训，充分体现以"能力本位"为特点的职业教育模式。其特点表现为：生源广泛，学制灵

活，普职贯通；注重实践教学，理论与实践课程大体相当，学院建立有实力雄厚的实践基地；行业与学校在办学过程中密切合作，全程参与；拥有深厚专业背景的"双师型"师资队伍。

笔者认为澳大利亚的职教特色归纳起来应该有以下几点：

（1）澳大利亚政府充分利用市场机制的作用，让职业教育回归自由竞争，为职业教育的快速发展打下了良好的市场基础。

（2）职业教育和普通教育之间平等互通、互认机制为职业教育的发展提供了充足的发展空间。

（3）严格的准入机制以及政府积极的政策支持和鼓励对职业教育的质量水平提高以及社会积极参与作用巨大。

澳大利亚政府主导和企业密切配合的办学模式。笔者认为这种办学模式和湖南的情况最贴近，因为湖南也是政府主导，因此其成功经验对湖南的启发意义非同一般。湖南应该从实际出发，借鉴其经验，将职业教育做大、做强。此外，在产教结合和统筹管理方面，可以得知湖南比较滞后。因为湖南目前在职业教育管理体制方面，多头管理、分工不明确的问题突出，特别是中等职业学校和高等职业院校之间不能有效衔接，此外，湖南在产教结合方面主要推动力靠政府，而政府职能缺位现象所导致的问题也比较严重，市场机制的调节作用没有得到充分发挥。因此从比较的视角，湖南更应该迎难而上，加快这方面的改革步伐，使湖南的职业教育更好地服务于经济发展。

在美国，社区学院是实施职业教育的主要机构。办学集中、规模大是美国社区学院的一个重要特点。通常一个城市只有一所社区学院，其规模在万人以上，但是美国职业教育发展从来都是紧跟着经济的发展而发展，两者相辅相成。

美国自20世纪60年代特别是《职业教育法案》颁布以来，职业教育如何有效地为地区经济发展服务成了非常现实的问题。为适应此需要，美国职业教育机构向高层次扩展，其类型和形式日益多样化。中等职业技术教育机构也在传统的综合中学、职业中学或技术中学的基础上发展了一种新型的"地区职业技术中心""地区职业技术学校",即学区在法令规定范围内相互签订契约,自动形成合作关系,各自集中人力、财力、物力共同为某个较广地域范围服务,针对地区经济快速发展,为多地区学生提供高水准职业技术教育课程而设置的学校。这种办学模式极大地促进了美国的经济发展。此外,美国还非常注重校企合作办学、生产经营与职业培训结合。在校企合作办学方面,美国办学以学校为主,学校根据所设专业的需要与有关企业取得联系,双方签订合作合同,明确权利与义务。学校派教师到企业去指导、监督学生劳动,沟通学校与企业合作双方的要求;企业提供劳动岗位、劳动报酬,并派管理人员辅导学生适应劳动岗位、安全操作,协助学校教师确定学生应掌握的技能,共同评定学生成绩、劳动态度、工作数量和质量等。"合作教育"贯穿于社区学院的办学全过程。实践证明,合作教育符合社会的发展要求,极大地优化了教育资源,促进了经济发展。

美国职业教育的最大特色是终身学习,是美国的一种文化。1976年,美国颁布了《终身学习法》,美国公民从17岁至65岁都参加各种形式的成人教育,他们的主要目的不是为了获得文凭,而是为了提高自身的素质和技能,从而更好地工作和生活。另外据美国联邦教育部1999年统计报告,该国当年参加成人教育人数达8509.1万。其中接受过高等教育的有6365万人,占参加成人教育总数的74.8%;接受过高中教育或同等程度职业技术教育的有1715万人,占参加成人教育总数的20%;接受过高中以下教育的有429.1万人,只占参加成人教育总数的5%。这表明在美国学历程度与参加成人教育人数成正比例关系。2000年6月5日美国联邦政府商业部在其发布的《2000年数字经济》中称:信息技术产业是推动美国目前经济发展最主要的动力,在过去5年中,虽然信息技术产业的规模只占整个经济的1/8,但美国经济增长的1/3归功于该行业的发展。

通过对美国职业教育制度的分析,我们可以得知,美国的职业教育相对于澳大利亚而言，政府主导性弱些，主要以社区办学为主，而澳大利亚主要以政府主导下企业密切自由合作的模式办学，各有侧重。总之，美国完善而高效的职业教育体制使得人力资源得到了高效率的开发，从而保证了美国的科技和经济在世界市场上的绝对竞争优势。其主要特点是集中、高效、社区办学和终生学习模式。美国职业教育成为了拉动本国经济增长的核心要素。美国的社区办学模式对湖南的社区办学具有很大的指导作用。美国的终身学习模式具有深刻的借鉴意义。

日本在二战后，基于"国际间的竞争是技术竞争，而技术竞争又归结为教育竞争"的认识，日本政府把职业教育列入了经济计划之中，逐渐建立了完善的职业教育体系。以办学性质分为公立和私立两类；以办学类型分为学校职业教育、企业内教育和社会职业教育；以办学层次看，则囊括了从初中到大学的所有层次。日本非常重视加强职业教育，重视职业人材的培养，特别是在经济高度增长时期发展高中职业教育已形成日本职业教育体系的特色。正因如此，日本经济发展涌现出了许多成功的模式，特别是其汽车工业所创造的精益生产方式，为工业国家的经济发展注入了新的活力，成为许多国家企业现代化以致国家现代化的战略选择。而适应精益生产方式的、享有高度自主权的日本技术工人团队，其应对企业生产过程变革的高度灵活的处置能力和广泛的自我调节能力，也必然与其职业教育和培训的高质量分不开。

日本的企业非常重视对员工的培训，视企业内教育为"兴业之本"，对员工因"用"施教，进行"全员""终职"教育。因而日本企业职业教育既包括职前教育，也包括职后教育。面对日益加剧的竞争，为提高自身适应企业发展的能力而不至被淘汰，日本企业员工都有一种强烈的危机感及因此被强烈激发的学习积极性，处于共同项目、共同岗位或共同质量环中的工人都自觉地组织学习小组。企业内教育使企业保持了较高的劳动生产率和科技竞争力。进入20世纪80年代以后，终身教育逐渐成为日本教育改革政策的主导思想。日本采取特别推荐入学和替代考试科目等方法，打通中等职业教育通向高等职业教育的路径，为职教学生提供接受高一级教育的机会；在企业内的终身雇佣制受到冲击的情况下，职工在企业外获得的、社会认可的职业资格证书开始得到重视，职业学校向社会开放，让任何人在任何时间、地点都可以通过学习更新知识。其实日本职业教育的最大特点，在于其发达的企业职业教育，而学校职业教育却并不发达。

综上所述，日本之所以在近代能成为世界工业强国，经济总量跃居世界第二，职业教育的发展战略功不可没。特别是企业内职业教育的发展模式别具一格，截然不同于美国和澳大利亚。日本把企业视为职业教育的土壤，学校不传授职业技能。政府对职业教育的主导性很弱，并不参与办学，只是从宏观政策上支持企业内职业教学。但日本企业的管理措施、企业的文化传统、企业的晋升机制和企业的组织结构，典型的如终身雇佣制和年功序列制等，都为企业职业教育模式的成功实施提供了坚实的基础。此外，日本职业教育能够高效地服务于经济发展，还得益于政府的宏观政策的支持。总之，政府和企业在日本职业教育促进经济发展的过程发挥了主导作用，而学校在这方面的功能相对弱化。

日本的企业内办学虽然有不足之处，但是其管理机制、晋升机制等对湖南来讲，也具有十分重要的借鉴意义。

（二）国内发达地区职业教育与经济发展的互动关系

1. 浙江省职业教育与经济发展的互动关系

浙江省近年来职业教育发展迅速、成效显著，一直领先国内大部分城市。其职业教育以服务为宗旨，以发展为目标，以改革为动力，呈现出快速发展的良好态势。1998年，浙江省政府做出了"积极引导社会力量重点发展高中段及高中段以上教育。着重鼓励社会力量举办中、高等职业教育"的决策。这一重要决策，为职业教育的健康有序发展创造了宽松的政策环境，并使全省逐步形成一个以政府办学为主导，企业、行业和社会力量积极参与的多元办学格局。2006年6月，浙江省政府决定在全省范围内实施包括职业学校助学奖学、中等职业学校实训基地建设、中等职业学校师资队伍建设、县级骨干职业学校建设、职业教育校企合作和提升劳动力素质六个方面的计划。目前已经开始实施第二轮的此计划，将更进一步地推进全省职业教育尤其是中等职业教育的发展，最终将推动该省区域经济的快速健康发展。此外，省政府在扶持职业教育发展中做出明确规定：各地在加快发展高中段教育的进程中，必须加强对初中后分流的宏观调控，确保中职教育年招生数占高中段招生总数的50%以上，促进普职协调发展；省教育强县应率先垂范，凡当年中职招生比例低于50%的，不得申报教育强县；评上教育强县后连续两年达不到要求的，取消"教育强县"称号。

浙江民营经济十分发达，民间资本充足，而民间资本对职业教育的大力投入，民间力量参与职业教育办学，已经成为浙江职业教育的一大亮点。目前，该省民办职业高中占职高总数的34.96%，民办职业技术学院（含筹建）达23所，占高职总数的40%。因此浙江职业教育在服务地方经济发展方面取得了辉煌成就。如浙江温州职业技术学院应对温州的服装、鞋革、轻工行业成立了温州服装学院、中国鞋都技术学院、温州轻工学院，创建了颇具区域特色的服装设计、鞋革设计等专业。再如上海第二工业大学，近几年该校紧紧把握上海经济发展的脉搏，设置了计算机应用、计算机设备与维修、数控机床使用与维护、现代机械制造工艺、商业设备工程、外贸日语、金融与保险实务等专业。

浙江职业教育与经济发展成功经验表现为：一是政府在职业教育的发展过程中发挥了不可替代的作用，政府进行了很好的引导和市场调节；二是民营经济的飞速发展为该省职教发展奠定了很好的经济基础，同时也积极引导了社会力量办学。

2. 上海职业教育与经济发展的互动关系

上海进入20世纪90年代后，由原来以工业生产为中心的城市向国际经济、金融、贸易中心城市作战略转移，并相应地进行产业结构调整，提出大力发展第三产业、积极调整第二产业、稳定第一产业的方针。经过近十年的努力，上海第三产业发展迅速。在这个时期，上海从宏观政策上引导职业学校调整专业设置，在布局结构调整中优先发展第三产业类专业，在重点专业评审中优先支持社会急需专业。薛喜明提到，到1999年，上海共有130个高职专业点招生，其中分属第一、二、三产业的专业点占总数的3.9%，46.9%和49.2%；同年，上海实现国内生产总值4035亿元，第一、二、三产业的比重分别为2%，48.4%和49.6%。可见，上海的职教专业设置与经济发展的吻合度很高。

上海的职业教育重点是发展中等职业教育，但近几年来高职教育也获得了很大进步。因为上海许多职业院校都与行业紧密联合，建立了由行业专家，尤其是生产服务第一线的优秀工作人员组成的专业指导委员会，由他们直接参与人才培养规格的确定、教学计划的制订以及教学质量的评估，通过与企业的联合，学校还能及时了解企业对人才的需求，并根据企业对人才的需求设置专业，调整专业。上海高职的专业非常贴近上海的产业状况，其培养的学生，深受企业的欢迎，近几年的就业率都在90%左右。此外，上海海许多职业技术学校实行学历证书与职业资格证书并重的"两种证书"制度。例如，上海欧华职业技术学院，目前已推行集成电路版图设计员、集成电路工艺制造员、汽车维修高级工等职业资格证书30多种。上海还大力发展民办职业教育，充分利用上海市职业培训指导中心提供的公共实训基地，加强实践性教学环节。上海市职业培训指导中心通过政府集中投资建立了一个向社会培训机构免费开放、无偿使用、功能齐全、技术先进的公共实训基地。现已建有工业中心、服务业中心、新产业中心、电子信息中心等不同职业门类的实训室，可提供46个职业类别、覆盖200多个岗位工种的实训。有的高职院校还根据本学校特点与企业合作，建立本学校的校外实训基地。上海市以"用企业明天的需求来培养今天的学员"为指导思想，根据"市场导向、合理定位、功能互补、资源共享"原则，通过政府购买服务方式，依托社会专家队伍，进行公共实训基地建设。公共实训基地运行强化实训室的利用率，探索委托管理机制。通过公开招投标的方式，引进有技术实力和管理能力的社会中介机构对实训室进行管理，并建立一整套以实训室利用率为核心的评估制度"。上海在职业教育建设方面取得了很大成功。

纵观上海职业教育的发展特征，其与浙江有不同之处，主要体现为:浙江主要依靠民营办学，民营职业院校地位凸显，而上海主要是政府主导下校企合作办学，政府职能地位突出。然而上海之所以取得成功，主要在于上海紧密联系实际的办学作风，以及双证书制度的推行，注重实训基地的建设等。此外上海市委市政府在职业教育方面的宏观引导和支持也起着十分重要的作用。

3. 江苏职业教育与经济发展的互动关系

江苏作为长江三角洲的地区沿海发达城市，该省职业教育实现了历史性的跨越，已成了拉动本地经济增长的源动力。改革开放20多年来，江苏职业教育累计培养了400多万各类专业技术人才和高素质劳动者，培训城乡劳动者2000多万人次。已形成较为完整的职教网络，构建了全民教育、终身教育、优质教育三大体系和教育均衡化、多元化、信息化、面向世界四大发展战略，逐步形成一个以中职教育为主，中高职相衔接，职教和普教、成教相沟通，公办和民办职教共同发展，中外合作办学的职教体系。一方面，江苏省特别重视职业教育发展的区域不均问题，该省从1999年开始积极尝试职业学校的南北合作，并使其成为江苏职业教育发展的主要特征，省里还出台了相关政策:每年拨出专项经费，作为对苏南职业学校收费差额的补偿;在计划安排上，凡是"南北合作"学校的招生计划优先保证;条件成熟的学校优先安排五年制高职招生计划。南北合作促进了招生、就业的良性循环，提升了江苏职业教育整体水平，促进了经济均衡化发展。另一方面，校企合作，实现毕业生高质量就业，是江苏发展职业教育的显著特征。2003年，全省职业学校"订单式"招生达20000多人，选派了1900多名教师到企业炼炼，并从企业聘请了5500多名兼职教师，而且，全省职业学校依托企业建立起了2000多个校外实习基地，很好地促进了本地经济发展。最后，江苏特别重视农村职业教育的发展。全省职业学校通过扩大对农村特别是对苏北农村的招生规模，从源头上减少农村新增剩余劳动力。江苏省职业学校面向农村的招生规模不断扩大，到2003年，该省职业学校招生39.4万人，比上年增加29.2%，职业学校招生计划的增量部分主要落实于农村学生。据统计，2001至2003年，该省职业教育进行农村劳动力转移培训312万人次，直接转移农村劳动力62万人，其中，向境外劳务输出5万人。为本地的经济发展提供了很好的人力资源支撑。

通过观察江苏职业教育和经济发展，笔者认为可以将其不同于浙江和上海的亮点经验归纳为三点：一是完善的职业教育体系为其成功构筑了基石；二是该省重视二元结构差异，采取了南北合作、校企合作、城乡合作的办学模式，极大地推动了区域经济的均衡发展；三是特别注重农村剩余劳动力的转移，对农村职业教育的发展给予了高度关注，也从一定程度上缩小了贫富差距，稳定了经济社会秩序。

总之，在职业教育均衡发展、资金投入和办学模式等方面，湖南和江苏、浙江比还有相当大的差距。例如，江苏基本已经形成南北互通的职教机制，而湖南的职业教育资源主要集中于省会长沙及周边的湘潭、株洲等城市。西部地区职业教育相对落后，发展极不均衡，严重制约了西部地区的经济发展。在办学模式方面，湖南的职教办学模式主要还是采用了学教办学的模式，办学模式单一，社会办学比例太低，不利于职业教育产业化发展。此外学校课程和专业设置和社会脱节比较严重，导致了职业教育不能适应市场需求。在这方面，湖南可以借鉴浙江、上海的经验，在宏观政策上引导职业学校调整专业设置，在布局结构调整中优先发展第三产业类专业，在重点专业评审中优先支持社会急需专业。同时加大调整力度，鼓励社会办学力量的积极参与，并给予政策上的优惠和帮助。

三、湖南职业教育与经济发展的现状

（一）湖南经济发展的现状

从和中部六省的比较来看，2009年全省地区生产总值（GDP）达12930.69亿元，居中部第二位。其中第一、二、三产业增加值分别为1969.7亿元、5682.2亿元和5278.8亿元，分别居中部第二位、第三位和第二位。GDP增长13.6%，比全国平均水平高4.9个百分点，居中部第一位。其中，第一、二、三产业分别增长5.0%，18.9%和11.0%。以此看来，湖南不但经济总量不断攀升，而且三次产业结构逐渐优化，同时也极大地带动了湖南职业教育的发展。2009年湖南一些市州根据区域经济特点，加大政府统筹力度，职业教育资源整合提质迈开了较大步伐。长沙职教基地征地1103亩，财政投入14.8亿元，目前主体建筑已全部封顶，今年下学期可整体迁入投入使用。株洲市已启动占地4650亩的"职教科技园"建设，计划总投资40亿元，目前园区整体规划已完成，一期工程4所院校建设已经启动，二期工程正在办理土地报批手续。岳阳县、苏仙区等部分县市区，通过建立县级职教中心，整合各部门技能培训项目与经费，既大大提高了农村各项培训实效，又给学校发展带来了强大活力。

从本省区域资源角度看，湖南有着经济发展所需的丰富资源。全省土地面积21.18万平方公里，约占全国土地总面积的2.2%。其中山地占51.2%，丘陵占15.4%，盆地占13.9%，平原占13.1%，水面占6.4%，湖南又是著名的"有色金属之乡"和"非金属矿之乡"，矿种齐全，分布面广。中国已发现的140多个矿种中，湖南就有124种。其中锑储量为世界之冠，钨、铋、雄黄、萤石居全国第一，铅、锌、汞、石墨、高岭土等居全国第二，锰、锡、铝、铿、钡、铜、金、银等43种矿产储量在全国前五位以内；全省水能理论蕴藏量达1532.45万千瓦，年发电量1342.4亿千瓦时，在全国名列第九位，居南方9省之冠。其中可供开发的500千瓦以上的水电站1024处，容量1083.84万千瓦，年发电量488.9亿千瓦时。目前全省水资源开发利用率约35%，继续开发利用的潜力巨大。以此看来，湖南经济发展还是具备很大的资源优势的。这些矿产和水利优势对湖南水利和勘探职业技术人才的培养提供了广阔的发展空间。例如湖南水利水电职业技术学院就是在这样的环境下诞生的，该校是经省人民政府批准、国家教育部备案的唯一一所水利水电类全日制公办普通高等职业院校。

从区域经济协同状况来看，长株潭"两型社会"试验区建设步伐加快。2008年，长株潭地区生产总值4565.31亿元，比上年增长14.5%，增幅比全省平均水平高1.7个百分点；占地区生产总值的40.9%，比2005年提高3.9个百分点。地区经济实力日益增强，实现生产总值8760.51亿元，增长13.7%，比全省平均水平快0.9个百分点；占地区生产总值的78.5%，比2005年提高3.6个百分点。湘南地区和大湘西地区经济保持较快发展，分别实现生产总值2326.83亿和1203.72亿元，增长10.7%和11.6%。与其相对应的是湖南职业教育水平也是呈现东高西低现象。

从工业化进程来看，新型工业化主导作用增强。2008年，全省全部工业增加值4280.16亿元，增长16.0%，对全省经济增长的贡献率达47.1%；占生产总值的比重为38.4%，比2005年提高4.8个百分点。工业内部结构进一步优化。优势产业发展提速，2008年实现增加值2730.44亿元，增长19.0%；对规模工业增长的贡献率达78.2%，比2005年提高4.3个百分点。其中，装备制造业、有色金属冶炼及压延加工业、化学原料及化学制品制造业和食品制造业增加值分别占规模工业的19.1%，8.3%，8.7%和2.4%，比2005年提高3.7个、1.9个、1.2个和0.1个百分点。高新技术产业快速发展，2008年实现增加值1098.84亿元，占地区生产总值的比重为9.8%，比2005年提高2.5个百分点。产品升级换代逐步加快，2008年全省规模工业企业完成新产品产值1594亿元，占规模工业总产值的14.9%，比2006、2007年分提高5.6个和4.7个百分点。

此外，据湖南人力资源厅调查统计，近年来，长株潭引进人才的特点则呈"两高一低"，即"高学历、高潜力、低年龄"，主要流向装备制造、钢铁有色、电子信息、新材料、生物医药等支柱产业和新兴产业，为中心城市产业结构的升级和综合竞争力的增强，起到了很好的推动和保证作用。且职业技术人才又是装备制造业、有色金属冶炼及压延加工业、化学原料及化学制品制造业的主要人力资源。2009年11月30日湖南有色职业技术学院的开工建设，标志着湖南经济发展急需与之相适应的有色金属行业技术人有了来源，也结束了湖南多年来没有这方面专业技术学校的历史。此外，制造业是工业中的基础产业和支柱产业，其发展程度直接关系到湖南工业竞争力的提高和经济发展水平。而新型工业化是制造业发展到现代制造系统的必然选择，它的发展也必然对人的素质技能产生新的需求。但这些新的素质技能又只能通过职业教育来实现。因此湖南的经济发展实际上和职业教育关系十分紧密。最后由经济发展所带来的人均收入增加和新的择校观念将为湖南高职院校发展带来新的机遇。例如，改革开放以来，我省国民经济实现了可持续发展，全省人均收入和人民生活水平都有了大幅度提高，国民可用于投资子女接受高等教育的经济承受力大为增强。2007年我省城镇居民人均可支配收入达到12294元，农村居民人均纯收入达到3904元。从湖南省"十一五"发展规划和湖南小康建设总体构想来看，城镇居民的人均可支配收入2010年要达到13300元，2020年要达到20000元；农村居民人均纯收入2010年要达到4170元，2020年要达到8000元。而据湖南省消费者协会的调查资料显示，未来五年居民消费热点的五大领域中，教育消费名列前茅。高等教育规模的扩大，尤其是高职教育规模的扩大，一方面适应了人民群众对高职教育的需求，另一方面又以人均收入的增加为强有力的支撑。此外，随着大学生就业竞争加剧和企业对招聘者技能要求的提高，家长的择校观亦日趋理性，高职院校招生逐渐升温。许多家长认为，孩子读了几年大学后还是找不到工作，倒不如选择高职院校，培养出来的学生具备实际操作能力，动手能力、创造能力和创业能力强。这种新兴的择校观念在一定程度上推动了高职院校的发展。

（二）湖南职业教育发展的现状

湖南职业教育起步于20世纪80年代，先后兴办了培养应用型人才的长沙大学、岳阳大学、湖南女子职业大学等，湖南师范大学和湖南农业大学也举办了以培养中职师资为主的职业教育学院。1994年，株洲冶金工业学校开始试办五年制高等职业教育。1997年，省政府召开常务会议，做出加快发展高等职业教育的决策。1998年，省委、省政府发出《关于进一步改革和发展职业教育的意见》，明确要求充分利用现有资源发展高等职业教育，通过改革、改制、改组等途径，使高等职业教育迅速形成规模。笔者认为湖南职业教育主要呈现出以下特征：

（1）湖南职业教育规模得到了快速发展。"十一五规划"以来，湖南全面实施"富民强省"战略，坚持教育优先发展，把发展职业教育作为推动新型工业化建设以振兴湖南经济的战略措施，职业教育规模不断扩大，体系不断完善，服务经济社会能力不断增强，优势比较明显，为改革和发展职业教育奠定了良好的基础。一是高职教育持续发展。2009年，我省高职学院招生18.7万人，在校生46.8万人，毕业生11.5万人，比上年分别增长25.4%，0.1%、15.7%。二是中职教育相对稳定发展。2009年是近二十年来我省初中生源最低谷，初中毕业生减少到69.2万人。面对异常严峻的招生形势，政府及时出台了非全日制中职学历教育试点的相关政策，全年招生的中职学校623所，招生35.9万人（其中非全日制招生9.2万人），相对2008年增长了23.2%；在校生82万人，与2008年持平。三是职业培训规模进一步扩大。2009年，全省职业院校继续坚持学历教育与职业培训并重并举的方针，面向社会，面向市场，积极开展各类职业技能培训，全年共培训27.6万人次，相对上年增加9.6万人次，增长53.3%；开展农村劳动力转移培训225万人次，2009年全年外出务工农民工达1200余万人次。显然职业教育在服务当地经济社会发展上取得了显著效果。

（2）湖南已初步形成了适应社会经济发展的职业教育体系。"十五"

以来，全省高等职业学院就为社会输送了32.1万名毕业生，全省中等职业学校向社会各行业输送了109.3万毕业生，占全省新增劳动力的21%。

就湖南所辖各市的发展情况来看，职业教育体系建设也取得了很大进步。以湖南常德为例，2003年常德职业技术学院宣告成立，到目前为止，该市高等职业教育办学规模达到2.5万人。中等职业教育发展迅速。目前，全市共有中等职业学校70所，在校学生9.1万人，学校数和办学规模比"九五"末期翻了一番，年招生人数约占全省十分之一。专业结构优化，文秘、外语、商贸旅游、财经、计算机等低成本专业的规模逐年下降，面向第二产业的专业逐年增多，办学规模达到总规模的三分之一，比"九五"期间增长了50个百分点。学校建设和发展的整体水平大幅提升，2004年以来，该市共争取4个中央财政支持的重点建设项目，争取建设资金近1000万元。目前，全市有10所国家重点中职学校，职业技能培训蓬勃发展。全市有独立培训机构76家，技工学校1所，年招生能力达2万人。"十五"期间，该市还通过大力实施阳光培训、再就业培训、农村劳动力转移培训、移民培训和农村实用技术培训等项目，每年培训人员达5万人次，获劳动技能等级证书的1.8万人。此外，企业职工培训常抓不懈。该市一些规模企业都非常重视员工队伍素质的提高，把提高员工素质作为增加企业效益的关键因素来抓，制订了员工职业发展规划，制定了职业发展晋升阶梯制度和培训与考核制度。全市规模企业职工有17.5万人，其中，每年有60%的企业员工参加了新技术、新技能和职业发展培训，年培训员工达12万人次；湖南岳阳全市共有职业学校65所，从办学层次看，高等职业学院3所，中等职业学校62所；从区域分布看，市区32所，（其中高职3所，中职29所），湘阴4所，汨罗10所，平江5所，华容5所，临湘2所，岳阳县7所；从办学类别看，教育行政部门办14所，其他行业办12所，民办36所；从办学水平看，62所中职学校中，国家级重点学校9所，其中公办7所，民办1所，国有民办1所。各级各类职业学校在校学生7.6万人，是普通高校招生数和在校生数的1.9倍；专任教师3700余人。近几年民办职业教育发展迅速，民办中职学校达到了37所，占全市中职学校的一半还多，开设园林花卉、生物科技、畜牧兽医、水产养殖、旅游与酒店管理、医卫、商贸、艺术、机械制造、石油化工、计算机应用等12大类100多个专业，其中国家级骨干专业一个，省级骨干示范专业4个，湖南省改革试点专业5个，先后为社会输送毕业生10万多人。也基本形成了初等规模的职业教育体系。这说明了湖南已初步形成了反映市场就业需求，适应产业结构调整的专业结构和人才素质结构，也初步形成了适应区域经济社会发展的职业教育体系。

（3）湖南职业教育基础设施建设，整体培养水平得到显著提高。湖南省提出了各个历史时期职业教育的发展目标，使得职业教育得到了健康发展。在中央的政策下，2006年11月，为了推动湖南省职业教育健康快速发展，为地区经济建设发展提供强有力的人才与智力支持，一方面，湖南省委、省政府决定"十一五"期间投入2.5亿元引导资金加强职业院校基础能力建设，实施"十一五"省级重点建设项目。到2006年，全省共有81所学校被认定为国家级重点中等职业学校，13所技工学校被认定为国家重点技校，湖南铁道职院、湖南工业职院、湖南机电职院、湖南城建职院等职业院校被遴选为全国技能型紧缺人才培养培训基地。另一方面，湖南加强了技能型紧缺人才专业建设，加强了技能型紧缺人才专业骨干教师培训工作。2004年，湖南积极参与教育部"中德职教师资进修项目"，选送20名专业骨干教师赴德进修，省里对该项目实施给予了直接的资金支持，并做好了2005年和2006年的选送计划。此外，湖南还加大了实习实训基地建设的力度。据对13所县市中等职业学校的抽样调查，近5年来共计投入实习实训设备1283.4万元，校均98.7万元。使实习实训基地建设跃上了一个新的台阶，大大提高了湖南职业教育培养和输出人才的能力。

就湖南所辖各地区而言，湖南常德市在职业教育基础设施建设和学生培养能力方面取得了很大进步。常德坚持面向市场，专业建设初显成效。全市有11个中职省级重点专业，1个国家级重点建设专业实训基地；常德职业技术学院的护理专业被确定为国家教学改革试点专业。以华南职业高中、常德纺机职业高中、浦沅职业高中、常德财经学校、常德职业中专学校、常德工业学校、临澄县职业中专学校、津市职业中专学校、常德计算机职业学校等为代表的一批学校专业建设达到了较高水平。面向第二产业和现代服务业的培养能力大幅度提升。到2008年止,湖南湘潭市共有各级各类职业教育机构132个,其中高等职业学院10所,中等职业学校47所,各类职业培训机构75所;共有教职员工5430人,在校学生10.7万人,其中高等职业学院5.98万人,中等职业学校4.72万人;共设专业50多个,覆盖了8个专业大类和各个行业、领域。同时,该市已自然形成了两个较大的职业教育聚集区域:一是以北二环线为中轴的45平方公里范围内,聚集了9所职业院校,有在校学生3.35万人,自然形成了一条"职教走廊',;二是河东地区以市政府为中心的20平方公里范围内,聚集了7所职业院校,有在校学生3.08万人,自然形成了一个"职教圈"。在"职教走廊"和"职教圈"附近,工业园区、产业基地聚集,职业院校对接产业、校企结合、顶岗实习条件便利,并且紧临高校,为产学研提供了很好的基础。

(4)湖南的职业教育强力促进了当地区域经济社会发展。"十五"期间,全省中、高职招生人数稳步增长,分别从"九五"末期的21.4万、2.2万增长至"十五"末期的35.3万、14万,年均增长率分别达15.2%,44.4%。中等职业学校(含技工学校)为社会各行各业输送了109.3万毕业生,高等职业学院输送了10.2万毕业生。中、高职毕业生年均就业率稳定保持在90%以上,中、高职毕业生分别占全省新增劳动力的21%,4.8%。职业教育在培养高素质劳动者和高技能人才方面的作用和效果日益显现。通过省里的调研数据,我们了解到,长沙市近几年来,新增企业员工中职业院校毕业生占到80%,枚县在劳务输出时明确提出了"劳技经济"的概念,该县70%以上的外出务工人员接受过职业教育或职业培训,外出务工人员的平均工资是全省外出务工人员平均工资的2.3倍。

此外,湖南怀化市职业教育已经成为农村富余劳动力转移培训的主渠道,该市职业院校2004年完成农村劳动力转移培训24.6万人次,在服务

"三农"领域内取得了显著效果。该市共有53所中等职业学校，中职在校生6万多，其中民办职业学校数和在校生数均占总校数和总在校生数的50%。高中段在校生职普比为57：43。怀化市旅游学校是一所公办学校。教职工130多人，在校生2000多人。学校每年收入300多万元。近几年每年毕业生600—700人，除少数部门参加对口升学外，其余主要是就业。在本地就业的很少，主要集中于广州、深圳、珠海、北京、上海等地，毕业生就业率超过98%。万昌职业学校是一所民办学校，是1996年由汪义成个人创办的，在校生由当年的400人发展到现在4000多人。每年招生1000多人。学校始终坚持"订单"方式办学，长班教育与短期培训相结合，实行"招生、专业培训、介绍就业、跟踪管理"一条龙服务，形成了"劳务公司十职业学校+用工单位+跟踪管理"的办学模式。学校每年毕业生就业率在98%以上。怀化市职业教育走在全国前列的原因，一是政府给予政策支持，每年把职业学校招生数列入政府、教育两个系列目标中。二是学校办学方式灵活，以"订单"方式办学为主，学校与30多家外资企业有办学协议，常年在发达地区设有就业办事处，有一名学校领导专抓就业工作。三是学校重视专业课和实验学习课，加强专业设备建设。怀化市职业学校文化课和专业课的比重为3:7，强调学生的专业理论和专业技能，增强毕业生就业竞争力。以上两所学校的专业教学设备和规模在全省一流。四是狠抓教育教学质量。学校在校生80%以上为农村，所以大部分为住宿生。学校对在校生管理非常严格，在教学上加强评估。

湖南衡阳市大力实施科教兴市和教育强市战略，职业教育体系逐步完善，资源配置不断优化。目前，全市共有高等职业院校4所，中等职业学校60所，职业技能培训机构55所。衡阳还加大了对职业教育基础设施的建设力度，职业教育办学条件明显改善；办学影响力日益扩大，职业教育大市品牌、职业教育名校品牌、职业教育名师品牌、职业教育专业品牌逐步凸现。该市还加强了教育教学管理，公办民办并举，职教事业规模连年攀升；内引外联同行，职教实训设备设施逐步改善；订单定向结合，服务经济社会能力逐步增强。

湖南武冈市2006年招收初中毕业生5062人，占高中招生总数的44.3%。

该市职高与普高招生人数连续三年突破4:6的比例，名列全省前茅，成为全国职业教育先进县市。该市出台一系列优惠政策鼓励职业教育发展，明确规定职教经费不打折扣，职教问题不过夜，职教项目不收费；职教学生回家创业，在贷款和各项手续方面提供优惠和便利。为避免恶性竞争，他们及时规范办学行为，引导职校朝专业化方向发展，以形成各自的特色。市职业中专主要承担培养种养等农业实用人才的任务，而蓝深职校则侧重于模具、计算机等专业培训，建华职校则主要进行服装、电工、电焊等技术培训。在发展思路上，他们坚持公办和民办一起上，积极引进民间资金入主职教。坚持紧跟市场设置课程，实行订单招生。那时就有职校7所，其中民办职校6所，学历教育在校生8200余人，职业教育学生就业率达100%。当年职业中专首批毕业的48名服装专业毕业生全部被深圳企业接受，月工资1200元以上。职教毕业生因为拥有一技之长，回家创业成绩不凡。职业中专水产专业毕业生曹成林成为有名的河蚌养殖专业户，农经专业毕业生刘向阳成为"养猪大王"，年收入都在数十万元。这说明职业教育在推动本区域经济发展方面实现了新的跨越。

纵观湖南职业教育和经济发展的现状，"十五"以来，在省委、省政府的正确领导下，在各部门和社会各界的大力支持下，湖南职业教育发展取得了可观的成绩。中等职业教育事业规模持续稳定发展，高等职业教育实现了跨越式发展，职业教育服务经济社会的意识和能力不断增强。笔者认为湖南的经济发展推动了职业教育的快速发展，同时职业教育也极大地促进了湖南区域经济的发展。湖南取得的成绩和相关政府部门的鼎力扶持、职业教育机构本身积极的自我调整以及企业的积极参与是分不开的。

省政府2009年新立项建设省级示范性高职学院10所，示范性中职学校15所，示范性县级职教中心12个，重点实习实训基地6个，职业院校教师专业技能认证培训基地3个，示范性乡镇农校34所，精品专业74个，精品课程

68门，专业带头人156名。同时向财政部、教育部推荐了21所职业院校申报2009年度中央财政支持的职业教育实训基地项目，经两部审定，我省13所院校入围，共获得中央财政专项建设经费1990万元。另有27所中职学校成为2009年度国家新增职业教育中央投资计划建设项目，获得中央财政专项计划投资资金1.42亿元；此外，在政府的努力下，我省11门高职课程成功申报为国家精品课程，使全省高职国家精品课程总数达到49门，排全国第五位。2009年4月和11月，省里还先后组织了春季和冬季技能竞赛，技能竞赛的专业和项目基本涵盖了我省主要专业大类，2009年省教育厅出台相关政策规定:中职生凡获省技能大赛三等奖以上者，均可免试进入高职院校就读；对口升本科可优惠加分；凡获国家技能大赛一等奖者，可免试进入本科院校相关专业就读。这一政策的出台，更好地调动了职业院校学生崇技强能的积极性，启动了高等职业院校人才培养工作新方案评估。根据教育部要求，教育厅研究制定了《湖南省高等职业院校人才培养工作评估实施细则》，启动了新方案人才培养工作评估，2009年12月顺利完成了对3所高职学院和1所成人高校的评估，说明政府在职业教育建设进程中占据着主导地位，不但从宏观上积极调整和指导，而且在微观上也给予大量的资金支持。

湖南职业教育机构在政府的帮助下也进行了积极的自我调整，积极开展与企业之间的交流与合作，比如湖南永州市道县职业中专对接当地支柱产业办学，企业办到学校，使学校教改得到了保障，学校实行模块教学，分阶段见习、实习，顶岗实习都能不折不扣按计划进行。该校按照区域产业结构布局，引进相关企业，鼓励支持专业教师创办或领办企业，这不失为一条有效途径。将企业引进学校或者利用学校的专业优势创办相关企业，不仅实现了真正意义上的校企结合，解决了学生学习实训的问题，而且带动了区域经济的发展，实现了社会、企业、学校、学生多赢。这既为当地经济社会发展做出了应有的贡献，又使学校发展进入良性循环的轨道。2004年，永州职业技术学院坚持走产学研结合之路，继续扩大"订单教育"规模，多家用人单位又陆续与学院签订人才培养订单或洽谈合作办学，如永州职业技术学院机电技术系与三一重工股份有限公司合作成立"三一班"，为三一重工培养机电专业专门人才；机电技术系与中联重科合作成立"中联班"，为中联重科培养机电专业专门人才；电子技术系分别德豪润达、东莞泰合合作成立"德豪润达班""东莞泰合班"等，各专业在加大与用人单位沟通和协商的情况下，学院的"订单教育"工作正在按照"规模、质量、效益"同步提高的方针，向着更广的领域、更大的范围发展。2007年6-7月，机电技术系与三一重工合作成立"三一班"，110名学生分赴全国10个大中城市，进行为期20天的市场调查活动，开展分阶段综合实习。这种具有挑战性的实践教学活动，采用"任务教学"和"情景教学"等模式，把课堂完全搬进市场，使学生真正成为学习的主体，实现了学校、学生与市场的"零距离"对接，达到了课堂理论与社会实践充分结合的效果。几年来，永州职业技术学院还注重研究和不断解决毕业生就业工作中的新问题，逐步探索"订单式"职业教育的体制和机制，打造灵活开放的"订单式"人才培养模式，毕业生就业工作取得了惊人成绩。2006—2008年，毕业生就业率分别为92.6%，94.6%，95.88%，在湖南省及全国同类院校中名列前茅，得到了湖南省教育厅就业评估专家组的充分肯定。

企业自身的积极参与和自我培养对职业教育的发展壮大也功不可没，比如近几年来，湘钢在上级主管部门正确指导、支持和帮助下，牢固树立人才是企业"第一资源、第一资本"观念，围绕公司"做精做强，成本领先"战略，以优化人力资源结构，推进素质工程建设为主线，以"三高"人才培养为重点，建立和完善人才培养、选拔、使用、激励机制，完善人才培养的政策支撑体系，加大培训投入，建设人才培养基地和专业化管理队伍，创新培训方式，积极开展多层次、全方位的培训。2003年以来，共投入3600多万元用于职工教育培训，举办各种类型的培训班1500多个，76000多人次参培，输送外培人员1000多人次。共培养高级技师15名、技师260名、高级工1000名、区域工2500多名。职工整体素质得到明显提升，基本形成了一支以高级技师、技师人才为龙头，以高级工为主体，结构比较合理的技能人才队伍。职工教育培训为湘钢"二次创业"和可持续发展提供了强有力的人才保证和智力支持。在2005年四季度至2006年一季度期间，湘钢设立了"行政、管理技术、工程技术、技能"四条职业发展通道，在现有行政通道的基础上，分别在管理技术通道上设立了首席管理师、高级管理师、管理师核心职位，在工程技术通道上设立了首席工程师、专家工程师、专业工程师核心职位，在技能通道上设立了40个首席技师、150个高级技师、400个技师核心职位。首席技师、首席工程师岗位与行政通道的厂处级管理人员一样实行年薪制，年薪在8万~15万元水平，大大提高了技能人才的政治地位与经济待遇，有效解决了多数技术、技能人员挤向行政通道的问题，形成了平衡、多元化发展的新格局。从体制与机制上有力促进了高技能人才的职业发展。

总之，学者认为湖南职业教育建设所取得的成就是政府、企业及职业教育机构三方密切配合和共同作用的结果。但是湖南属于中部地区，外国职业教育抢摊我国教育市场，使相对弱势的湖南职业教育面临更加激烈的国际竞争环境，如教育市场的竞争，优质教育资源的竞争，人才培养质量的竞争，这些竞争可能导致我省部分职业教育市场和教育资源丢失。然而湖南一些职业学校总体规模偏小，竞争能力偏弱和教学质量偏低，尤其是一些小而全，办学质量和效益差的学校面临较大的冲击。因此从与国外发达国家和国内发达地区的比较来看，虽然两者在互动发展方面取得了很大进步。但目前湖南职业教育还是整个教育事业中比较薄弱的领域，存在的困难和问题仍然不少，将在下面重点探讨。

（三）建筑产业在转型升级的重要时期，对人才培养提出的新要求

1.建筑产业转型升级，对技术技能人才培养提出新要求

建筑业是社会经济龙头产业之一，以产业链长、辐射面广、带动力强、

贡献度高，成为国民经济重要支柱产业、富民安民的基础产业以及"一带一路"的支撑产业。党中央、国务院高度重视建筑业改革发展，提出以加快建筑业产业升级为核心，转变建造方式，提升我国建筑业的国际竞争力，打造"中国建造"品牌。意见指出：

一是要完善工程建设组织模式，由施工总承包模式向工程总承包模式转变。

二是要推进建筑信息模型（BIM）技术在规划、勘察、设计、施工和运营维护全过程的集成应用，实现工程建设项目全生命周期数据共享和信息化管理。

三是要推广新建建筑和既有建筑改造中推广普及智能化应用，完善智能化系统运行维护机制，实现建筑舒适安全、节能高效。

四是要统筹协调建筑业"走出去"，加强中外标准衔接，引导对外承包工程企业向项目融资、设计咨询、后续运营维护管理等高附加值的领域有序拓展，利用我国建筑业企业在高铁、公路、电力、港口、机场、油气长输管道、高层建筑等工程建设方面的比较优势，参与"一带一路"建设。

针对湖南建筑业发展瓶颈，适应湖南经济增长和建筑业发展的趋势，提出调整结构、创新驱动等措施，促进湖南建筑业增长方式实现从粗放低效向集约高效转变，具体是：①努力适应国家投资方向的变化，调整结构和推动产业升级，从传统的房屋建筑业向基础设施、社会公共事业转化，逐步形成大土木建设的格局，加快实现由传统建筑业向现代建筑服务业的转变。②系统兼顾建设项目全过程或全寿命周期，推动建筑业传统生产方式的升级改造，不仅仅是科技创新，还包括建设组织管理、建造方式、品牌等要素的创新。③培养造就一支以高素质的企业家、优秀项目经理（建造师）为主体的高级管理人才、专业技术人才队伍和以技师及高级技工为主体的技术精湛的技工队伍。

可见，适应建筑业转型升级和"走出去"战略需要，培育一代懂技术、善经营、会管理的建筑业专业人才，聚焦建筑业国际化、现代化、智能化、信息化发展需求，培养掌握现代建筑生产技术、信息技术、管理服务的技术技能人才，是建筑业转型升级对人才培养提出的新要求。

2.建筑产业转型升级发展呼唤高水平建筑职业教育

湖南有高职学院70所。近年来，全省职业教育按照对接产业的发展思路，实现了从规模扩张向内涵提升转型发展，初步构建了具有湖南特色的现代职业教育体系，职业教育在保障机制、基础能力、产教融合、人才培养质量等方面都取得了积极成效。建筑职业教育是湖南现代职业教育的重要组成部分，全省开设建筑类专业的高职学院有34所，以建筑类专业为主体的高职学院有2所，开设工程测量技术、建筑工程技术、工程造价等建筑类主体专业10个，专业点16个。目前，我省建筑职业教育还存在产教融合机制不健全、领军人才队伍不足、培养规模与企业需求不匹配、教师应用技术服务水平不高等问题。建筑产业转型升级呼唤湖南建筑职业教育高水平发展，建设建筑类卓越高职院校是响应湖南特色现代职业教育体系建设的必然要求。

四、湖南职业教育与经济互动发展中存在的问题及原因分析

通过对湖南目前职业教育的现状进行分析，将其和国外及国内职业教育发达地区进行对比，笔者认为湖南职业教育与经济互动发展中存在诸多问题，主要体现在以下几个具体的方面。

（一）管理体制不健全

我省的职业教育在管理体制上，高等职业院校并没有归入高教部门，而是单设了职成教处，没有真正进入高校的行列。省政府与有关主管部门对职业教育的管理更多的是审批与命名，挂完牌就万事大吉。"政出多门"的现象在湖南职业教育管理上仍然突出，使职业教育资源不能得到有效整合利用，重复建设和闲置率较高，不能发挥最大办学效益。同时，职业教育布局分散、规模偏小、造成职业学校的综合竞争能力不强。分散重复办

学、资源配置不当的现象严重，民办学校之间的办学水平参差不齐，民办职业学校重招生、轻建设、轻视教学的短期行为比较普遍，办学水平和办学效益较低。虽然我国早已颁布了一系列关于社会用工制度的法律、法规和政策，实施了就业准入制度、劳动预备制度等相应的社会用工制度，但在这方面的执法保障机制还相对落后，加之监督机制不健全，使有法不依的情况更为严重。部分行业、企业和其他用人单位，没有严格执行用人准入制度。企业从减少成本的角度出发，大量招收未经职业培训的劳动力上岗，先培训后上岗的要求没有得到很好执行。此外，职业资格证书发放不严格，有些甚至可以花钱买到。比如2008年我省虚报冒领挪用国家助学金学校5所，永州育才职业技术专业学校将财政拨付的382.675万元国家助学金全部挪用。其中，从基本账户转出100万元用于支付该校购房款；从基本账户转出123万元至该校工作人员秦志红个人储蓄账户；永州市冷水滩区教育局为该校受助学生开立了2129张银行卡，该校均未将银行卡发放给学生，且将存储在银行卡的159.675万元助学金全部转入秦志红个人储蓄账户；永州科技学校挪用国家助学金163.875万元；永州英达技术学校2007年秋季财政部门拨付该校国家助学金共计106.5万元，该校将存储在学生个人银行卡上的54.0647万元转入该校工作人员刘珊瑛个人储蓄账户；永州振华职业技术学校挪用国家助学金90.225万元；永州市财经科技学校虚报41名学生，冒领2007年秋季国家助学金3.075万元。此外，该校未给受助学生办理银行卡，而是将发放的3.18万元国家助学金全部充值到学校食堂的学生餐卡中。该校称36.51万元助学金用于充抵学费，但检查发现，充抵学费证据不足。检查发现，上述5所民办学校财务管理均不规范，尤其是永州育才职业技术专业学校财务管理混乱，无会计报表、账簿、会计凭证等会计资料。永州市年检评估不合格、取消办学资格的学校3所，年检评估不合格、停止招生的学校5所，年检评估不合格、整改一年的学校9所。这种管理混乱的现象从根本上淡化了职业教育的功能，对职业学校的办学不可避免地产生了负面影响。此外港商与爱国人士对教育的捐献，普通高校、普通中学、甚至希望小学都能得到,唯独职业院校从来没有得过,从理论上说,职业教育关系到无数第一线技术人才的培养与造就,它的回报率是最高的,也是最需要大力投入的,只有先进的设备、先进的实验实训条件、最好的师资才能培训最优秀的人才,但实际情况却是职业技术院校的实验实训条件远远不如先进企业的生产设备。

湖南职业教育管理体制不健全,制约职业教育适应市场需求的主要原因在于:一方面政府教育行政部门对职业教育改革和发展的决策,主观随意性强,缺乏科学的依据,导致了职业院校的校长们敢怒不敢言,因为他们只能按命令办事,也就导致职业学校的学科建设和专业建设的灵活性大打折扣,势必影响职业教育的市场适应性。另一方面教育行政部门职责分工不明确,导致多头领导现象和无人领导的现象并存。最后是各地在经济建设规划中,忽视了人力资源建设,往往只注重引进项目、资金和技术,缺乏人力资源建设规划,导致盲目发展、重复建设,与地方经济建设的需求脱节。具体体现在:政府没有放权,职业学校自主办学权受到极大限制,使得各职业学校办学积极性不高;大部分职业院校融资渠道单一,学校建设资金大部分来源于贷款,致使学校面临巨大债务压力,不敢引进职业教育所需的先进设备;湖南职业教育资源分配不均。根据马克思的社会再生产理论,教育是优质劳动力的生产者,因此教育发展不均,必将引起劳动力结构不平衡,则其适应经济社会的能力也会减弱。此外,从新制度经济学的视角来看,职业教育体制是经济增长的内生变量,政府可以通过健全职业教育体制,完善职业教育制度,明晰职业院校产权等方式实现职业教育发展的高效率。因此在职业教育教育资金筹措上,省政府是完全可以有所作为的,例如设立职业教育的专项税收或资金,就可以解决财政投入不足的问题;地方实行职业资格准入制度,就能解决职业教育的学生就业问题,职业教育并入普通高校特别是重点高校成为其一个部门,从而实现普通高校与职业教育资源共享。

（二）职业教育适应市场经济需求的能力不强

湖南职业学校在课程设置和教学内容安排上还不能与产业结构和就业市场的需要紧密结合，在课程内容与市场需求之间尚未建立起畅通的信息反馈机制，不少课程内容陈旧，与企业技术进步和岗位要求相距甚远。比如，在专业设置上缺乏市场就业的针对性。要么盲目跟风，一哄而起，要么只根据自己的传统项目和条件来开设专业。据统计，目前全省职业学校所开设的专业，大多没有经过市场调研，一些专业的毕业生，还很难在市场上找到合适的就业岗位；在课程体系和教学体系上仍以学科知识体系为主线，没有反映就业岗位所需要的知识、技能和素质。教学内容还没能与职业资格证书的要求实行有效衔接，导致学非所用，或者不被用人单位所承认，由知识本位向能力本位的转变没有完成；还有一些学校仍然存在着自我封闭、与生产实际脱节的现象，依然遵循以课堂教学为中心的传统模式，技能培训、岗位培训等实践教学环节不足，从而损害职业教育的公平发展，也不利于为经济持续健康发展提供高素质、高能力的技能化人才，极大地降低了职业教育社会适应性。以湖南汽车产业为例，2010年3月23日，湖南省委副书记梅克保在召开的湖南省汽车制作业人才培植工作座谈会上指出："去年年末的长沙车展，在5天之内卖出了15367辆汽车。而在如此惊人的数字背后，我省汽车制造业在2015年的职工人数将达40万人，还需15万技能型人才'增援'。目前，全省高职制造类专业在校生只有66400人，汽车专业在校生只有4899人。省内本科院校中，专设汽车院系的只有湖南大学与长沙理工大学，2所学校每年只有二三百名本科毕业生进入社会，只相当于一家中等规模汽车企业开发部门的人才需求。"以此看来，目前湖南的汽车职业技术人才还远远不能满足经济发展的需要。

产业经济学理论指出："产业的发展必须适应市场发展的需求，两者互为依托，相互制约，产业结构演变与经济增长具有内在联系。产业结构的高变换率会导致经济总量的高增长率，而经济总量的高增长率应会导致产业结构的高变换率。随着技术水平的进一步提高，这两者间的内在联系日益明显，社会分工越来越细，产业部门增多，部门与部门间的资本流动、劳动力流动、商品流动等联系也越来越复杂。大量的资本积累和劳动投入虽然是经济增长的必要条件，但并非充分条件，因为大量资本和劳动所产生的效益在很大程度上还取决于部门之间的技术转换水平和结构状态，不同产业部门对技术的消化、吸收能力往往有很大不同，这在很大程度上决定了部门之间投入结构、产出结构的不同。"因而从产业经济学的角度来看，职业教育应该是一种产业，因为产业发展的终极目的是推动经济的快速健康发展，而职业教育的目标是培养社会所需的技能型人才，以促进经济持续快速发展。以此看来，湖南职业教育经济适应差是由于职业教育的结构变化跟不上经济发展结构的变化，两者不能互动。

（三）职校教师学历层次和"双师型"教师比例偏低

2008年，湖南中等职业学校师生比为1:23。湖南师资队伍的学历层次还有待进一步提高。据抽样调查，目前湖南职业学校的专任教师的学历合格率仅为85%左右，是各层次各类型教育中学历合格率最低的。此外，全省合格教师流失严重，培训经费短缺。部分地方和学校没有专项教师培训经费，教师学历提升所需费用基本由教师个人承担，"双师型"教师匮乏。高等职业院校的师资问题更突出，主要体现在:一是学历偏低，现有的师资队伍结构不合理。大部分高职院校是由中专、职业大学、成人高校和少数高专转型或合并组建而成，其教师的学历水平与《教师法》和高职高专院校人才培养工作水平评估标准要求达到的学历任职资格相比，存在较大差距。二是教师实践动手能力缺乏。高职院校理论教师偏多，实习指导教师不足。据统计资料表明，高校毕业分配占新补充教师的70%，而企业调入仅占10%，师资的专业实践技能较弱，加上近年办学规模的扩张与师资紧张的矛盾在短时期内难以缓解，使相当部分的年轻教师一毕业就上讲台，教师的动手能力不强，高职教育以能力为本位的原则很难得到真正有效的落实。

湖南"双师型"教师比例偏低甚至缺乏，且普遍学历层次偏低的主要原因是湖南还没有建立起相应的"双师型"教师培养体系。一方面政府相关部门对"双师型"教师的培养重视不够，更没有相应的培养机制，另一方面，湖南的职业院校教师编制紧缺，且教师的福利保障机制不完善，问题很多，和普通学校的待遇存在很大差距。此外，不管政府相关职能部门还是学校对职校老师的绩效考核主观性很强，未能建立起科学的绩效考评和奖惩机制。使得湖南还面临教师资源流失的巨大压力。以湖南郴州工业学校为例，郴州工业学校2006年在校学生2600多人，按正常师生比来看应配260名教师，但学校只有159个编制。专业教师结构及素质不优，文化课教师过多、专业教师缺乏，尤其是"双师型"教师，仅占17%，专家型的教师几乎没有。其次，按照教育经济学理论，师资状况主要包括数量、质量和结构等方面，师资短缺就会影响教育的供给量，师资质量不合格，结构不合理就会影响到教育供给的质量。此外，教师对职业的选择与动机，亦影响到教师供求平衡。因此以教育经济学的视角审视湖南职业教育"双师型"教师缺乏及学历层次低问题，我们可以得知主要是这类教师的数量、质量和结构问题未能解决，导致供不应求所致。

（四）职业教育发展经费投入不足

从2001-2004湖南湖南职业教育经费占总教育经费的比重来看，职业教育经费投入比例呈逐年下降趋势，职业教育经费占总教育经费的比例从2001年的6.93%降到了2004年的5.41%。此外，株洲是湖南典型的工业化城市，从全省来看其职业教育尚算发达。但从株洲市2007年职业教育发展情况的调研报告得知:2004—2006年该市高职院校和中职学校的学杂费收入分别占到总收入的72%和59%，这在一定程度上制约了学校可持续发展，同时加重了学生家庭负担，部分贫困学生无法接受职业教育。大部分学校为了加强基础能力建设，负债运行。目前株洲全市职业院校负债总额2.7亿元

（不含湖南铁路科技职院、湖南化工职院和市技师学院搬迁费用），其中中职学校负债4910万元，高职院校负债2.2亿元。此外，经费政策落实没有到位。《国务院关于大力发展职业教育的决定》规定"企业按照职工工资总额的1.5%—2.5%用于职业教育培训"和"城市教育费附加的30%用于职业教育发展"的政策没有落实。湖南其他市县情况更差，据对13个县市13个学校职业教育办学情况的调查，2002年拨款总额为1701.9万元，其中人员经费1223.4万元，占71.89%，公用经费111.5万元，占6.55%；基建拨款367万元，占21.56%。13所学校人员经费实际支出2521万元，财政人员经费拨款占学校人员经费实际支出的比例仅为48.53%；公用经费实际支出2398.8万元，财政公用经费拨款占学校公用经费支出的比例仅为4.65%；近五年这13所学校的基本建设经费实际支出已达10079.47万元，而财政基建经费占学校实际支出的比例仅为14.58%，学校发展建设资金主要来源是贷款。因此湖南目前职业教育办学的资金投入严重不足，也从另一方面导致了职业技术教育的信息化术平不高，教学设施和实习实训设备相对落后。办学条件跟不上时代的发展，学校建设缺乏科学规划、随意性较大。专业教学设施设备严重不足，基本设施简陋、短缺，相当一部分学校建设缺乏整体规划，零星启动的建设项目，仅限于解决校舍不足的燃眉之急。具体问题体现在：一是网络互联互通、管理使用、网络信息安全等方面的任务还十分艰巨；二是资源统筹管理、共建共享机制不健全，研究、应用水平巫待提高；三是现代远程教育发展不够，规范管理的任务还很重；四是教育电子政务应用与教育管理现代化的要求相比还有较大的差距；五是教育公共服务的合格人才欠缺，信息服务支撑能力不足的问题尚未根本改变。

本书认为导致湖南职业教育资金投入不足的原因主要有两个方面：首先，湖南的职业院校在资金方面对政府高度依赖，而政府的资金是有限的，且政府在对职业教育投入上往往十分谨慎。此外，湖南在职业教育方面的投融资体制极不健全，社会力量对职业教育办学的参与度总体比较低，远远落后于江苏、上海等发达地区。社会资金不能大规模地进入职业院校，也就导致了筹资困境。因而导致了学校设备陈旧，不能适应社会的需求。例如，三一集团有限公司副总裁何真临在湖南省省委、省政府召开的2009年职业教育座谈会上算帐，三年内，三一需要6万至10万员工，到时至少缺口达3万人。以目前三一向高、中职院校招收员工和三一职院自己培养能力看，也还有上万人的缺口。他希望湖南职业教育加强对工程机械行业人才培养，并希望政府对企业办学给予激励措施，并加大投入。这说明湖南省委省政府对企业职业教育办学的激励还是不够的，自然也就制约了企业资金进入职校。再加之政府本身投入又不足，从而在整体上造成了职业教育办学的经费的不足。其次，目前湖南关于职业教育的监督机制不健全，正因为如此，一些职业学校利用办学的幌子，套取政府资金，造成了有限资金资源的浪费，极大地损害了学生的利益，同时也阻碍了职业教育的发展。以常德为例，据《2006年常德各职业学校招生专业目录》资料可知，常德地区大部分职业院校的专业设置大体差不多，每个学校都有一套实习实训基地，总投入很大，闲置率很高，造成了巨大浪费，甚至还造成屡禁不止的买卖生源现象。甚至还有些学校为了完成上级的任务，盲目地投资，学校规模和质量不相匹配，完全脱离经济社会发展的实际，造成了资金的极大浪费。

（五）职业教育产教结合和校企合作办学比较薄弱

新加坡政府对进入工艺学院的学生每年每人补贴一两万新元，同时按每名学生每年800元的标准给予发展基金用于实习实训设备的添置。新加坡的职业教育课程设置灵活，实现学校和企业的零距离对接。政府给职业学校高度自主权，学校在聘任教师、课程开发、薪金定酬等方面有高度自主权。而湖南政府部门对校企合作办学投入力度远远不够，2001—2004年湖南的财政性中等职业教育经费在波动中呈下降趋势。此外，企业对开展校企合作工作不够主动，企业对校企合作的认识还不到位，存在着"格守固定模式"等观念上的问题，合作不够积极主动，要么强调客观，原地踏步；要么被动跟风，搞花架子。工科类专业好于文科类专业。另外，校企合作的地方特色、专业特色也体现不够；企业履约性不够到位。受企业经济效益和发展影响，少数企业对校企合作履约不够到位，由于缺乏法律和政策依据，学校方面无法追究。反映在行动上，缺乏校企合作的积极性和主动性，不能真正做到产教结合和校企合作。因此，湖南目前在这个方面和职教发达国家和地区相比还是比较薄弱的。

湖南职业教育产教结合和校企合作问题突出，一方面是由于湖南在这方面起步较晚，经验不足，而政府对这方面的补贴远远不够，且鼓励和扶持力度不够；另一方面由于湖南有些职业教育学校观念比较落后，学校走出去的意识不强，或者受相关经济条件的限制被迫安于现状。最后由于湖南的职业教育官僚性质比较严重，阻碍了其产业化发展道路。此外，企业由于观念问题，对校企合作热情不高。企业缺乏成熟的合作意识，往往是企业要么停留在单纯选择人才的合作层面，要么就是被动地进行捐资助学，不参与或很少参与高职院校的人才培养。目前企业在校企合作中的支出与收入不成正比，或者企业的支出远远大于其预期收益。校企合作中企业支付了一定的人力、物力与财力，但能实现营利或保本的企业不多，大多数为亏本。虽然高职院校号称培养高层次应用型人才，但其人才培养模式却是本科四年课程的压缩版，与本科生比，不但理论知识不足，且实际动手能力也不尽如人意。加上近年来高校扩招，学生就业极其困难，企业可以较轻松地得到所需的劳动力，当然也不会主动为此付出很多资金。校企合作管理部门单一，没有形成统一协调机制；校企合作是一个系统工程，涉及企业、学校、协会、政府等多个部门和行业，但湖南目前只有教育部门对校企合作进行积极引导，也没有建立专门的负责设计、监督、考核和推行校企合作的协调机构，造成很多项目难以获得企业主管单位、劳动保障部门、教育部门的充分协调，指导，使得学校在校企合作中得不到企业的有效配合。

（六）中等职校与高中学校的招生数和在校生数的比例不协调

到2005年，湖南普通高中的招生规模达到了51.27万人，比上年增加4.83万人，增幅10.4%。而中职的招生只有31.84万人（不含技工学校），比上年增加1.79万人，增幅5.96%。从2008年开始，湖南中职进入生源谷底，2008年全省初中毕业生比上年减少24.61万人，减幅为25.94%；中职招生比上年减少6.31万人，减幅为17.7996%，湖南中职招生人数只占高中阶段学校招生人数的39%，在校生人数只占高中阶段学校在校生人数的42%，离国务院提出的高中阶段教育普、职大体相当的要求还有较大差距，因此湖南中等职业学校招生数和在校生数的增长比例均低于普通高中的增长，可见中职的增幅大大低于普通高中的增长。此外，职业学校的招生极其艰难，其招生成本居高不下。为此，湖南计划在近5年内，高中阶段教育原则上不批新学校，每个县应集中人财物力办好一所以上中等职业学校。对条件差、规模小、管理乱、质量低的高中阶段学校和以招收初中毕业生为主的培训机构有序撤并。按照普职大体相当、中职略大于普高的要求，引导初中毕业生合理分流。所以我们可以看出湖南中等职业学校与高中阶段学校的招生数和在校生数的比例明显不协调，问题比较严重。

造成湖南中等职校与高中学校的招生数和在校生数的比例不协调的主要原因有两点：一是普高热在湖南经久不衰，这和湖南的历史文化是分不开的。二是由于受到计划生育的影响，湖南的初中生源严重萎缩，而普通高中发展迅速，数量剧增，且其招生规模又未缩减，导致普高录取分数线下滑，从而严重影响了中等职业学校的生源，再加上大多数公众对职业教育认识不足，存在认识误区，以为职校是培养打工者的学校。近年来湖南普通高校招生不断增加，社会上片面认为上大学容易，从而形成"普高热"，而职业学校则普遍面临生源不足、招生困难的问题。普通中专招生出现困难是从1997年"并轨"开始的，中专的招生困难表现在以下三个方面:第一是报考人数逐渐下降。1997年全省中专报考人数21万人，1998年19万人，1999年14万人。另据省职教研究所1999年9—10月对11所普通中专的调查，1999年全省14个市、州中，只有5个市的报考人数超过了招生计划，有4个市持平，还有5个市、州计划数多于报名数。第二是到校率低。如长沙农校、零陵农校、岳阳农校三所学校第一次录取的到校率分别是54.5%，39.3%，23.1%。省职教研究所调查的11所学校，通过补录以后，平均到校率只有73.2%，较1998年下降14个百分点，只有零陵卫校完成了全部到校计划，差的只有50%多。第三是生源质量下降。过去进普通中专的一般是优秀初中毕业生，就考试成绩而言，过去大部分学生中考分数在600分以上，而1999年许多300多分的学生也招进去了，各科成绩平均不到60分。职业高中的情况更值得忧虑。1999年全省职高招生约11万人，较1998年的13.1万人减招近20%，出现了负增长。全省技校招生能力达6万多人，实际上只招到2万多人，1999年招生数为2.5万人。由于招生大战愈演愈烈，有少数学校特别是社会力量办的学校利用虚假广告欺骗学生和家长，甚至用金钱开路，招一个学生给200—500元回扣，据说因此出现了"招生专业户"。从2000年到现在这种现象越来越严重。这些因素的叠加导致了湖南中等职校与高中学校的招生数和在校生数的比例不协调。

（七）职业教育的终身教育理念没有体现出来

湖南"重学历教育，轻非学历培训"的观念仍然根深蒂固。一方面，在教育管理和整个社会的评价标准上依然存在着重学历的倾向，在实际操作中往往以学历教育的标准来组织、规范和评价各类非学历教育。这在一定程度上使职成教育的特色打了折扣。另一方面，受教育者也常常以能否取得学历证书作为入学选择的依据之一，导致"面向全民的职业教育"观念还没有真正做到深入人心。现代化职业教育应面向所有劳动者，包括现实劳动者和潜在劳动者，也包括进城务工人员等特殊人群。目前大量的外来务工人员已成为经济建设和社会发展的重要力量，但目前我们的职业学校教育，还仅仅定位于为就业准备者服务的层面上，一些学校即便开展了一些非学历培训，其对象也多为在职职工和社会青年，对外来务工人员的关注甚少。另外，没有建立起在"大职成教育"观念上的终身培训体系，学历教育与非学历教育缺乏有效的沟通机制，对各种非正规教育的学习成果没有给予适当的认可。这在一定程度上影响了人们继续参加培训学习的积极性。此外，在职职工的学习权利还没有得到切实的保障，尤其是在培训时间、培训经费的提供等方面仍缺乏有效的政策措施和监管机制。

湖南职业教育的终身教育理念未能真正形成的原因是多方面的。首先湖南政府部门对职业教育的宣传力度不够，不能使公众对职业教育有更深刻的理解，更不用谈职业教育终身化了。即便有些许宣传，其商业性太重，宣传大都是通过电视广告来进行的。其效果也就不言而喻了。其次，职业教育培训的对象单一，主要是针对初中毕业生和高中毕业生，而对于大量的社会失业青年以及数以百万计的进城农民工的培训太少，也未能形成统一的管理机制。再次，职业教育与普通教育之间的互动桥梁没有建成。使得普通教育的学历和职业教育的学历不能互通互认，势必导致社会公众对职校文凭的质疑和歧视，这样肯定会阻碍终身职业教育理念深入人心。

（八）农村职业教育发展不容乐观

湖南正处于传统农业向现代农业转变的时期，需要大量专业人才，加大对农业职业教育的建设力度刻不容缓，但是农村职业教育的发展面临诸多困难和问题。

首先是招生人数锐减，以湖南生物机电职业技术学院为例，该校是在2001年由长沙农校和机电工程学校合并而成，是湖南主要涉农高职院校之一，也是湖南唯一开办水产专业的高职院校。但是该校自从2000年以来，生源急剧下滑，2003年招生20人，2004年招生7人，2005年没有招到生，被迫停办一年。招生人数减少带来的直接后果是开办的纯农业类专业数量锐减。调查结果显示，近10年来，湖南省农业类专业的开办数量呈不断减少趋势。目前，湖南省62所高职学院，仅有8所职院开办了农业类专业。在开办农业专业的8所高职院校中，专业数目由1998年的33个，锐减至2008年的22个。个别专业年均在校生人数只有8—25人。部分专业不得不采用两年招生一次的方式，作物生产技术、水产等已开始出现专业空白，就读学生大部分集中在园艺、畜牧两大专业。更严重的是基层农技人才稀缺甚至断层，据统计，2006年，湖南省共有农业专业技术人员4万人，农业科技人员在总人口中的比例仅为万分之六左右，而发达国家比例已达到万分之三十至四十，按照到2010年湖南省农业专业技术人员在总人口中的比例达到万分之十至十五（按总人口7000万测算）的低限标准计算，湖南省农业专业技术人员总数应达到7万—10万人，未来5年间，湖南省农业专业技术人员的净增量需求每年约为1.2万人。湖南生物机电学院副院长梁勇指出："湖南省农业技术推广服务队伍已经出现老龄化、非专业化和商业化现象。45岁以下的技术人员只占20%左右，学习农业的专业人员只占1/3，另外2/3为退伍军人和职工家属，绝大部分农业技术推广站都已名存实亡，从业人员大多转向农业生产资料的商业活动，确实存在'网破人散'之象。"浏阳市农业局粮油站站长胡正祥曾经提出："粮油站主要负责技术指导和新品种的引进和推广。但很多农业技术服务站，特别是乡镇级别的服务站基本处于瘫痪状态。技术人员少，推行力量薄弱。更有甚者，在交溪，只有一个复员军人守着农技站，主要就是卖种子，卖化肥。一个服务机构完全变成了商业化的盈利性机构。"

其次，技工荒现象也凸显了湖南职业教育特别是农村职业教育的滞后性。从常规来说，湖南省2004年外出务工人员高达880万人，应不会发生"技工荒"。但大量调查显示，湖南省也出现了"技工荒"，技工在企业职工中所占比重不断下降，2002年仅37%，比上世纪90年代初降低了13个百分点，与发达国家75.9%的比例相去甚远。据2005年第三季度劳动力市场供求分析，湖南省技工缺口很大，在株洲、常德、郴州三市，职业资格一级（高级技师）的求人倍率分别为2.25，1.53，1.07，职业资格二级（技师）的求人倍率分别为2.18，1.03，4.82，职业资格三级（高级技能）的求人倍率为1.66，1.01，0.70，职业资格四级（中级技能）的求人倍率为1.39，0.81，0.83，职业资格五级（初级技能）的求人倍率为1.84，0.83，1.01。此外，玩具、制衣等劳动密集型岗位，因劳动强度大、报酬低，选择的人越来越少，而技术含量较高的岗位如焊工、车工等，即使月薪开到2000元也招不到合适的工人。更有甚者，高技能人才'严重短缺，1988年至2003年6月底，15年内全省累计仅认定技师2.6万人、高级技师367人；在工人队伍素质较高的国有企业中，高级技工也只占技工总数的3.7%。很多企业出现高技能人才青黄不接的现象，许多高、精、尖生产设备的操作和维修后继乏人。此外，湖南省属经济尚不发达的内陆省份，经济实力相对欠缺直接导致公共设施等不完备、生活条件不便利，在软硬件环境上都对技能人缺乏吸引力；省内一些企业无视劳动者权益，不惜损害员工利益，直接导致技工心生不满继而不断流失；政府对技工权益的保护极为欠缺，缺乏有力措施且未能认真施行；政府未能有效引导技工流动，如因湖南省劳动力需求信息无法通畅传递，使技工大多数还是靠亲友介绍外出务工处于无序流动的状态；政府、企业、社会三方对技能人才培养重视不够，职业培训等经费难以落实。

湖南农村职业教育落后的根源在于以下几个方面：一方面现行教育体制和现有教育条件严重制约技工培养。中等职业教育、高等职业教育、技校分别居于普高教育、高等教育、职业教育的末位；职业中专、职业高中、高职等属教育部门管理，技工学校和职业培训与技能鉴定属劳动部门管理，因统筹不够、质量要求和经费投入缺乏基本的统一标准，体系内很混乱，对技工培养与成长造成影响。另一方面，省内高技能人才训练基地不足，设备陈旧，师资匮乏且整体素质偏低，绝大多数培训机构未设立教研教改部门，教学方法与内容陈旧，技能人才使用上存在不够科学、有失粗放的做法，造成"技工荒"。主要是由于政府传统的用人方式影响了技工成长。政府一直习惯于将技工中表现好的、有文化的一部分人提擢出来，安排在管理的岗位上，无形中使"从事管理工作"成了"有能力""优秀"的代名词，而坐机关等工作本就相对轻松、可以支使别人，难免令人们心向往之。最后，技工的工资待遇一直未真正得到提高。我国公务员、事业编制人员的工资福利待遇逐年有所提高，而技工待遇提高的幅度相对较小。据国家统计局调查统计，2004年全国农民工（含技工）月平均工资为539元，而城镇职工月平均工资为1335元，意味着当年全国因雇佣农民工一项就节省了11462亿元的工资开支。工资低直接导致技工流失，因为相对普通工人，技工更有条件寻求报酬高、环境好的工作岗位。同时，尽管许多技工已意识到自己的知识和能力需提高，但微薄的工资仅能维持在城市的高成本生活，再没有经济能力"充电"；高昂的教育收费提高了进城务工人员和贫困人口接受教育的门槛，形成这一庞大人群的"教育荒"；因劳动力太便宜，厂家也不愿投资更新技术、提高工人素质。这些因素都严重制约了农村职业教育的发展。

（九）实证分析

1. 模型构建及应用

目前国内关于职业教育对经济增长贡献的实证分析很少，而关于湖南职业教育与经济发展关系的实证分析寥寥无几。为了对湖南的职业教育对经济发展的贡献进行定量分析，因此本书试图通过构建湖南职业教育对经济增长贡献的理论回归模型来进行计量分析。模型如下：

Y=C（1）+C（2）*X

其中Y表示GDP；X表示职业学校在校生人数；C（1），C（2）分别表示常数和向量系数。

2. 结果讨论

从以上1998—2008年湖南职业教育对经济增长贡献实证分析来看，湖南职业教育与经济发展的关系十分紧密，且湖南的职业教育对经济发展的影响是十分巨大的。笔者认为湖南今后应大力发展职业教育，使其能够成为湖南经济发展的强劲动力，并能够与经济发展良性互动。要真正做到这一点，湖南要加大职业教育的投入，并充分调动社会的积极性，鼓励社会办学，将职业教育看成产业来对待，采用产业化经营模式。此外还要注意职业教育均衡发展的问题，努力提高其经济适应性。

五、推动湖南职业教育与经济发展良性互动的对策

（一）要努力健全职业教育管理体制

职业教育可以优化劳动力结构，提高劳动力资源配置效率，此外职业教育可以大大地提高劳动生产率，从而促进经济发展。通过以上的实证分析可以看出职业教育对经济增长的贡献是很明显的，通过与国内外发达地区的比较也证明了这一点，国际经验也告诉我们，发展职业教育是国家发展和社会进步的强力助推器如本经济的腾飞，职业教育功不可没；然而要充分发挥职业教育对经济发展的持久推动作用，离不开健全而高效的职业教育管理体制。政府应成立专门的职业教育管理部门，对职业教育机构进行统筹管理，避免多头管理而影响效率。此外，近年来，湖南的工业化、城市化、现代化水平突飞猛进，农村剩余劳动力转移大幅增长，给当地的职业教育带来了新的机遇和挑战。在这种情况下更应该努力推动相关职业教育发展的制度化、法制化进程。比如，可以完善职业教育法律的相关条例等。

（二）结合湖南区域实际努力探索职业教育资金投入的长效机制

从以上湖南职业教育的发展现状以及和发达地区的对比来看，湖南职业

教育的资金投入还是不足，因此，政府、企业等部门机构必须高度关注职业教育的发展，及时提供政策扶持，资源、资金投入，使湖南职业教育有充足的资金保障。逐步建立政府、受教育者、用人单位和社会共同分担，多种所有制并存和多渠道增加职业教育经费投入的长效机制。各级政府要增加用于发展职业教育的投入，加强职业院校共享平台的建设和重点专业的建设。省级政府要制定本地区职业院校学生人均经费标准，并督促职业院校举办者按标准投入经费。金融机构要以信贷方式支持发展职业教育，政府部门根据需要可以为职业院校提供贷款贴息。在政府增加职业教育经费投入的同时，受教育者也要承担一定比例的教育费用。职业院校的学费收入要全额用于院校的发展，但是要结合湖南区域实际，努力探索职业教育资金投入的长效机制，尽量避免资金浪费，提高资金利用效率，因为职业教育的投资成本本来就很高，而发展中的湖南的资金是有限的，所以要想实现职业教育更好地适应经济发展，那么肯定离不开有效而持续的资金支持。

（三）强力推进湖南职业教育同普通教育的有效衔接

前面通过同澳大利亚的比较，我们发现澳大利亚的职业教育与普通教育之间建立了互通互认机制，形成了有效衔接，极大地促进了教育公平，服务了经济发展。从湖南目前的职业教育发展现状来看，各类教育都存在各扫门前雪的现象，重招生轻质量的问题十分突出。教育体系是个复杂的系统工程，它的宗旨是为社会培养所需的各种人才，从而推动整个社会的进步和全面发展。因此，各类教育并不是相互独立的，它们本身就应该是相互联系、相互制约的关系，所以也只有在它们密切协作的条件下，才能最大限度地发挥职业教育对经济发展的贡献作用。因此强力推进湖南职业教育同普通教育的有效衔接意义重大。

（四）努力推进湖南职业教育的产教结合和校企合作发展

在产教结合发展方面，从以上的比较分析中可以看出湖南还是比较落后的。美国发展职业教育的重要经验便是产教结合。20世纪70年代以来，美国工农业生产实现了电气化、自动化的技术改造，技术冲击、经济竞争对人才要求越来越高。美国把职业教育提高到显要地位，并将"职业前途教育"贯穿于小学一年级到高中甚至大专院校的所有年级。联邦教育总署1972年拨款900万美元资助各州进行职业前途教育的实验。不难看出，美国职业教育适应了不同时间经济发展的需要。此外，广东顺德在这方面也取得了很大绩，20年来，顺德在职业教育校企合作的探索与实践中，创造出就业主导、政府服务、战略伙伴、交叉培训、工学交替、"订单式""冠名式"等一系列形式多样的校企合作模式。如顺德中专汽修专业分别与丰田公司和通用公司合作举办"丰田班""通用班"，学校引进公司培训教材补充专业教学计划，按照公司规格培养学生，公司为学校配置了完善的教学设备，丰田公司还设立每年3万元奖学金，资助学生学习。勒流职校与骏业电子有限公司合作举办"骏业班"，在企业为"骏业班"建设了教室和宿舍，实现"零距离"教学。2007年9月，勒流职校与骏业电子有限公司联合组建"企管班"，按照企业不同时期的人才需求，在4年内每年为企业培养40到50名中层管理人才；被称为"粤菜开山鼻祖"的顺峰集团，将梁辣据职校烹饪专业的毕业生作为厨师的上佳人选，现在集团1/3的厨师来自这所学校；与容桂职业技术学校合作已久的海信科龙电器股份有限公司，则把校企合作模式作为企业招聘生产一线员工的一条重要途径，计划每年通过校企合作招聘员工；2009年，海信科龙公司更是为梁球据职校建立了一条独立的生产线。2009年12月15日顺德梁球据职业技术学校正式与海信科龙签署协议，承包了海信科龙的一条生产线。梁球据职业学校机电一体化专业100多名学生正式上线工作，把校企合作推向了新的高潮。这对于湖南发展职业教育有着积极的启示作用。因此湖南要强力推动产教结合，加强校企合作，要结合区域实际情况，积极推动职业教育和培训从计划培养向市场驱动转变，从政府直接管理向宏观引导转变，从专业学科本位向职业岗位和就业为本位转变。加快本区域内职业院校"以服务为宗旨，以就业为导向，面向社会、面向市场办学，深化办学模式和人才培养模式改革"的建设力度，努力提高职业教育的质量和效益，使相关职业院校能根据社会需求设置专业、开发培训项目，推进精品专业或特色专业、精品课程和精品教材的建设，不断更新教学内容，增强职业教育的针对性和适应性。另外，湖南要坚持以能力为本位，优化教学与训练环节，强化职业能力培养，使之更好地服务于经济发展。

案例：

湖南工程职业技术学院在加强校企合作方面作了如下工作：

第一，学校实施了品牌专业建设计划。学校以专业建设为核心，深化产教融合、校企合作，推动专业（群）深度融入产业（链），提升专业（群）服务产业发展和湖南区域经济发展能力，创建专业特色，打造专业品牌。目前已建成了中央财政支持重点专业2个、湖南省精品专业3个、湖南省特色专业2个、湖南省示范性特色专业群1个、打造了工程测量技术、建筑工程技术、工程造价等3个独具行业特色的院级品牌专业。以这些专业为龙头示范带动全院其他专业整体实力不断提升。

第二，学校加强了实习实训条件建设。在湖南省内首创建筑工程情境教学区，建成了各类校内综合实训室（场）116个，与国内外知名企业共建实习基地178个，其中包括中央财政支持职业教育实训基地1个，教育部职业院校教师企业顶岗实践培训基地2个、省财政支持生产性实习实训基地3个，省校企合作生产性实习实训基地1个。

第三，学校加强了课程资源建设。学院各专业校企共同开发项目课程或学习领域课程，已建成省级精品课程2门，省级专递课堂2个和省级名师空间课堂9门，新建院级以上优质核心课程34门，校企共同开发校本教材45本，同时建成了优质精品资源共享课14门。学院已启动3年时间投入150万元建成50门院级精品在线开放课程，2016年、2017年已建成33门。

（五）加强职业教育和经济发展的资源整合

湖南正处于经济社会发展的转型时期，经济发展取得了显著成效。推动职业教育和经济发展的相互融合、协调发展、资源共享，可以节约成本，最大限度利用有限的教育资源，增加教育产出。在推进职业教育与经济的协调互动发展方面，可以借鉴上海、江苏的经验，以实现湖南职业教育类学校同区域企业的紧密结合，最终实现职业教育与经济发展良性互动。上海市以"用企业明天的需求来培养今天的学员"为指导思想，根据"市场导向、合理定位、功能互补、资源共享"原则，通过政府购买服务方式，依托社会专家队伍，进行公共实训基地建设。公共实训基地运行强化实训室的利用率，探索委托管理机制。通过公开招投标的方式，引进有技术实力和管理能力的社会中介机构对实训室进行管理，并建立一整套以实训室利用率为核心的评估制度。湖南也可以努力构建适合自身的区域共享性实训基地，争取建成一批条件较好、专业种类齐全、适应技能人才培养需要的实训基地。实训设备的配置要与企业生产技术水平相适应，以通用、实用为原则，重点解决好数量不足、实习工位短缺等问题，为学生提供足够时间的高质量的实际动手训练机会。要不断提高职业教育装备水平和现代教育技术水平，促进职业教育的现代化建设。

此外，还要加强统筹管理，提高管理效率，努力完善职业教育体制，多向发达国家和国内发达地区学习，以实现湖南职业教育和经济发展的真正良性互动。

（六）努力实现中职和普高招生数比例的协调

在普高热高烧不退、技工紧缺矛盾的情况下，政府相关部门更应该清醒地认识到职业教育之于经济发展的重要性，要从源头上为职业教育发展铺路。就要对普高快速发展加以控制，而更多地对中职加以扶持，最主要的是要尽可能地提高职校文凭的地位，使之能与普通高等院校之间建立互通互认的桥梁，两者相辅相成，比如对报考中职的学生实行减免学费、推荐就业等优惠政策，加大模范中职院校的建设力度，使之成为中职院校发展的领头羊，充分发挥模范中职院校的带动作用，最终实现中职和普高招生比例的协调，为职业教育的发展打下良好的生源基础。

（七）努力发展农村职业教育

湖南的城镇化水平从全国来看比较低，但是湖南正处于城市化高速发展时期，发展农村职业教育对湖南的城市化发展有着十分重要的意义。一方面努力发展农村职业教育，特别是加大对农民工就业培训和转岗培训，可以大大地提高本地农村剩余劳动力的综合素质，为城市化发展注入新的动力。可以不断地缩小城乡差距，使得以城带乡、以工促农得以实现。此外，湖南有着发展农村职业教育所必需的资源条件。湖南行政区划面积广大，人口众多，森林、水资源和矿藏资源丰富，有着得天独厚的自然条件。在此基础上政府相关部门更应加大对农村职业教育的转移支付力度，并进行积极的引导，为农民工的自主择业提供更方便快捷的平台。努力保障弱势群体就业的信息对称，同时努力鼓励农民工和社会失业人员自主创业，并为他们提供更广阔的发展空间。也只有这样，才能更好地推动农村经济社会的发展，才能最终实现职业教育与经济发展的良性互动。

（八）专业布局调整理念

为适应建筑业现代化转型升级发展，服务新型城镇化建设和"一带一路"国家发展战略，面向建筑业的工程勘察设计、建筑建造、建筑使用服务等上中下游产业链，围绕现代勘测、绿色建筑、建筑信息化应用、建筑智能化应用等重点领域实施专业动态调整，紧密对接工程空间测绘与场地勘测、建筑规划设计与展示、建筑施工与设备安装、建筑价格与成本管理、建筑智能化运行与物业管理等工作领域，构建以工程勘测、工程施工、工程管理为主体，工程设计、工程运维为两翼的专业集群。

具体措施如下。

1. 专业群结构优化

承接上述工作领域的职业岗位群，调整钻探技术专业，新增建筑室内设计、建筑电气工程技术、建筑设备工程技术、物业管理专业等4个专业，改造动漫、房地产、电子信息工程技术、计算机信息管理、软件技术、计算机网络技术等6个专业，优化各专业群结构。

建设期末，学院高职专业总数29个，入群专业23个，重点建设工程勘测、工程施工、工程管理3个专业群，重点建设专业群专业数15个（占全校专业数 51.7%），在校学生规模达到办学规模 60%以上。未入群的6个专业成立校企合作二级学院，逐步淘汰。

2. 以工程测量技术专业为核心，建设工程勘测专业群

（1）群内专业构建方式

以3S技术为引领，整合教学资源，构建国土资源信息大数据、云空间，形成以测绘数据为基础的集测绘、环境、矿产、工勘、土地信息为一体的国土资源"一张图"，按"一张图"理念构建工程勘测专业群。

以工程测量技术专业为核心，完善产业链，规划新增宝玉石鉴定与加工专业，调整钻探技术专业，优化专业群结构，引领工程空间测绘与场地勘察"四个一"的数字化进程，实现"以图管地、以图管矿、以图管灾、以图管建"，使之服务于数字湖南和引领建筑业数字化勘测，成为行业领先、省内一流、辐射"一带一路"沿线国家的省级示范性特色专业群。

（2）群内课程体系构建

以3S技术为切入点，将"泛在测绘、精准勘测、创新创业"理念融入

专业群课程体系，按"底层共享、中层分立、高层互选"的理念，构建对接"数字勘测能力+人文素质"基础共享课程；对接"岗位核心能力+职业素养"专业核心课程；对接"跨岗就业能力+ 地质人精神"互选岗位拓展课程，重构"三层次、三递进"的群课程体系。

3. 以建筑装饰工程技术专业为核心，建设工程设计专业群

（1）群内专业构建方式

依据建筑产业链，立足建筑工程内外环境设计领域，依托CAD、BIM等设计软件和VR等虚拟技术，形成以建筑装饰工程技术为基础的集建筑设计、环境艺术设计、建筑动画与模型制作为一体的设计"空间线"，按"空间线"理念构建工程设计专业群。

以建筑装饰工程技术为核心，规划新增建筑室内设计专业，调整动漫专业，优化专业群结构，实现"建筑室内设计时代化、装饰工程环保化、环艺设计生态化、设计表现潮流化"，引领工程空间设计与表现的时尚化，成为行业领先、省内一流、辐射"一带一路"沿线国家的特色专业群。

（2）群内课程体系构建

依托CAD、BIM等设计软件和VR等虚拟技术，将"宽装饰基础、活设计模块、时代融合、跨界创新"理念融入专业群课程体系，构建对接"设计能力+人文素质"基础共享课程；对接"岗位核心能力+职业素养"专业核心课程；对接"跨岗就业能力+ 绿色设计理念"互选岗位拓展课程，创新"灵活创新、层层递进"的群课程体系。

4. 以建筑工程技术专业为核心，建设工程施工特色专业群

（1）群内专业构建方式

以建筑信息化为平台，以BIM技术为手段，整合工程施工教学资源，构建建筑产业土木工程行业数字化、网络化、智能化教学应用和服务平台，形成以工程施工为重心，集房屋建筑工程、道路桥梁工程、地下空间

工程、隧道工程、电气工程、建筑设备工程为一体的，适应建筑产业土木工程行业发展的"创新、协调、绿色、开放、共享""五员同向"的工程施工专业群。按"五员同向"构建的工程施工专业群，是以建筑工程技术专业为核心，提质建筑工程技术专业，调整道路桥梁工程技术专业，规划地下与隧道工程技术专业，谋划建筑电气工程技术和建筑设备工程技术专业，服务于中南地区建筑业装配施工、绿色施工、安全施工、文明施工、建筑信息化施工要求，成为行业领先、省内一流、辐射"一带一路"沿线国家和第三世界国家的特色专业群。

（2）群内课程体系构建

以工作过程为导向，工程施工项目为载体，以BIM技术为切入点，学习任务为驱动，按照"底层共享、中层分立、高层互选"的原则，将课程定位于工程建设领域的施工员、质量员、安全员、机械员、资料员等"员"级岗位能力培养，构建对接"工程识图与制图基本能力+人文基本素养"的基础共享课程，对接"专业能力+职业素养"整合分别对应于五个专业的"单项能力+综合能力"的专业主干和专业核心课程，对接 "五员同向"构建"跨岗就业"的高层互选岗位拓展课程，从而重构"一定位、五对接"的工程施工专业群群课程体系。

5.以工程造价专业为核心，建设工程管理特色专业群

（1）群内专业构建方式

秉承"立足区域经济、服务建筑产业、培养工程管理人才、打造工程管理品牌"的发展理念，紧跟建筑产业转型升级发展需要，根据"专业基础相通，技术领域相近，职业岗位相关，教学资源共享"的原则，整合学院、建筑企业及行业部门资源，优化构建以工程造价专业为特色核心，以建筑工程经济管理、建设工程管理为主体，改造房地产检测与估价专业，人才培养面向建设项目全寿命周期过程中价格与成本管理等技术经济服务，职业岗位承接从项目可行性研究、招投标代理、施工预结算、项目成

本质量控制、房屋检测与价格评估等贯穿建设项目全寿命周期产业链上下游的工程管理专业群。

（2）群内课程体系构建

以工程项目生命周期的阶段划分，分析专业岗位核心技能需求，根据群内专业基础相通，职业技术领域相近的特点，形成"基础理论课程+基本技能训练课程+专业技能训练课程+综合技能训练课程"分层次依次递进的课程体系，加强专业群课程内容整合，实现课程与教学资源的共建共享，使群内各专业实现"基础理论课程和基本技能训练课程共享、专业技能训练课程分立、综合技能训练课程互选"。

6. 以物联网应用技术专业为核心，建设工程运维专业群

基于"互联网+"理念，面向建筑产业链建筑运维阶段，为了满足业主对于居住环境舒适度提升的需求，以"智慧"为特色，改造电子工程技术专业为物联网应用技术专业，改造软件技术专业为移动互联应用技术专业，网络技术专业改造为云计算技术与应用专业，新增物业管理专业，构建工程运维专业群和群内专业充分共享的一体化课程体系，人才培养面向建筑运行的智能化体系和物业服务的信息化服务体系，让建筑运维过程更有效、更智慧、能耗更低，打造绿色、智慧、宜居的建筑条件，促进建筑行业转型升级。

通过上述措施，其目的是达到下文所描述的愿景——

适应建筑业"信息化、国际化、智能化"发展，对接传统建筑业向现代建筑服务业转型，从四方面着力，为建筑业转型升级和区域经济快速发展提供人才支撑和智力支持。

一是突出数字化，打造现代勘测技术高地，服务数字湖南和数字勘测。

二是瞄准国际化，建成土木工程国际人才培养基地，助力中国建造品牌海外开拓。

三是前瞻智能化，开设建筑智能化方向专业，引领建筑业产业链下延，

服务智慧小区。

四是围绕时尚化，建设建筑环境设计校企协同创新中心，满足业主对居住舒适度愿望。

六、结论

本节对湖南职业教育和经济发展关系进行了分析，主要采用实证分析和比较分析相结合的方法，并在此基础上提出了相关对策和建议。主要得出如下结论：

（1）通过相关文献综合，得出湖南职业教育与经济互动发展存在很多问题，主要体现在湖南职业教育主动适应经济发展的能力不强。职业教育发展面临区域发展不均的问题，东西差距显著，整体呈东强西弱的现象。职业教育经费投入不足的问题依然突出。

（2）通过将湖南职业教育与经济发展的问题和国内外发达地区的比较，笔者认为湖南在产教结合和校企合作方面差距十分巨大。湖南应该结合实际情况，努力加强这方面的指导和实践工作，多借鉴发达国家和国内发达地区的经验。

（3）通过综合比较分析，笔者认为湖南的职业教育与经济发展未能真正形成良性互动，且湖南的职业教育同普通教育之间不能有效衔接，职业教育体系问题显著，因此湖南要坚持政府和社会两条腿同时走，充分发挥政府的指导和统筹作用，并积极鼓励民间办学，使资源得到有效整合，最终实现湖南职业教育与经济发展良性互动，走出有湖南特色的职业教育和经济发展道路。

（4）通过对湖南1998-2008年的职业教育与经济发展的实证分析，从回归方程中得出湖南省职业教育在校生人数每增加1%，将促进GDP增长0.8432%，说明湖南的职业教育对经济增长的贡献是很大的，通过P值显著性检验发现方程显著性强，说明湖南职业教育和经济发展的关系十分明显。

因此笔者认为湖南应努力提高职业教育对经济发展的促进作用。

总之，通过分析，认为湖南职业教育与经济发展关系密切，相互影响。经济与社会发展水平制约着职业教育的发展；职业教育又给予经济与社会发展以巨大的推动作用，正确认识与处理好这种关系，有利于湖南从宏观及微观上更好地开展各项工作，使湖南的职业教育对经济的促进作用得以充分发挥，最后形成两者的良性互动发展，造福于湖南人民。最后，我相信湖南人民一定会发扬"敢为天下先"的精神，立志推动职业教育与经济互动发展，也一定会谱写中部崛起的新篇章。

第二节　湖南职业教育"数字蓝领"创新素质发展现状研究

党的十八大提出要加快发展现代职业教育，国务院颁布的《关于加快发展现代职业教育的决定》明确提出到2020年建成现代职业教育体系。湖南是职教大省，"数字中国""互联网+"等国家战略促使产业转型升级，"数字湖南"等项目建设为技术技能型人才培养提供了新机遇。湖南职业教育中数字蓝领人才创新素质的高低不仅制约经济的发展，还影响着工业化发展进程及其水平。当前职业教育的发展难以满足湖南经济发展的需求，因此要尽快培养和造就一大批创新能力强、创新素质高、适应行业经济发展需要的高质量创新型数字蓝领人才，为实施人才强国战略提供强大的人力资源保障。

一、湖南职业教育数字蓝领创新培养遵循"枢纽工程"的设计原则

我国对于现代职业教育人才创新的培养设计，总体设计要求是"综合枢纽工程"，简单的理解就是在依托于职业教育这个教育体系之下的普通教育和职业教育以及不同教育的类型之间做到互通性、相互贯通、可以实现资源共享、相互转换，将整个职业教育打造成为普通学校教育、职业学校教育和成人高等教育、网络教育等"综合枢纽工程"体系。而对于湖南在职业教育创新人才的培养而言，在坚持"综合性枢纽工程"设计原则下，还有一些具体的细化标准和原则要求，具体如下：

（一）"网络化"的设计原则

"数字蓝领"作为IT行业的重要组成部分，在互联网时代的这个大背景下，利用互联网技术的高效性、便捷性等优势，将传统教育中的课程，利用互联技术创新、高效的、多元化的方式，将教育教学打造成多元化、趣味性强，能融会贯通的方法途径，调动起学生的学习兴趣和爱好，激发创新创意思维，达到促进师生学习交流，进而做到提高湖南职业教育的整体水平和资源优势互补，达到提高学生综合素质和创新素质等目的。

（二）"全覆盖"的设计原则

"共建共享、边建边用"是湖南职业教育遵循"全覆盖原则"的具体细化落实原则。通过让更多的人享受和接受到职业教育的福利，通过扩大全省高等职业教育的教育教学资源规模和资源库的建设，根据市场需求，扩大职业教育普惠政策，让更多的学生能够学到一技之长，以满足市场对于人才的需求。

（三）"连贯性"的设计原则

普通教育、职业教育、成人教育以及网教等组成了我国整个教育体系的

基本框架，按照我国职业教育整体设计原则，对于各个层次以及类型的职业教育应该注重连贯性，使得整个在不同教育类型之间能够很好地互通、相互转化和互信衔接。具体而言就是如普通的中等职业学生教育，一方面要制定出符合学生相适应的教学内容大纲，另一个方面就是当学生完成了中等职业教育之后，也要结合学生中等教育的教学特点，在高等职业教育中要有相适应的对接方案，进行教育教学，达到连贯互通性的原则。

（四）"人性化"的设计原则

随着社会的发展，我国教育体制改革也逐步深入，改变以往填鸭式和死板的教学形式是大势所趋。坚持以人为本，尊重学生的主观能动性，激发学生对于学生的兴趣，通过人性化的方式，激发学生学习的热情和兴趣，进而提高学习效率。

二、湖南职业教育数字蓝领创新素质发展现状分析

纵观当前国内职业教育中对于IT学生的培养定位，国内的不少高校，对于学生培养的目标往往是定位于在IT界的管理类高级人才，即使是一些职业教育领域的学校也有不少的学生定位于软件行业的"白领"岗位，导致培养出来的学生和市场需求脱节的现象。而湖南省的职业教育对于数字蓝领的创新培养方面有着更加清晰的脉络，按照"枢纽工程"的职业创新人才培养的总体设计原则，着力打造成为符合"四化两型"的实用性、创新型数字蓝领人才。

（一）职业教育对于数字蓝领定位存在偏差

相对于那些对IT技术和管理能力都具备的高级管理人员，以及那些对于IT行业中无论是硬件还是软件都能够从事专业设计的IT技术型人才来说，"数字蓝领"则是其中充当像编程、录入等从事大量基础性工作的IT界低端从业的工人，但是无论是哪个软件项目对于"数字蓝领"又是绝对不能

缺少的，他们充当着基础性的工作、但是在国内的不少高校，对于学生培养的目标往往是定位于在IT界的管理类高级人才，即使是一些职业教育领域的学校也有不少的学生定位于软件行业的"白领"岗位，这个跟市场对于数字蓝领的定位目标是不一致的，导致学校在人才培养上与市场需求存在偏差。

（二）职业教育学校对于市场对创新数字蓝领要求不具前瞻性

在国外，数字蓝领的早期活跃是从软件开发这个领域开始的，而且实践证明，这些数字蓝领对于软件的开发工作发挥着非常重要的作用。从世界银行公布的一份关于国家软件的出口能力的一份评估报告来看，综合排名指标排名第一的是印度，印度无论是在软件出口的规模还是软件的质量还是成本等方面，都是位居世界前茅。而印度软件开发之所以这么牛，一个重要的原因是印度拥有数量众多的基础。

第三节　湖南职业教育"数字蓝领"
创新素质培养途径研究

党的十八大提出要加快发展现代职业教育，国务院颁布的《关于加快发展现代职业教育的决定》明确提出到2020年建成现代职业教育体系。湖南作为职教大省，积极贯彻中央的指示，大力发展职业教育事业。湖南职业教育水平直接影响湖南省的经济发展状况，从目前情况看，湖南职业教育的发展尚无法满足当前湖南经济发展的需要。面对这种情况，湖南省必须加快职业教育发展，培养一大批创新能力强、创新素质高、适应行业经济发展的高质量创新型"数字蓝领"人才，围绕"数字湖南"的教育理念，争取为实施人才强国战略提供强大的人力资源保障。

一、"数字蓝领"创新素质培养的必要性

（一）市场需求的必然性

在当前IT市场行情下，虽然IT专业的毕业生众多，但是某些用人单位依然招不到合适的人才。传统的IT毕业生往往生活在学校建造的象牙塔内，缺乏独立思考和独立完成工作的能力，思维模式和行为模式较单一，加上社会竞争激烈，某些学生毕业以后找不到对口的工作。

（二）锻炼学生的生存能力

开展"数字蓝领"创新素质培养，不仅有助于提高IT专业学生的综合技能，还可以有效地锻炼IT专业学生在社会上的生存能力，让他们变成社会急需的人才。"数字蓝领"创新素质的培养也有效地缓解了用人单位在茫茫求职大军中找不到合适人才的困扰。具备良好的创新素质，可以更好地为企业的发展做出贡献，为企业注入新的活力，提高企业的竞争能力。由此可见，"数字蓝领"创新素质的培养是市场的必然要求。

二、湖南职业教育"数字蓝领"创新素质培养现状

（一）对"数字蓝领"的重视度不够

从清华北大等世界知名院校到普通的高等院校，甚至一般的专科院校和职校，对IT专业的课程设置和培养目标都大同小异。究其原因，还是某些普通院校向名校看齐的心理在作祟，导致某些IT专业的学生整体特色不明显，普遍操作能力不强，部分普通院校毕业的IT生在求职中竞争力较弱，反而是职业定位偏向低端的"数字蓝领"人才奇缺，市场需求非常之大。

由此可见，目前知名高校培养计算机信息技术人才偏向于高级技术人才和高级管理人才方面，某些普通院校"东施效颦"地培养IT专业技能学生，

部分职业培训学校将学生的求职定位为"白领",整个教育行业对"数字蓝领"的关注太少,不够重视"数字蓝领"在工作中的不可或缺性。

(二)教学手段和内容落后

IT行业急需的基础工作人才——"数字蓝领",他们必须掌握本专业的技能,具备较强的应用能力和实际操作能力,及时掌握IT行业最新的技术,以便保持企业时刻与市场接轨。但是,当前某些高等学府和培养职业院校对IT专业人才的培养模式和授课内容大多没有变化,过于重视学生的学习成绩,忽视对学生实践和操作能力的培养,以至于"数字蓝领"阶层人才匮乏。IT技术发展迅速,某些学校的教学设备和课程设置多年来一成不变,某些世界先进技术无法真正进入我国IT专业教学课程中,导致某些学生毕业以后无法胜任企业工作,而某些企业找不到他们想要的蓝领人才。

三、湖南职业教育"数字蓝领"创新素质培养的途径

(一)重视对"数字蓝领"创新素质的培养

我国IT行业的人才培养多依赖高等院校,但是他们的定位多注重学生的理论知识,而湖南职业教育"数字蓝领"创新素质培养,则侧重对应用型、操作型、动手能力强的"数字蓝领"方面人才的培养和输送。IT行业的高速发展,蓝领人才的紧缺,湖南职业教育"数字蓝领"创新素质培养,充分重视"数字蓝领"人才对IT行业发展的重要性,重视对"数字蓝领"创新素质的培养,以全新的教育致力于为社会培养大批的专业蓝领技术人才。

(二)优化课程教育

学院培训潜在的"数字蓝领"专业的学生时,除了开设常规的计算机专业课程以外,还需设置"计算机数学基础"课。这门课程中所讲的不是专业的计算机技能,而是培养计算机专业学生的创新思维能力、逻辑推理能力及分析问题能力的基础课程。开设类似课程的主要目的在于丰富学生

的学习内容，提高学生的独立思考能力，从而发展学生的学习能力和创造力，综合培养计算机专业学生的整体能力，为其以后在工作中处理各种各样的问题打下坚实的基础。

（三）优化教学模式

在传统中国教育中，依然是"填鸭式"教学方式占据主导地位，这种方式束缚了学生思维能力和创新能力的发展。在教学模式方面，应采取开放式的教学形式，培养学生的自主学习能力，激发学生的学习兴趣。首先，在教学过程中不能只关注学生的学习情况，还要根据不同的课程不定期地举行各种能力比拼，挖掘学生的潜能，注重培养学生的自主设计和开发能力，引导学生进行实际项目的模拟和研究，增强学生的创造力。让学生在学习理论知识的同时，增强动手和动脑能力，学以致用，从而提高学生的综合素质，进一步促进"数字蓝领"创新素质的培养。其次，广泛采用先进的信息技术和现代教育技术，让学生上课不再枯燥乏味，同时活跃课堂气氛，扩展教学的深度和广度，激发学生的兴趣，提高学生的学习积极性。另外，学校要实现教学资源共享，让学生接触更多的相关知识和技能，并鼓励支持学生参加各种类型的国内外竞赛活动，开阔学生的视野，培养学生积极探索的精神，为其面对以后工作中的挑战打下良好的基础。最后，营造良好的教学氛围，打造民主、自由、平等的课堂环境，让学生在轻松愉快的环境下完成学业。实行分组讨论的方式，各抒己见，尽情发散思维，发挥学生的创新能力。不定期地安排业内专家教授为学生授课，为学生解读最新的计算机信息技术，紧跟时代的发展，让学生接触到更多的前沿技术和信息，创造良好的创新素质培养条件。

（四）打造具备创新意识的高素质教师队伍

学生学习时除了靠自身的自主能力之外，更重要的是老师的能力和素质，湖南职业教育注重对教师创新能力和创新素质的培养，用优质的师资资源为学生提供最好的教育，启迪学生思考，发散学生的创新思维，带学生进行各种各样的实践活动。在学院和老师的带领下,为学生组织良好的校内外实践活动,扩大学生的知识面,并联系相关企业送学生实地实习、实际操作,提升学生的动手能力,为培养创新型"数字蓝领"提供充足的资源和师资条件。

为了适应市场的需求,紧跟时代的发展,培养IT行业的"数字蓝领"人才迫在眉睫,湖南职业教育对"数字蓝领"创新素质培养,提高对"数字蓝领"人才的重视,优化教学方式和教学内容,提高教师队伍素质,完善教学管理,有助于提高学生的抽象思维能力、独立创造能力和解决实际问题的能力,使学生学到真正的专业技能,帮助学生找准定位,同时为IT人才市场提供大量的"数字蓝领"人才,为市场需求提供有力的保障。

参考文献

[1]肖调生. 供给侧结构改革中湖南省高等职业教育专业结构调整优化报告[M]. 长沙：中南大学出版社，2017.

[2]湖南省高等职业教育质量年度报告编写组. 湖南省高等职业教育质量年度报告[M]. 北京：高等教育出版社，2017.

[3]杨立岗. 高素质创新人才培养模式研究[M]. 北京：国防工业出版社，2014.

[4]何月霞. 职业素质教育[M]. 北京：机械工业出版社，2012.

[5]张春晓. 高职学生创新素质特点及教育策略探究[J]. 重庆广播电视大学学报，2017（3）.

[6]谭芳，张景贤. 湖南职业教育"数字蓝领"创新素质培养途径研究[J]. 教育理论研究，2017（22）.

[7]谭芳，柴文英. 湖南职业教育数字蓝领创新素质发展现状研究[J]. 才智，2017（32）.

[8]韩凤英. 湖南高等职业教育人才培养质量第三方评价研究[J]. 企业技术开发，2014（31）.

[9]闫欣洁. 高职院校素质教育及其提升途径与方式[J]. 齐齐哈尔师范高等专科学校学报，2014（4）.

[10]王光英. 产业转型升级背景下高职院校学生职业素质的培育与创新

[J]. 济南职业学院学报，2012（2）.

[11]孙月琴，成秀萍，张斌. 高等职业教育人才创新素质的评估与培养[J]. 镇江高专学报，2003（4）.

[12]张远康. 湖南职业教育与经济发展的互动关系研究[D]. 湖南师范大学，2010.

[13]周劲松. 创新与引领：我国示范性高等职业院校建设十年（2005--2015）[M]. 杭州：浙江大学出版社，2015.

[14]汪天虹. 西南交通大学拔尖创新人才综合素质能力提升研究[D]. 西南交通大学，2014.

[15]胡拥军. 论高职院校专业结构动态调整机制的建立——基于湖南九所国家示范（骨干）高职院校的研究[J]. 高教探索，2016（2）.

[16]朱厚望. 中国制造背景下高职院校转型发展的路径[J]. 教育与职业，2016（13）.

[17]刘晓，石伟平. 高等职业教育办学模式评析[J]. 教育与职业，2012（2）.

[18]杨濯. 对高职院校专业设置的思考——基于江苏城市职业学院的调查[J]. 职业技术教育，2013（23）.

[19]严新根，金嘉平. 高职院校专业设置的现状分析及思考——浙江省的数据分析[J]. 中国职业技术教育，2011（24）.

[20]赵家君. 地方高等职业教育专业布局与结构调整研究——以贵州省为例[J]. 职业技术教育，2010（16）.

[21]张霜梅. 拔尖创新人才培养研究[D]. 电子科技大学，2013.

[22]刘竞. 省属高校拔尖创新人才培养模式研究[D]. 湖北大学，2013.

[23]曾令奇. 高职教育专业设置如何适应社会需求[J]. 中国高教研究，2007（1）.

[24]蒋德喜. 高职专业结构与产业结构适应性研究——以湖南省为例[J]. 职教论坛，2007（6x）.

[25]陈连娣. 高校信息素质教育对创新人才能力培养的研究[J]. 农业图书情报学刊，2011（06）.